中国区域金融稳定报告

（2010）

中国人民银行上海总部金融稳定分析小组

China Regional Financial Stability Report

(2010)

中国金融出版社

责任编辑：张智慧　张翠华
责任校对：李俊英
责任印制：裴　刚

图书在版编目（CIP）数据

中国区域金融稳定报告．2010（Zhongguo Quyu Jinrong Wending Baogao. 2010）/中国人民银行上海总部金融稳定分析小组．—北京：中国金融出版社，2010. 7
ISBN 978-7-5049-5588-3

Ⅰ．中…　Ⅱ．中…　Ⅲ．地区经济—金融事业—研究报告—中国—2010　Ⅳ．F832. 7

中国版本图书馆 CIP 数据核字（2010）第 139341 号

出版发行　中国金融出版社
社址　北京市丰台区益泽路 2 号
市场开发部　（010）63272190，66070804（传真）
网 上 书 店　http://www.chinafph.com
（010）63286832，63365686（传真）
读者服务部　（010）66070833，62568380
邮编　100071
经销　新华书店
印刷　北京市松源印刷有限公司
尺寸　210 毫米×285 毫米
印张　13. 5
字数　325 千
版次　2010 年 7 月第 1 版
印次　2010 年 7 月第 1 次印刷
定价　58. 00 元
ISBN 978-7-5049-5588-3/F. 5148
如出现印装错误本社负责调换　联系电话（010）63263947

本书编写组

负　责　人：马德伦
总　　　纂：凌　涛
执　　　笔：杜要忠　王新东　陈　静　郭　芳　张　瑾

目　　录

第一部分 概 述

2009 年中国各地区经济经受了国际金融危机的严峻考验。面对极其复杂的国内外形势，全国各地区[①]认真落实党中央、国务院出台的扩大内需、促进经济平稳较快发展的各项措施，主动根据地方实际情况，坚决实施并丰富完善应对国际金融危机的一揽子计划，较好地实现了“保增长、保民生、保稳定”的总体目标。2009 年，区域振兴规划陆续出台，各地区经济形势总体回升向好，地区经济运行积极因素不断增多，区域金融继续保持稳定。但在特殊时期，各地区经济金融运行的困难、问题也同样存在。

一、区域金融总体保持稳定

2009 年宏观调控成效显著，全国各地区经济运行积极因素不断增多，主要经济指标自第二季度以来持续回升。内需对地区经济增长的拉动作用明显增强，各地区人民生活水平继续改善。各地区金融业在支持“保增长、保民生、保稳定”的同时保持了稳健运行。

（一）国家战略支持推动区域发展

2009 年国家出台多项区域经济发展规划，具体包括珠江三角洲地区、海峡西岸经济区、江苏沿海地区、关中——天水经济区、黄河三角洲高效生态经济区、海南国际旅游岛、辽宁沿海经济带等十多个区域振兴规划，超过之前四年的总和。这种以国家战略支持推动区域经济发展，继而推动经济增长的模式效果良好。2009 年，我国 25 个省（自治区、直辖市）的 GDP 增速超过 10%，14 个省份的 GDP 超万亿元。针对不发达地区的规划，初步改变了长期以来东中西部差距逐渐扩大的局面，中部、西部、东北地区的增长速度开始超过东部，区域发展的协调性大大增强。

2010 年初，青海柴达木循环经济试验区规划以及东北地区旅游业发展规划等区域专项规划已陆续出台。区域专项规划更多从产业层面着手，在大力发展低碳经济的背景下，推动循环经济、服务业、新能源等产业的发展。我国将继续在国家层面研究推进重点区域的国家发展战略，制定区域发展规划和政策性文件，长江三角洲区域发展规划、京津冀都市圈发展规划、成渝经济区发展规划、大小兴安岭林区生态保护和经济转型规划、丹江口库区及上游地区经济社会发

① 东部地区 10 个省市，包括北京、天津、河北、上海、江苏、浙江、福建、山东、广东和海南；中部地区 6 个省，包括山西、安徽、江西、河南、湖北和湖南；西部地区 12 个省区，包括广西、重庆、四川、贵州、云南、西藏、陕西、甘肃、青海、宁夏、新疆和内蒙古；东北地区 3 个省，包括黑龙江、吉林、辽宁。本报告不含香港、澳门、台湾地区。

展规划等有望相继出台。

（二）各地区经济保持平稳较快发展

2009年是新世纪以来我国经济发展最为困难的一年。面对复杂多变的国内外经济形势，各地区立足实地情况，把保持经济平稳较快发展作为经济工作的首要任务，推出产业振兴、科技创新、扩大投资、拉动消费、稳定出口等一系列政策措施，较快扭转了经济增速明显下滑的局面，经济回升向好趋势不断巩固，经济增长好于预期。分区域来看，东部地区正在加速转移劳动力密集型产业及一般制造业，为产业结构升级调整腾出空间。经济发展增速虽然有所放缓，但结构调整、产业升级步伐不断加快。中西部地区经济增速普遍超过东部，中部地区加快推进经济圈建设，承接沿海地区技术、资本和产业转移趋势明显。西部地区加快开发进程，努力实现跨越式发展。东北地区成为我国又一个重要的区域经济增长极。

（三）各地区金融业总体实力稳步增强

2009年，各地区银行业保持稳健运行，资产规模继续上升，资产质量稳定。证券期货市场基础性制度建设进一步完善，证券公司业务全面发展，期货公司发展态势良好，基金业整体竞争力提高。全国各地区保费收入首次突破万亿元，保险法人机构总资产规模继续增长，盈利情况改善，保险资金投资收益有所提高。

2009年，全国绝大部分地区银行业金融机构的资产总额增速均超过20%，全年各地区银行业金融机构共实现税后净利润6 684.23亿元，同比增长14.58%。截至2009年底，银行业金融机构本外币存款余额61.20万亿元，同比增长27.70%；本外币贷款余额42.56万亿元，同比增长32.83%；不良贷款余额5 066.78亿元，同比减少568.04亿元，不良贷款率1.59%，下降0.8个百分点。资本充足率达到8%监管标准的商业银行有204家，同比增加43家。

上市公司数量和市值规模大幅增长。截至2009年底，沪深两市上市公司1 718家，同比增加93家；总市值24.39万亿元，流通市值15.13万亿元，分别比上年增长100.99%和234.54%。创业板于2009年10月30日正式推出，截至2009年底，已有上市公司36家，总市值1 610.08亿元，流通市值298.97亿元。截至2009年底，全国各地区106家证券公司总资产约2.03万亿元，净资产4 838.77亿元，净资本3 831.82亿元，分别比上年增长70.19%、34.98%和32.73%；全年实现净利润932.71亿元，104家公司实现盈利，占行业公司总数的98.11%。60家基金管理公司共管理各类资产3.1万亿元，同比增长40%。全年共发行基金118只，募集资金3 782亿元。

截至2009年底，全国各地区保险法人机构138家，比上年增加8家。各地区保险公司总资产4.06万亿元，较年初增长21.59%；保险资金运用余额3.7万亿元，较年初增长8.8%。全年共实现保险业保费收入11 138亿元，同比增长13.8%①。区域结构有所优化，西部地区保费收入增速高于东部地区，西部地区占全国总保费的比例继续上升而东部地区占比下降。

① 数据来源：本段所有数据均来源于中国人民银行、中国银行业监督管理委员会、中国证券监督管理委员会和中国保险监督管理委员会。

（四）各地区金融改革发展深入推进

中国农业银行股份有限公司正式挂牌成立，现代公司治理架构初步建立，内部改革和经营机制转换工作稳步推进，“三农”金融事业部制改革试点逐步深入。国家开发银行加快商业化转型步伐，强化风险管理和内控建设，拓展商业性业务领域，国开金融有限责任公司挂牌成立。政策性金融机构改革继续推进，中国人民银行会同有关单位和部门成立了中国进出口银行和中国出口信用保险公司改革工作小组，研究论证改革实施总体方案。

各地区中小法人金融机构改革深入推进。各地城市商业银行扩充资本，加快实施跨区域经营战略，积极筹备首发新股上市。外资金融机构继续加快在东部地区设立分支机构的步伐，仅长三角地区外资银行经营机构就达199家，同比增加17家。上海两家外资银行成功在香港市场发行人民币金融债。地方邮储银行深化二类网点改革。农村金融改革取得新成果。截至2009年底，全国各地区共组建以县（市）为单位的统一法人农村信用社2 055家，农村商业银行43家，农村合作银行195家。新型农村金融机构发展的政策支持力度加大，农村资金互助社试点取得明显进展。农村信用社资金实力增强，资产质量提高，支农服务力度进一步加大。

（五）各地区金融市场成交活跃

各地区参与国内外金融市场主体继续增加，机构投资者类型日益多元化，地方中小金融机构开始作为新的机构类型获批进入各类金融市场。2009年，我国各地区金融市场成交活跃。债券市场发行规模快速增加。2009年，全国各地区累计发行各类债券（不含中央银行票据）4.9万亿元，同比增长64.3%。其中，国债、银行次级债、中期票据及公司债券发行量同比增幅均超过100%，为促进各地区经济企稳向好提供了有力的资金支持。债券发行创新加速。为弥补中央项目配套资金需要，财政部首次代理发行地方政府债券，全年累计发行2 000亿元。2009年11月，中小企业集合票据成功发行，开辟了中小企业新的融资渠道。中期票据的含权产品及美元中期票据等创新产品的推出，满足了市场多样化的融资需求。

资本市场影响力进一步增强。2009年，沪深两市合计股票成交额53.6万亿元，股票融资额5 055.7亿元。其中，上海证券交易所成交额34.7万亿元，融资额3 343亿元，分别列全球第三位和第五位。上海证券交易所总市值18.5万亿元，位列全球第六。商品期货市场规范健康发展。上海期货交易所全年成交额73.8万亿元，成交量8.7亿手，均居全国首位。天然橡胶成交额、铜成交量位列全球第一。各地区银行业金融机构黄金业务发展较快，产品日益丰富。各项黄金业务中交易最活跃的是个人账户金。

（六）各地区金融创新步伐加快

各地区金融体制创新活跃，地区金融体系进一步健全。上海全面推进国际金融中心建设，人民币跨境贸易结算试点效果良好。天津积极发展股权投资基金，我国第一只船舶产业投资基金①在天津揭牌并投入运营。村镇银行、城市商业银行、财务公司、营运中心等地方金融机构发

① 船舶产业投资基金总规模200亿元，为永久存续基金，基金首期募集金额为28.5亿元。截至2009年底，在天津累计注册355家股权投资基金（管理）企业和创业风险投资企业，认缴资金额超过600亿元，在全国形成了影响力。

展较快。消费金融公司获批筹建，我国首家消费金融公司——北银消费金融有限公司正式成立。

各地区金融机构业务创新取得积极成效。银行理财产品蓬勃发展，非银行金融机构业务品种日益丰富。搭桥贷款、知识产权质押贷款、中小企业信用保险保单融资等多项新型信贷业务逐步开展。基金公司、证券公司相继推出针对特定客户的业务经营模式——专户理财“特定客户资产管理业务”（“一对多”）和小型集合理财产品。股指期货交易的风险防控措施基本建立，股指期货上市的各项准备工作已经就绪。保险资金投资渠道进一步拓宽，商业银行投资保险公司开始试点。

金融跨行业合作加强，交叉性金融产品快速发展，金融机构开发跨行业、跨市场的金融产品和服务，地方性的金融控股公司逐渐成型，地方中小金融机构股权投资活跃，全国性中小股份制银行入股或并购异地城市商业银行，地方金融促进结构调整和经济发展的作用显著增强。

（七）各地区金融基础设施建设稳步推进

高效运作的金融基础设施是维护各地区金融系统稳定的重要保障。2009 年 11 月 28 日，银行间市场清算所股份有限公司在上海挂牌成立，向市场参与者提供本外币交易及衍生产品交易清算服务，以提高清算效率、降低清算成本、防范系统性风险。2009 年 6 月，银行间市场新一代本币交易系统正式上线。2009 年 10 月，银行承兑汇票和商业承兑汇票转贴现标准合同文本在全国范围内推广。电子商业汇票系统上线运行，标志着我国商业汇票业务进入电子化时代。

农村地区支付服务环境明显改善，银行卡风险及案件防范能力进一步提高。世博金融服务工作全面推进，金融服务水平提升。商业银行信贷业务较快增长，各地区征信系统作用日益显著。中小企业和农村信用体系建设加快，数据来源和服务对象扩大，公众信用意识明显提高。

二、维护区域金融稳定需关注的方面

2009 年，受到国际金融危机的持续影响，世界主要经济体经济增长波动加剧，国内经济形势严峻，党中央、国务院果断实施积极的财政政策和适度宽松的货币政策以及一揽子经济刺激计划，国内各地区经济总体实现回升向好，金融平稳发展。2010 年经济形势更加复杂，地区经济金融运行中面临的不确定、不稳定因素增多，保持地区金融稳健运行的难度加大，风险防范面临更大挑战。

（一）区域经济总体实现回升向好，地区经济发展面临的困难和问题增多

2009 年，随着各项保增长政策效应的逐渐显现，各地区主要经济指标自第二季度开始持续回升，国内投资、消费增长较快，企业盈利情况改善。但是，各地区保持经济持续平稳增长面临的问题和矛盾也很多，主要包括：一是外部环境不确定因素的影响。目前世界经济复苏的基础仍比较脆弱，金融领域风险尚未完全消除，发达经济体就业形势严峻、消费疲软，实体经济持续回升面临较多困难。新兴市场经济体增长基础尚不稳固。各国经济刺激政策退出面临艰难抉择。二是区域产业同构和无序竞争现象较为普遍，区域市场一体化、公共基础设施和信息资源的共建共享难以实现，环境保护与产业转移的压力逐渐增大。三是部分行业和企业生产经营

仍然困难。四是价格上涨压力加大，通胀预期有所增强。2009 年第四季度以来，CPI 同比转正，PPI 同比降幅逐步收窄。国际市场大宗商品价格上涨较快，加上信贷投放量保持高位等因素，通货膨胀预期有所增强。

（二）区域经济发展加快，各地区经济发展方式转变压力加大

2009 年，国家陆续出台十多个区域振兴规划，区域经济发展加快，各地区依托自身优势形成的产业分工越来越明显，区域发展的协调性大大增强。但是产能过剩、重复建设等结构性问题在各地区都有不同程度的体现，经济发展方式转变压力加大。一是民间投资意愿不强，经济增长的内在动力有待增强。2009 年，在一揽子经济刺激政策的带动下，各地区固定资产投资增速快速回升。东部、中部、西部和东北地区全社会固定资产投资同比分别增长 24.01%、36.18%、40.07% 和 31.56%。但这些政府主导型投资尚未有效带动民间投资的增长，民间投资意愿不强。二是进一步扩大内需面临制约。2009 年，城乡居民收入增加，以及一系列包括家电下乡、家电汽车以旧换新等刺激消费政策措施的实施，对扩大居民消费产生了明显作用，居民消费意愿平稳回升。但 2010 年，国家刺激国内消费和投资增长的政策效应可能减弱，有效需求不足的局面很难发生根本改变，居民消费继续扩大难度较大。三是外向型经济较发达地区出口和实际利用外资的形势不容乐观。国际上贸易保护主义抬头，贸易摩擦增多，人民币升值压力加大。2009 年，东部、中部、西部和东北地区出口总额同比分别下降 14.57%、29.22%、22.94% 和 26.64%。

（三）银行体系流动性合理充裕，各地区资产价格上涨较快

自 2009 年以来，我国坚持实施适度宽松的货币政策，灵活开展公开市场操作，保持银行体系流动性合理充裕，为在短期内扭转各地区经济增速下滑趋势实现回升，提供了强有力的货币信贷支持。同时，2009 年下半年以来，货币化倾向持续增强，各地区资产价格上涨压力有所显现。一是从股票市场来看，股票市场大幅上涨。2009 年底，上证综合指数收盘于 3 277.14 点，比上年底上涨 79.98%；深证成分指数收盘于 13 699.97 点，比上年底上涨 111.24%，涨幅居全球前列。股票价格上涨过快以及剧烈调整，将影响市场信心，也会对国家宏观调控的针对性和灵活性造成不利影响。二是从房地产价格来看，自 2009 年 3 月以来，各地区房地产价格逐月走高。从 3 月至 12 月，70 个大中城市房地产价格指数累计涨幅达到 8.2%，其中，北京、天津、上海和深圳分别上涨 9%、8.5%、7.6% 和 19.5%。房地产市场大幅波动会给实体经济和金融稳定带来较大风险。

（四）信贷投放支持地区经济发展，需关注各地区银行机构信贷资产质量

2009 年，我国各地区银行业金融机构积极贯彻国家宏观调控政策，结合市场需求变化及自身发展的实际状况，加大对“三农”、中小企业、西部大开发、生态环境保护、灾后重建等国民经济重点领域和薄弱环节的信贷支持，有力地支持了区域经济平稳较快发展。各地区信贷规模快速增长的同时也存在总量过大、结构不合理、信用风险上升等问题，需要引起关注。一是贷款结构有待优化。在 2009 年新增人民币贷款中，东部、中部、西部和东北地区新增中长期贷款

占比分别为66.85%、64.62%、75.26%和67.57%。从人民币贷款投向看，新增贷款主要投向个人部门和三个行业①，相当比例信贷资金流入房地产开发以及包括交通运输、电力、水利、环境等在内的基础设施行业，信贷集中度继续上升。二是高速增长的地方融资平台贷款存在潜在风险。目前地方融资平台缺乏统一管理，部分地方融资平台过度负债，债务偿还存在较大不确定性。三是各地区金融机构对建材、化工、钢铁等产能过剩行业仍有较大的信贷投放。四是各地区房地产贷款快速增长，未来价格波动对银行房地产信贷资产风险的潜在影响值得关注。

（五）社会融资结构不断优化，需关注各金融行业发展的薄弱环节

随着金融市场广度和深度不断提高，我国各地区企业直接融资渠道进一步拓宽。2009年境内资本市场融资额达5 779亿元，居历史第二高位。当年有9家企业在主板发行上市，90家企业在中小板和创业板上市，150家上市公司实施资本化再融资。2009年，各类债券发行规模不断扩大。目前企业债务融资产品包括企业债券、短期融资券、中期票据、资产支持证券、公司债券、可转债、可分离债等。2009年，我国非金融企业直接债务融资发行规模达到16 637.69亿元，同比增长78.2%。

近年来，我国各地区金融业改革取得明显成效，社会融资结构优化，金融行业发展较快，但仍然需要客观评价各金融行业发展现状，以及行业发展中的薄弱环节和潜在风险。2009年，银行业信贷快速增长，贷款结构调整效果不明显，面临不良贷款反弹的压力。银行业金融机构盈利增速放缓，中间业务收入占比仍然偏低，利润增长和盈利结构改善面临一定压力。伴随信贷的快速扩张，银行业整体资本充足水平有所下降，部分机构已接近8%的监管底线，补充资本要求迫切。各地区证券业“小、散、弱”的状况未能有效改变。国内证券公司资本规模偏小，抵御风险能力较弱，面临较大的金融创新和国际化竞争压力；证券经营机构数量较多，经营方式趋同，业务结构单一，缺乏稳定多元的盈利模式，同质化竞争现象突出。随着保险资金运用规模不断扩大和投资渠道逐步拓宽，各地区保险业面临的资金运用风险也在增大。近年来，我国资本市场发展较快，保险公司大力发展各类投资型保险产品，保险业由过去主要依靠承保利润转向承保业务微利甚至亏损而过度依赖投资收益的盈利模式。我国保险市场集中度较高，部分中小保险公司发展困难，同业高度竞争和不规范竞争并存，少数公司面临偿付能力不足等问题。

---

① 三个行业分别为：（1）水利、环境和公共设施管理业；（2）制造业；（3）交通运输、仓储和邮政业。

第二部分　区域经济运行状况

2009年是21世纪以来我国经济发展最为困难的一年。面对国际金融危机的影响和国内外复杂经济形势，各地区立足于实地情况，坚决贯彻党中央和国务院扩大内需、保持经济平稳较快增长的一系列政策措施，认真实行积极的财政政策和适度宽松的货币政策，把保持经济平稳较快发展作为经济工作的首要任务，推出加强“三农”、振兴产业、科技创新、扩大投资、拉动消费、稳定出口等一系列应对国际金融危机的政策措施，较快扭转了经济增速明显下滑的局面，经济回升向好趋势不断巩固，经济增长好于预期。

一、区域经济运行基本情况

（一）各地区经济保持平稳增长，企稳向好趋势强化

2009年，东部、中部、西部和东北地区生产总值分别达到19.47万亿元、7.01万亿元、6.69万亿元和3.06万亿元，同比分别增长10.74%、11.66%、13.55%和12.56%。东部、中部、西部和东北地区生产总值占全国GDP的比重结构由2008年的54.07:19.48:17.82:8.63演变为2009年的53.74:19.36:18.46:8.44（表1）。地区间经济总量相对差距继续缩小，区域协调性进一步增强。

表1　　全国各地区GDP及其增长情况

项目	东部地区		中部地区		西部地区		东北地区	
	2008年	2009年	2008年	2009年	2008年	2009年	2008年	2009年
地区生产总值(亿元)	176 717.75	194 670.87	63 678.78	70 137.35	58 256.32	66 866.70	28 195.66	30 556.78
占全国GDP比例(%)	54.07	53.74	19.48	19.36	17.82	18.46	8.63	8.44
增长率（%）	11.37	10.74	12.18	11.66	12.77	13.55	11.09	12.56

数据来源：全国各省、自治区、直辖市统计局。

2009年，除少数省份外，全国各省（自治区、直辖市）地区生产总值均保持两位数增长，内蒙古继续以16.90%的增速位居榜首。全国共有17个省（自治区、直辖市）的地区生产总值增速在12%以上，其中东部地区占4席，中部地区占4席，西部地区占7席，东北地区占2席（图1）。

（二）各地区三次产业协调发展，产业结构进一步优化

2009年，全国各地区三次产业全面协调发展，第一、第二、第三产业增加值分别增长4.2%、9.5%和8.9%，占GDP的比重分别为10.6%、46.8%和42.6%，全国三次产业结构总

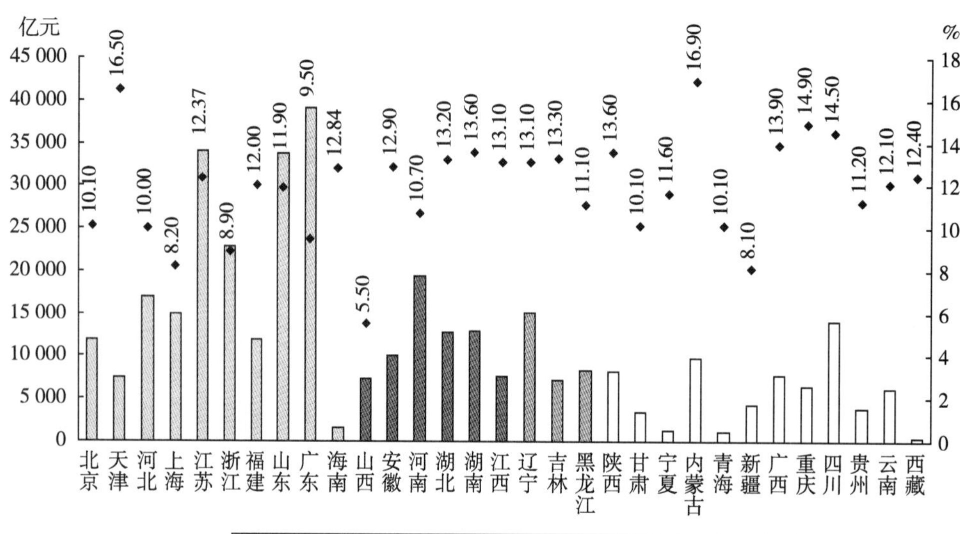

数据来源：全国各省、自治区、直辖市统计局。

图1 2009年各省（自治区、直辖市）GDP增长情况

体格局依然呈“二、三、一”模式。其中，东部地区三次产业结构为6.59:49.57:43.85，中部地区三次产业结构为13.87:50.44:35.70，西部地区三次产业结构为13.86:47.24:38.90，东北地区三次产业结构为11.62:49.85:38.53。从各省区来看，除北京、上海、贵州和西藏为“三、二、一”格局，海南为“三、一、二”格局外，其余省区均为“二、三、一”格局（图2）。

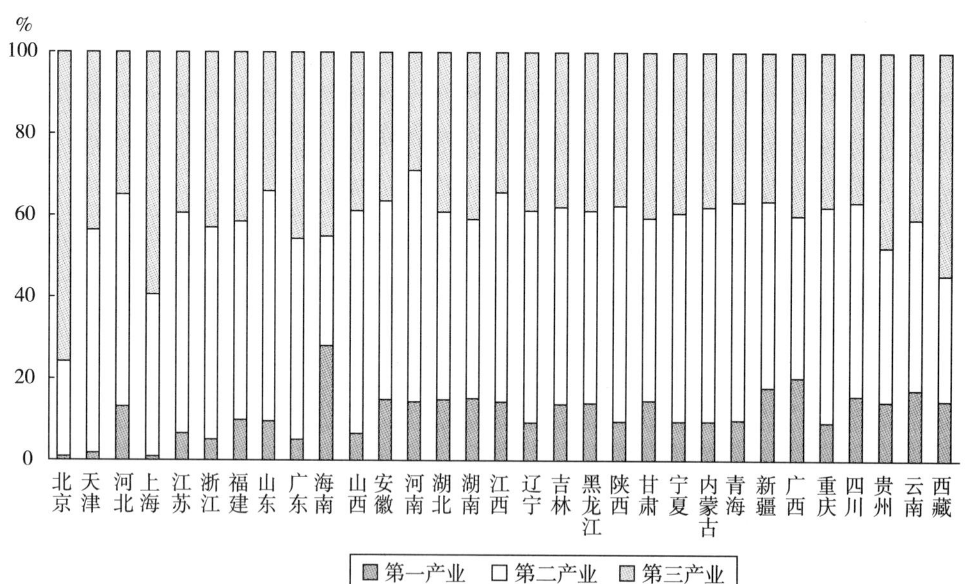

数据来源：全国各省、自治区、直辖市统计局。

图2 2009年各省（自治区、直辖市）产业结构图

第一产业保持稳定发展态势，农业服务经济社会发展的保障性功能继续增强。东部、中部、西部和东北地区分别实现增加值12 822.74亿元、9 726.07亿元、9 198.46亿元和3 549.70亿元，同比分别增长4.15%、4.72%、4.55%和3.71%。第二产业受金融危机影响明显，但第一季度探底后生产增长迅猛，回升势头良好，东部、中部、西部和东北地区分别实现增加值96 489.29亿元、35 374.54亿元、31 346.97亿元和15 234.06亿元，同比分别增长10.15%、13.63%、16.51%和15.07%。第三产业增速基本保持国际金融危机前的水平，对经济增长的贡献作用增强，东部、中部、西部和东北地区分别实现增加值85 358.84亿元、25 036.74亿元、25 808.32亿元和11 773.02亿元，同比分别增长12.48%、11.15%、12.92%和11.67%。三大产业协调发展，共同推动经济增长，产业结构进一步优化。

（三）各地区财政收支稳步增长，社会保障逐步完善

2009年，各地区地方财政收入呈逐月回升的态势，财政支出向政府投资、农村和民生倾斜。上半年受经济下滑影响，财政收入出现减收，而积极的财政政策使财政支出大幅增加；下半年开始经济企稳回升，财政收入由降转增，开始出现正增长，且回升势头强劲。东部、中部、西部和东北地区全年地方财政收入分别为18 784.08亿元、5 036.74亿元、6 185.33亿元和2 963.62亿元，同比分别增长12.28%、14.37%、20.01%和16.41%；地方财政支出分别为25 037.10亿元、12 407.19亿元、17 693.36亿元和6 255.30亿元，同比分别增长19.01%、25.80%、27.30%和23.80%（图3）。

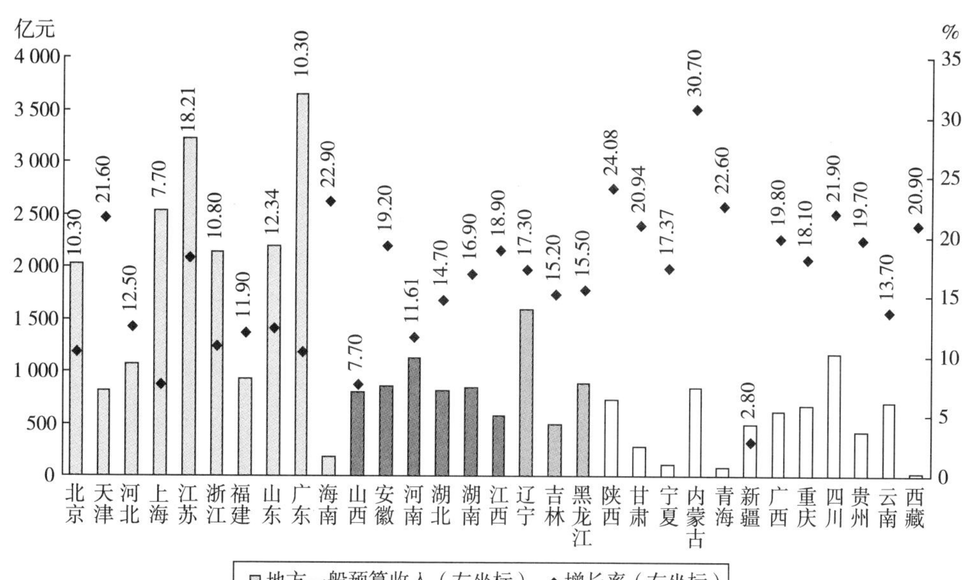

数据来源：全国各省、自治区、直辖市统计局。

图3　2009年各省（自治区、直辖市）地方财政收入情况

（四）各地区企业效益不断提升，民生持续改善

2009年，工业企业持续发展，经济效益良好。东部、中部、西部和东北地区规模以上工业企业全年实现利润17 680.72亿元、5 064.74亿元、5 258.10亿元和2 269.85亿元，同比分别增长22.47%、14.84%、7.00%和-0.09%。

城镇居民收入平稳增长，就业保持稳定。2009 年城镇居民人均可支配收入 17 175 元，比上年增长 8.8%，扣除价格因素，实际增长 9.8%，比上年提高 1.4 个百分点。农村居民人均纯收入 5 153 元，比上年增长 8.2%，扣除价格因素，实际增长 8.5%，比上年提高 0.6 个百分点。国家统计局数据显示，2009 年城镇就业人员比上年净增 910 万人，年末农村外出务工劳动力 1.49 亿人，比第一季度末增加 170 万人。

（五）各地区内需强劲增长，进出口贸易逐步回升

2009 年，中央扩大内需、促进经济平稳较快发展的各项政策逐步实施，市场信心逐渐恢复，投资和消费增速逐季加快。东部、中部、西部和东北地区全社会固定资产投资总额分别为 9.67 万亿元、5.06 万亿元、5.13 万亿元和 2.54 万亿元，同比分别增长 24.01%、36.18%、40.07% 和 31.56%，较上年分别提高 4.76 个、4.40 个、11.75 个和 2.13 个百分点（图 4、表 2）。

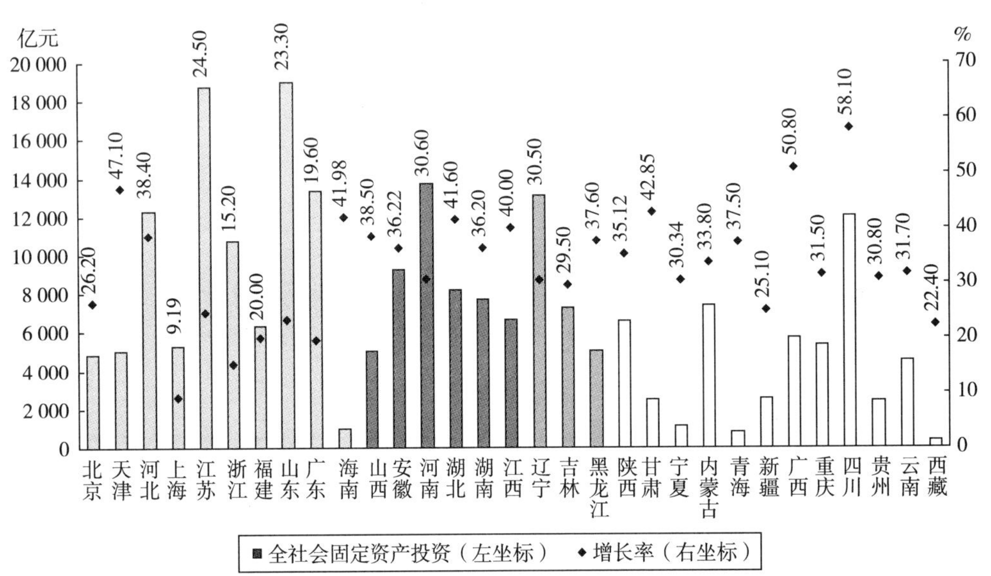

数据来源：全国各省、自治区、直辖市统计局。

图 4　2009 年各省（自治区、直辖市）全社会固定资产投资及增长率

表 2　全国各大区全社会固定资产投资情况

项目	东部地区		中部地区		西部地区		东北地区	
	2008 年	2009 年	2008 年	2009 年	2008 年	2009 年	2008 年	2009 年
全社会固定资产投资(亿元)	77 923.88	96 704.08	37 108.61	50 550.96	36 941.16	51 257.96	19 293.80	25 363.50
占全国比例（%）	45.50	43.20	21.67	22.58	21.57	22.90	11.27	11.33
占 GDP 比重（%）	44.10	49.68	58.27	72.07	63.41	76.66	68.43	83.00
固定资产投资增长速度（%）	19.25	24.01	31.78	36.18	28.33	40.07	29.43	31.56

数据来源：全国各省、自治区、直辖市统计局。

东部、中部、西部和东北地区社会消费品零售总额分别为 7.11 万亿元、2.64 万亿元、2.30 万亿元和 1.22 万亿元，同比分别增长 17.27%、19.14%、19.19% 和 18.67%（图 5）。家电、汽车、摩托车下乡和以旧换新活动成果显著。居民人均消费性支出中，家电、汽车、服饰、医疗保健、金银首饰等众多消费领域的支出与 2008 年相比增长明显。

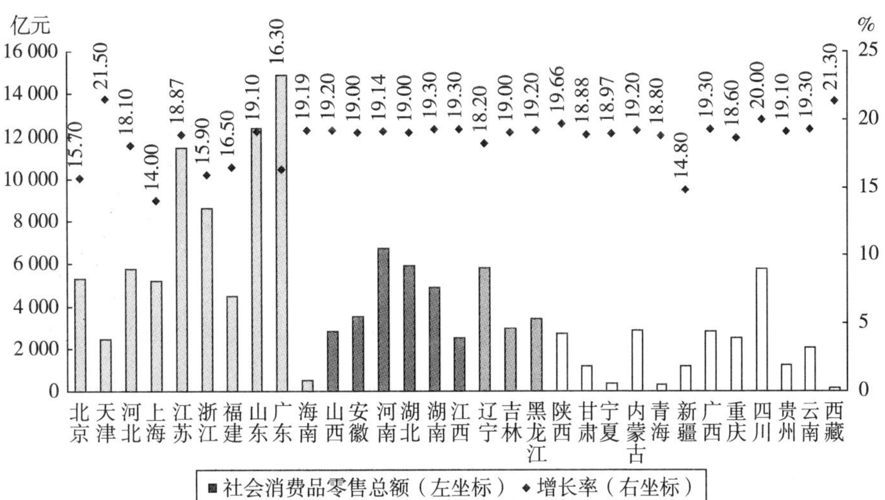

数据来源：全国各省、自治区、直辖市统计局。

图5　2009 年各省（自治区、直辖市）社会消费品零售总额及增长率

在国家及时出台出口退税调整、扶持重点企业和大宗商品出口、加大对企业信用保险支持力度等促进外贸增长政策措施下，各地区对外贸易形势逐步好转，进出口逐季回升，降幅逐步收窄。从月度走势看，随着世界经济开始反弹复苏，我国出口情况自 2009 年 8 月以来逐渐好转，2009 年 11 月和 12 月，进口和出口相继实现正增长，结束了 2008 年 11 月以来的负增长态势。2009 年 9 月，福建省率先开始实现全面正增长。东部、中部、西部和东北地区全年进出口贸易总额分别为 19 509. 54 亿美元、776. 77 亿美元、914. 71 亿美元和 908. 92 亿美元，其中，进口总额分别为 9 957. 93 亿美元、357. 69 亿美元、446. 56 亿美元和 442. 40 亿美元，出口总额分别为 9 551. 60亿美元、419. 07 亿美元、468. 14 亿美元和 466. 53 亿美元（图 6）。

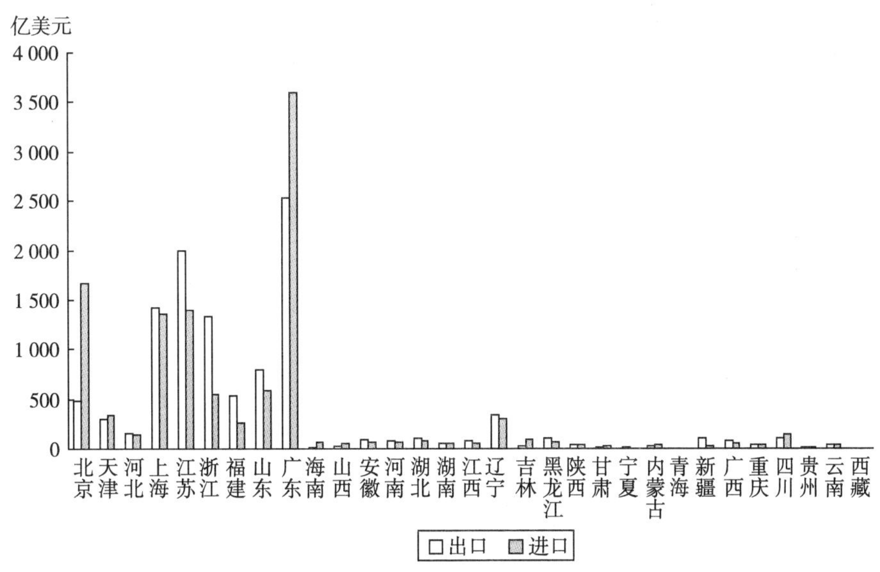

数据来源：全国各省、自治区、直辖市统计局。

图6　2009 年各省（自治区、直辖市）进出口情况

专栏1 金融危机对福建省地方涉外企业影响分析

一、总体影响情况

2009年福建省对外贸易与全国一样一度明显下滑，但企稳回升较早，从6月起进出口降幅持续收窄，上半年全省进出口总额下降16.5%，第一季度至第三季度下降12.3%，全年下降6.1%，降幅比全国平均低7.8个百分点。从贸易方式看，全省一般贸易进出口增长4.8%，加工贸易下降15.8%。从企业类型看，全省民营企业进出口增长19%，外商投资企业和国有企业进出口分别下降16%和7.2%，但降幅逐步收缩。从贸易伙伴看，福建省对东盟进出口增长11%，对欧盟、美国、日本进出口分别下降9.3%、6.2%和23.6%，但降幅有所收窄，闽台贸易下降3.6%，降幅小于同期两岸贸易17.8%的降幅。从境外投资看，自2009年5月我国境外投资相关新政策实施以来，全省新批境外投资企业67家，增长81%。福建企业赴台投资也取得突破，福建新大陆电脑股份有限公司成为大陆首家经过商务部批准和台湾当局正式核准的赴台投资企业。从利用外资看，全省共批准外商投资项目939项，外商实际到资增长1.2%（验资口径）；有18家闽企赴境外上市，共募集资金155.67亿元，闽企争相境外上市融资扩张，成为金融“寒冬”里企业谋求持续发展的一种途径。

二、抽样调查分析

为深入了解国际金融危机对涉外企业的影响，经过筛选，在全省选取37家样本企业以实际了解金融危机的影响。

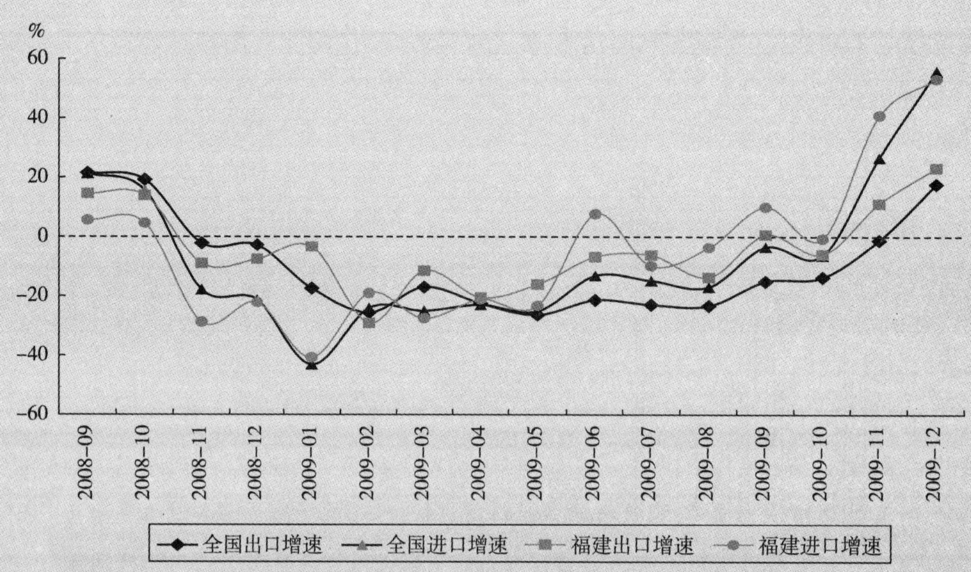

数据来源：福建省统计局。

图1 福建省进出口增速与全国比较

表1 2009年第四季度福建地方涉外企业风险监测样本企业类型

类型一			类型二		类型三	
国有企业	民营企业	外商及港澳台投资企业	外贸型	生产型	一般贸易	加工贸易
6	10	21	6	31	26	11

（一）样本企业基本情况分析

主营业务收入总体呈增长趋势，第四季度样本企业主营业务收入同比增长2.69%，全年同比下降15.18%，呈现第四季度增速高于全年的态势；主营业务成本呈下降趋势，第四季度样本企业主营业务成本同比下降5.87%，成本下降的主要原因是企业加强管理，降低了销售费用和财务成本；总体盈利水平大幅回升，第四季度样本企业利润总额同比增长26.07%，全年同比增长30.99%；涉外企业进入后金融危机时期，在资产规模上积极扩张以适应逐渐回暖的全球经济形势，第四季度末样本企业资产与负债总额分别比上年末增长6.19%和0.21%，企业资产负债率比上年末下降5.64个百分点；企业在册员工数保持平稳，第四季度末企业在册员工仅比第三季度末减少71人，处于正常变化区间。

（二）样本企业对外贸易情况分析

37家样本企业全年进出口业务形成汇兑收益4 757.93万元，主要来源于企业外币负债、运用远期结售汇等避险手段形成的收益以及进口业务形成的收益。第四季度末样本企业出口产品应收账款余额同比增长17.17%。主要原因：一是外销客户数量增加；二是部分企业产品价格略有增长。第四季度末样本监测企业存货余额比季初下降8.09%，主要原因是第四季度企业购进原材料和库存商品均大幅下降。第四季度末样本企业出口业务坏账准备比第三季度末下降0.82%，存货跌价准备比第三季度末下降21.43%，表明金融危机对企业的影响逐渐减弱，企业的出口形势有所好转。

（三）样本企业境外投资情况分析

从样本企业看，参与境外直接投资的企业不多，方式主要以新设和参股为主，第四季度末余额分别为4 928.64万元和43 068.96万元，但不少企业未计提长期股权投资减值准备。在金融投资方面，由于紫金矿业有限公司在本季度对原有黄金远期交易进行平仓，第四季度末衍生产品余额为零。

（四）样本企业问卷调查情况分析

企业预计目前因应收账款发生无法收回而影响企业正常经营的概率较低，内外销客户增加以及生产经营情况、资金周转速度是大部分被调查企业预计下季度对销售客户的应收账款管理政策基本会维持不变（占86.49%）的判断依据。对于外汇账户存款用途，样本企业主要集中在进口付汇与外汇理财和其他选项，分别占全部样本企业的56.75%、18.9%和27.02%。样本企业普遍对境外直接投资兴趣不大，没有意愿进行境外投资的企业占全部样本的81.08%。此外，对于进行境外金融资产投资，各样本企业显示出比境外直接投资更加保守的态度，全部37家样本企业中有31家企业没有境外金融产品投资意愿，仅1家有强烈意愿。

资料来源：《福建省金融稳定报告（2010）》。

二、区域经济发展协调性有所增强，区域特色日趋明显

在国际金融危机的冲击下，各地区经济都不可避免地受到影响。但随着中央出台一揽子计划，各地区坚决贯彻国家“保增长、保民生、保稳定”以及区域振兴规划等各项宏观调控政策，在较快扭转经济增速下滑的不利局面、实现国民经济总体回升向好的同时，区域发展协调性进一步增强。

（一）东部地区结构调整和产业升级步伐不断加快

虽然东部地区经济发展增速相对较慢，但在政府和企业的共同努力下，产业转型升级逐步推广。危机以来，东部地区一些劳动密集型和高耗能产业被逐步转移或者淘汰，企业更加注重技术和管理上的创新。同时，企业也更加注重对国内市场的挖掘，逐步降低对外部经济的依赖。比如浙江省在加快改造提升传统产业的同时，抓住机遇大规模发展新产业，光伏等新能源产业正成为具有竞争力的新兴产业和新的经济增长点，传统产业领域的自主创新能力也在显著提升。上海已确立了先进制造业的突破方向，出台了《关于加快推进上海市高新技术产业化的实施意见》，建议通过推进高新技术产业化，带动传统制造业淘汰落后、抢占高端，带动先进制造业走工业化和信息化“两化融合”之路，并带动现代服务业成长。

（二）中西部地区经济保持高速增长

中西部地区经济增速普遍超过东部。根据国家统计局公布的数据，2009 年，全国各省（自治区、直辖市）GDP 增速高于 12% 的 17 个省区市中，中部地区占 4 席，西部地区占 7 席，内蒙古以 16.9% 的增速位列第一。中西部地区经济增长逆势上扬，原因首先是国家对中西部地区扶持政策的效果；其次是中西部地区处在工业化的初期和中期，重化工业、装备制造业等基础工业和基础设施建设的推进，为中西部地区的工业发展带来了强大动力；再次是中央在农业政策上的倾斜，也推动了中西部地区的农业较快发展；最后是中西部地区绝大多数省份属于内向型经济，在国际金融危机中所受冲击相对较小。

（三）东北地区成为一个重要的区域经济增长极

自 2003 年国家实施东北老工业基地振兴战略以来，东北地区经济蓬勃发展，并已经成为继珠江三角洲、长江三角洲之后中国又一个重要的区域经济增长极。2009 年，东北老工业基地经受住了国际经济环境恶化、国内经济放缓等诸多不利因素影响，地区生产总值增长率、实际利用外资增长率和全社会固定资产投资增长率等主要经济指标企稳向上并处于国内前列。2009 年，东北地区金融机构投放人民币贷款余额总计 2.87 万亿元，同比增长 31.31%。在三省金融部门的强力支持下，东北地区实现地区生产总值总计达 3.06 万亿元，同比增长 12.56%，总体经济运行企稳回升迹象明显。

（四）区域发展战略促进中国经济稳步增长

调整区域经济结构，构建优势互补、良性互动、协调发展新格局，是中国经济结构调整的

一项长期任务。从10年前推出西部大开发战略后，中国经济四大板块逐渐成型。在应对金融危机的2009年，地区政策成为一揽子政策的重要组成部分。区域经济的网络越编越密，区域协作的形式越来越多，区域发展政策的效果越来越好。2009年，各个区域发展战略乃至国家战略层出不穷，各大区域板块的对内一体化及对外竞争合作，尤其是所谓“后发区域”的高强度持续政策投放，成为中国经济增长的强大动力。

东部的改革开放继续向纵深发展。长三角、珠三角发展规划进一步落实，海峡西岸经济区、江苏沿海地区、黄河三角洲、上海“两个中心”的开发开放和建设意见相继出台。在位列全国GDP总量前三位的山东和江苏，“黄河三角洲高效生态经济区发展规划”和“江苏沿海经济带开发规划”从地方规划上升到国家战略，在政策层面上促进了两大经济强省的发展。在东南沿海的福建海西国家级经济区，尽管2008年已经起步，但真正取得显著成效的还是2009年。

中部崛起迈出新步伐。《促进中部地区崛起规划》正式公布，有关部门组织编制了皖江城市带承接产业转移示范区、丹江口库区及上游经济社会发展等规划，支持中部地区加快建设“三个基地”——粮食生产基地、能源原材料基地、现代装备制造及高技术产业基地和“一个枢纽”——综合交通运输枢纽。

西部大开发继续推进，2009年又新开工18个重点基础设施建设项目，投资总规模4 689亿元。新疆、宁夏、广西等省（区）经济社会发展的相关政策继续得到完善。《关中——天水经济区发展规划》和《甘肃省循环经济总体规划》出台实施，为陕西省和甘肃省经济发展创造了良好的外部环境。广西北部湾国家级经济开发区有赖于中国与东盟自由贸易区的积极推进，2009年得到了长足的发展。成渝区域规划初步成型，西藏和新疆振兴规划也将于2010年陆续出台。

东北地区站上了全面振兴的新起点。国务院发布的《关于进一步实施东北地区等老工业基地振兴战略的若干意见》明确提出，东北地区老工业基地要在应对国际金融危机中实现新的跨越，加快形成具有独特优势和竞争力的新的增长极，为全国经济发展作出更大贡献。在东北老工业基地，以黑龙江省为实施主体的“中国东北与俄罗斯远东及东西伯利亚边境地区合作开发协议”签订，以吉林省为实施主体的“长吉图开放开发先导区规划”，以大连为龙头的辽宁沿海经济带，先后上升为国家战略。

专栏2 “泛珠”三角区域产业合作制约因素及改革建议

“泛珠”三角区域由广东、广西、海南、福建、江西、湖南、云南、贵州、四川9省（区）组成（以下简称“泛珠”）。“泛珠”地区区域产业发展具有阶段性、层次性、互补性特征，使得区域产业合作和转移成为可能，而区域产业发展竞争优势弱化态势则使得区域产业合作和转移极具紧迫性。在“泛珠”地区产业转移中，区域产业结构同质化、金融服务层次不高以及规范化制度的缺乏等因素严重制约了合作和转移。因而，产业群新型融资平台的建立、金融机构信贷产品与担保方式的创新以及区域地方立法协调机制的构建显得刻不容缓。

一、产业发展现状和特征

（一）区域产业发展具有阶段性和层次性

“泛珠”区域各省区的产业发展处于不同的发展阶段和层次。目前，广东产业群已经进入了成熟阶段，四川产业集群和福建产业集群则进入了产业群的快速发展阶段。相对于前三个省份而言，其他地区的产业群则处于形成和扩展阶段，行政区内还未形成“泛珠”区域内聚集度最高的产业群。

（二）区域产业发展呈现出差异性和互补性

9省内部工业企业规模的区位优势差别较大，广东以高科技、信息化产业具有相对区位规模优势，福建的工业品及服装生产行业具有相对区位优势，江西、湖南和贵州相对自然资源较多，煤炭和有色金属的开采具有区位规模优势，其他省区也都形成了自己的区位优势和劣势行业。

（三）区域产业竞争优势显现弱化态势

“泛珠”地区制造业综合竞争力指数平均为0.835，低于全国平均水平16.5个百分点，而且在“泛珠”地区内部，制造业发展极不平衡，竞争力最高地区与最低地区的制造业综合竞争力指数相差达117.9个百分点。另外，随着劳动力成本上升、当前人民币升值等因素的影响，“泛珠”地区发展初期以低成本为基础的聚集优势、政策优势和区位优势开始弱化，面临着与东南亚国家进行激烈竞争的问题。

二、制约“泛珠”产业合作和转移的因素

（一）区域产业结构同质化限制了产业合作和跨区域转移

目前，“泛珠”三角地区产业结构在动态的发展演变过程中表现出了某种相似或共同倾向，产业结构呈现出高度同质化的特征。从三次产业结构来看，在内地9省中，除海南产业结构呈现出“三、一、二”的特征外，其他8省产业结构都是维持“二、三、一”的比例，其第二产业产值占GDP比重基本都在40%～50%之间，第三产业产值占GDP比重在30%～40%之间。从产业相似系数看，“泛珠”地区产业结构趋同现象严重，平均产业相似系数已达0.963，高于长三角（两省一市）11.3个百分点。

另外，从各地制订的产业发展规划来看，在“十一五”规划中，“泛珠”9省中有7个省都将化工工业列为支柱产业，6个省将汽车工业、医药工业列为支柱产业，4个省将造纸工业列为支柱产业。随着各地“支柱产业”的纷纷上马和极具相似的产业群的形成，新一轮的重复建设和地区经济冲突将会产生。

（二）金融服务层次不高制约了区域产业梯度转移与产业合作

1. 在“泛珠”9省产业群发展过程中，金融对产业的支撑和扶持作用并没有充分发挥：一是对产业升级中的科技研发资金支持不够；二是金融机构对企业产业技术改造贷款呈逐年下降趋势。

2. 风险投资培育功能的弱化延缓了产业转移和产业合作的进程。目前“泛珠”地区风险投资发展缓慢，“泛珠”地区省级平均风险投资金额为0.88亿美元，低于全国平均水平0.55亿美元，而且“泛珠”地区风险投资发展程度极不平衡，广东省的风险投资额占9省总额的62.9%，而贵州的风险投资额仅占总额的万分之九。

3. 股票市场促进产业升级优化的效率不高。“泛珠”9省股票市场融资比率对产业优化率的弹性系数为0.036，而全国平均水平是0.071。

（三）缺乏制度规范化和制度强制力偏弱束缚“泛珠”三角产业合作深入开展

“泛珠”三角区域合作主要以协议为主的制度建设，其协议的执行多以自愿性为原则，协议的有限强制性来源于相互间的信任、内部压力机制和评价机制。这种非国家强制力的协议对执行不到位或违反协议的行为并没有根据政府协议获得司法保护的权利。

三、加强区域产业合作的建议

（一）加强产业群与各类金融机构的对接与合作，搭建产业群新型融资平台

一是在“泛珠”地区内推广产业集群中小企业发行集合式企业债券的融资方式。二是大力发展风险投资业，推动产业升级。

（二）强化“泛珠”区域产业整体布局和规划，形成“泛珠”区域内各具特色的产业群

“泛珠”各地要在整个区域范围内考虑支柱产业和主导产业的内容，形成“泛珠”三角洲的产业合理分工和紧密合作布局。

（三）建立“泛珠”地区地方立法协调机制，推进区域合作法制化进程

建立“泛珠”地区区域地方立法协调机制，将行政协议规范中比较成熟的社会关系，上升为区域内各省市具有法律执行力的地方性法规和政府规章。

资料来源：《海南省金融稳定报告（2010）》。

三、区域经济运行中值得关注的方面

（一）各地区经济企稳回升，但经济增长的基础还不稳固

2009年，全国各地区经济企稳回升，但基础尚不牢固，经济持续增长存在较大压力。一是全球经济增长放缓导致外需减弱，对各地区经济产生较大影响。由于多数发达国家经济陷入衰退，导致全球贸易规模的收缩，各国消费能力减弱。外部需求走弱导致出口企业订单减少，部分出口产品价格大幅波动，各地区对主要贸易伙伴的贸易额均有不同程度的下降，相关出口企业经营效益受到直接冲击。与此同时，国际贸易保护主义抬头形成的贸易摩擦也对出口企业产生较大影响。二是工业企业持续增长的基础还不稳固，对政策的依赖性较强。一方面出口企业外贸形势不容乐观；另一方面国家开展产业结构调整和产能过剩行业整顿工作，限制新增贷款投向八大行业，而其中涉及许多地区的支柱产业，这些行业的走低将会从就业、从业人员收入水平、上下游产业生产、社会生活等多方面影响各地区经济的稳定增长和经济金融环境的稳定。

（二）各地区固定资产投资快速增长，但经济增长过度依赖投资驱动值得关注

近年来，各地区固定资产投资呈快速增长态势，而且投资增长明显高于经济增长速度和消

费增长速度。值得关注的是，连续多年存在的投资增长大幅高于 GDP 增长的状况使得全社会固定资产投资占 GDP 的比例持续攀升。2009 年，东部、中部、西部和东北地区全社会固定资产投资占 GDP 的比重分别达到 49.68%、72.07%、76.66% 和 83.00%，较上年分别提高 5.58 个、13.8 个、13.25 个和 14.57 个百分点。

经济增长对投资的依赖状况还没有根本改变，影响经济增长的持续性和稳定性。一是保持投资快速增长会受到投资项目储备量、投资回收期限、财政信贷资金投资可持续性、国内外市场需求增长幅度、产能过剩状况等诸多因素的限制，一旦形势变化，经济可持续性发展动力就会不足。二是民间投资亟待进一步激活。从 2009 年固定资产投资结构看，民间投资增幅有所下降。如果民间投资不能及时大规模地跟进，经济增长缺乏后续投资动力的支持，经济企稳回升的势头就难以保持。但目前一方面民间资本对可以投入的行业和领域投资热情不高，另一方面民间投资主体难以获取充足的投资资金，因此民间投资的快速增长受到较大制约。三是 2009 年各地区固定资产投资的一个显著特点就是基础设施项目年度计划投资较大，由于大部分基础设施投资项目通过政府投融资平台获得银行贷款，有政府的财政担保，当前投资的高速增长将对未来几年地方政府的财政支出产生巨大压力，造成偿债能力下降，可能影响依靠财政拨款还贷的贷款项目安全。

（三）物价指数止跌回升，上行压力有所增大

2009 年，我国 CPI 和 PPI 低位运行，但环比呈现上升趋势，上行压力有所增大，虽然短期内还不会形成明显的通货膨胀，但必须警惕和预防各种因素推升通货膨胀预期。一是市场流动性总体充裕，一定程度上会促进价格的快速上涨，增加物价上涨预期压力。2009 年末，广义货币供应量 M_2 余额为 60.6 万亿元，同比增长 27.7%，增速比上年高 10 个百分点；人民币贷款年末余额为 40 万亿元，同比增长 31.7%，增速比上年高 13 个百分点，比年初增加 9.6 万亿元，同比多增 4.7 万亿元；充裕的流动性推高股票和房地产等资产价格，增加物价上涨预期，进而可能带动其他消费品价格的快速上涨。二是外汇储备增加和美元贬值会增加通货膨胀预期。一方面，不断增加的外汇储备加大基础货币投放压力，会刺激通货膨胀；另一方面，美元贬值会导致全球大宗商品等资源性产品价格上涨，推动通货膨胀预期。国际大宗商品价格 CRB 指数预期在 2010 年会继续保持上涨的势头。因此在需求量和价格都将上升的情况下，可能产生原料输入性通货膨胀。

专栏 3　通胀预期形成方式及中央银行的应对策略

2009 年 10 月 21 日，国务院常务会议首次明确提出了“管理好通货膨胀预期”的问题。人民银行发布的《2009 年第三季度中国货币政策执行报告》也明确了“注意管理好通货膨胀预期，提高金融可持续支持经济发展的能力，维护金融体系健康稳定运行”。

一、通货膨胀预期形成方式

第一，适应性预期。适应性预期是经济主体根据过去的物价水平和以往的预期误差程度来形成当期的预期。适应性预期强调以往实际通货膨胀对现在通货膨胀预期的影响，即强调通货膨胀持久性对通货膨胀预期的影响。

第二，理性预期。理性预期是人们充分利用过去和现在所能获得的所有信息，并经过周密思考后作出的一种预期。理性预期强调经济主体的理性分析能力对通货膨胀预期的影响，认为通货膨胀预期不依存于以往的实际通货膨胀水平。

第三，不完全理性预期。不完全理性预期承认经济主体的有限感知能力，既强调以往实际通货膨胀对现在通货膨胀预期的影响，又强调经济主体的有限理性分析能力。不完全理性预期得到了实证检验的支持，是目前比较符合实际情况的预期形成方式。

二、不完全理性预期的影响因素

第一，通货膨胀持久性。通货膨胀的持久性越强，通货膨胀预期受到的影响越大。通货膨胀持久性由价格黏性的程度和经济主体的理性程度内生决定，中央银行在短期内不能对其产生影响，但是经验研究表明：在长期内，一个国家货币政策体制的变化却可能导致社会经济结构的根本变化，进而导致通货膨胀持久性的改变。

第二，经济主体获得信息并进行有效分析的能力。在通货膨胀持久性不变的情况下，经济主体获得的信息越全面、越客观，经济主体的理性程度越高，中央银行的货币政策就越能发挥作用。

第三，中央银行信誉。当中央银行承诺将通货膨胀率锚定在一个较低的水平上时，如果中央银行缺乏信誉，经济主体不相信中央银行能实现其承诺，则经济主体通货膨胀预期将超过中央银行所锚定的通货膨胀目标。

三、中央银行管理好通货膨胀预期的应对策略

第一，锚定通货膨胀或在货币政策目标上赋予币值稳定更高的权重。在承诺采用一个名义锚的货币政策体制（例如明确或隐性的通货膨胀目标制）下，通货膨胀持久性通常都较低。目前，我国货币政策仍然采取的是多重目标制，但中央银行应赋予币值稳定更高的权重，明确将物价稳定作为货币政策最重要的目标。即便有时中央银行出于各种考虑，采取相机决策的货币政策，暂时偏离了物价稳定，也应对公众进行明确的引导，即中央银行最终会回归币值稳定的目标。

第二，进一步加强与公众的沟通，提高货币政策透明度。提高货币政策透明度有助于稳定公众通货膨胀预期，从而减少经济波动。因此，中央银行应进一步加强与公众的沟通，针对不同沟通对象采取差异化的沟通策略，提高沟通的针对性和有效性，将公众长期通货膨胀预期锁定在低且稳定的水平。

第三，尽量向公众提供其能形成合理预期所需的信息，引导公众建立合理的通货膨胀预期。中央银行要联合相关部门完善各类商品和服务价格的监测体系，建立和完善通货膨胀预期调查机制，将所得信息与现有的相关调查相结合，并将有关预测结果及时进行公布，逐渐让公众信赖和利用中央银行对市场的预测分析结果。

此外，还应广泛开展金融知识普及教育活动，提高经济主体分析信息的能力。

资料来源：《辽宁省金融稳定报告（2010）》。

（四）区域经济协调发展取得成效，但不确定因素仍然存在

尽管我国区域经济协调发展取得了一定的成效，但区域发展不协调的格局没有发生实质性的转变，区域发展仍存在一些突出的矛盾和问题。

一是区域绝对差距扩大的趋势并没有发生根本改变。尽管区域速度差距扩大的势头得到一定程度的遏制，无论是以 GDP 还是人均 GDP 计算的地区经济发展差距在 2009 年均呈缩小趋势，但是区域绝对差距扩大的趋势并没有根本改变，如 2009 年，上海人均 GDP（最高）是贵州人均 GDP（最低）的 7.75 倍。特别是在市场经济环境中形成的“马太效应”给缩小区域差距带来了挑战，缩小区域差距的难度正不断增大。

二是区域合作仍存在障碍。尽管经济发展的区域化以及区域之间的合作是大势所趋，适应自身发展需要的经济联合与协作不断展开，区域合作的形式日益多样与丰富。但许多关键领域的一体化进程还没有能够有效推进，区域合作缺乏稳定的制度基础和有效的运作机制。在实际推进过程中，区域合作的实质效果还有待进一步提高。此外，无序开发和同质竞争仍然存在。目前，各地区谋求发展的积极性和能动性很强，为区域发展注入了强大的动力和活力。但是，以行政区划为板块的发展模式往往形成各自为战的局面，从而导致地区间的无序开发和同质竞争，也极易导致产能过剩问题。

三是区域发展与生态环境之间的矛盾依然突出。加快资源富集型地区发展需要以开发利用资源作支撑，这也是发挥资源富集型地区比较优势的基本要求，但过度依赖资源开发会带来严重的生态环境问题，从而会导致发展的不可持续。资源富集型地区要避免陷入“比较优势陷阱”。自然资源丰富对所在地区来说是一种比较优势，但如果过分依赖自然资源的比较优势，形成单一的产业结构，随着自然资源的减少，对经济增长的束缚作用不断增强，就会步入“比较优势陷阱”。因此，资源富集型地区要随着经济的发展，在产业结构上不断提升，形成多元化的产业结构，将自然资源静态的比较优势转化为动态的比较优势，并且将产品的比较优势转化成在市场上的竞争优势，促使地区经济持续、快速、健康增长。

四是不同利益主体的目标不一致，区域政策在促进区域协调发展方面低于预期。通过区域政策可以解决区域差距问题，但是在实际操作中，各个地方自主发展的动力和要求使有些区域政策难以落到实处，给促进区域协调发展带来了挑战。此外，各地区之间的公共服务水平差距较大。随着地区经济发展差距的扩大，城乡之间的公共服务水平差距也在拉大，可能导致各地区社会成员之间发展机遇的不均。

第三部分　分行业的区域金融稳定状况

2009年，面对国际金融危机的冲击，在国务院和金融管理部门的政策支持下，各地区银行业保持稳健运行，资产规模继续上升，资产质量稳定。证券期货市场基础性制度建设进一步完善，证券公司业务全面发展，期货公司发展态势良好，基金业整体竞争力提高。全国各地区保费收入首次突破万亿元，保险机构总资产规模继续增长，盈利情况改善，保险资金投资收益有所提高。

一、各地区银行业

各地区银行业仍然保持了稳健的发展态势，在保证资产质量的同时实现收益的稳定增长。从总体上看，我国各地区银行业的整体实力正处于历史最好时期，资产规模、资产质量、盈利能力和风险抵御能力等多项核心指标稳步向好，有力地维护了国内各地区的金融稳定。

（一）区域银行业发展概况

1. 各地区银行业发展较快，资产规模继续扩大

2009年，各地区银行业经营规模继续扩大。东部地区银行业总资产为42.63万亿元，同比增长27.35%，全国占比59.56%，总负债为41.49万亿元，同比增长27.85%，全国占比59.48%；中部地区银行业总资产为10.88万亿元，同比增长25.22%，全国占比15.20%，总负债为10.63万亿元，同比增长25.63%，全国占比15.24%；西部地区银行业总资产为12.49万亿元，同比增长31.18%，全国占比17.44%，总负债为12.19万亿元，同比增长41.89%，全国占比17.48%；东北地区银行业总资产为5.58万亿元，同比增长27.63%，全国占比7.79%，总负债为5.44万亿元，同比增长27.72%，全国占比7.80%（图7）。

分地区看，东部地区银行业金融资产占全国比重虽有所下降，但仍集中了全国50%以上的银行业金融资产，其中包括四大国有商业银行和股份制商业银行的总部以及大部分外资银行。2009年，西部地区银行业资产增速最高，其资产总额占全国的比重上升了0.46个百分点。大部分地区银行业金融机构的资产增速均超过20%，其中前三位是海南省、天津市、重庆市，资产增速分别达到71.00%、40.83%和38.21%（图8）。

2. 各地区银行业实现不良贷款“双降”，风险抵御能力高位提升

各地区银行业金融资本质量持续好转，不良贷款逐年下降。商业银行的资本质量维持在国际同业较高水平，杠杆率处于安全区间。截至2009年底，东部、中部、西部和东北地区银行业

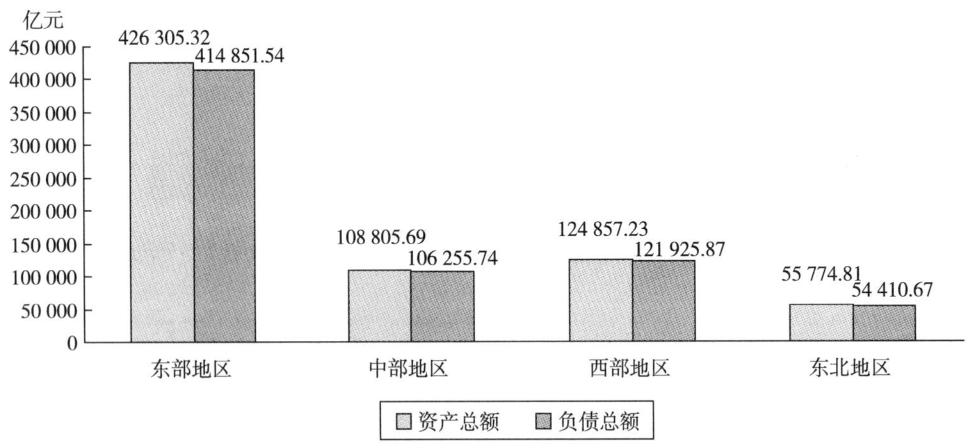

数据来源：中国人民银行各地分支机构。

图7　2009 年四大区域银行业金融机构资产负债情况

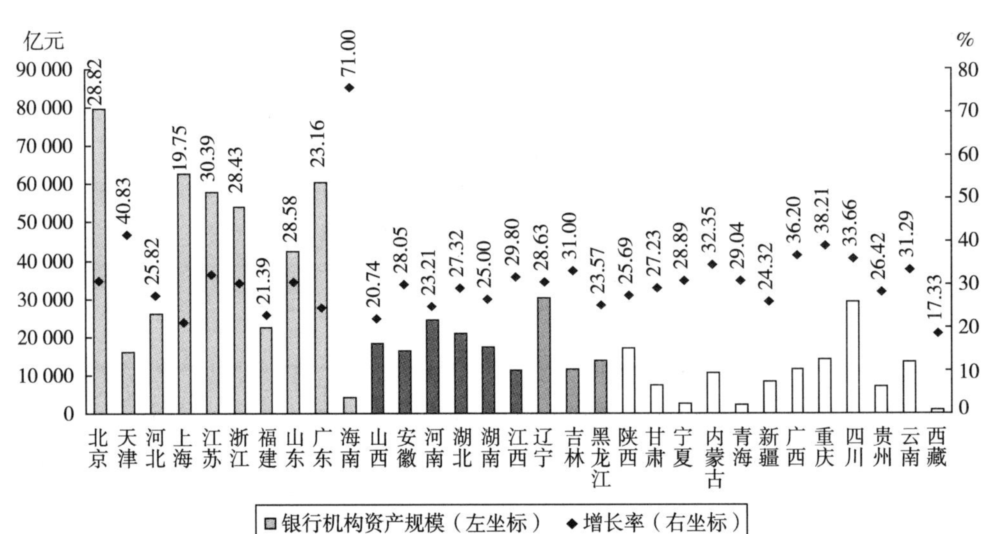

数据来源：中国人民银行各地分支机构。

图8　2009 年各省（自治区、直辖市）银行业金融机构资产规模及其增长率

不良贷款余额分别为5 094. 24 亿元、3 588. 46 亿元、2 714. 31 亿元和2 143. 62 亿元，不良贷款率分别为2. 19%、6. 09%、3. 78%和7. 48%，其中西部地区不良贷款额降幅最大，减少549. 41 亿元，不良贷款率下降2. 49 个百分点（表3）。商业银行拨备覆盖率达到155. 02%，比年初大幅上升38. 57 个百分点。

表3　全国各地区银行业金融机构不良贷款情况

项目	东部地区		中部地区		西部地区		东北地区	
	2008 年	2009 年	2008 年	2009 年	2008 年	2009 年	2008 年	2009 年
不良贷款余额(亿元)	5 518. 13	5 094. 24	3 945. 60	3 588. 46	3 263. 72	2 714. 31	2 261. 96	2 143. 62
不良贷款率（%）	3. 14	2. 19	8. 97	6. 09	6. 27	3. 78	10. 36	7. 48

数据来源：中国人民银行各地分支机构。

3. 各地区银行业流动性整体较为充足，盈利继续保持增长

自2009年以来，我国实施适度宽松的货币政策，灵活开展公开市场操作，实现了银行体系流动性的合理充裕。截至2009年底，金融机构超额准备金率为3.13%。其中，四大国有商业银行为1.72%，股份制商业银行为3.13%，农村信用社为8.78%。城市商业银行、农村商业银行等地方中小机构的流动性比例均保持在50%以上。

2009年，各地区银行业金融机构利润依然保持增长，盈利能力继续提升。东部、中部、西部和东北地区银行业金融机构分别实现账面利润4 208.89亿元、1 057.15亿元、1 383.13亿元和457.19亿元（图9）。银行业金融机构平均资本利润率和资产利润率分别达到17.61%和1.02%。但银行业盈利增速有所放缓，中间业务收入占比仍然偏低，利润增长和盈利结构改善面临较大压力。同时，伴随信贷的快速扩张，银行业资本质量和整体充足水平有所下降，部分商业银行已接近资本充足率8%的监管底线，补充资本的要求十分迫切。

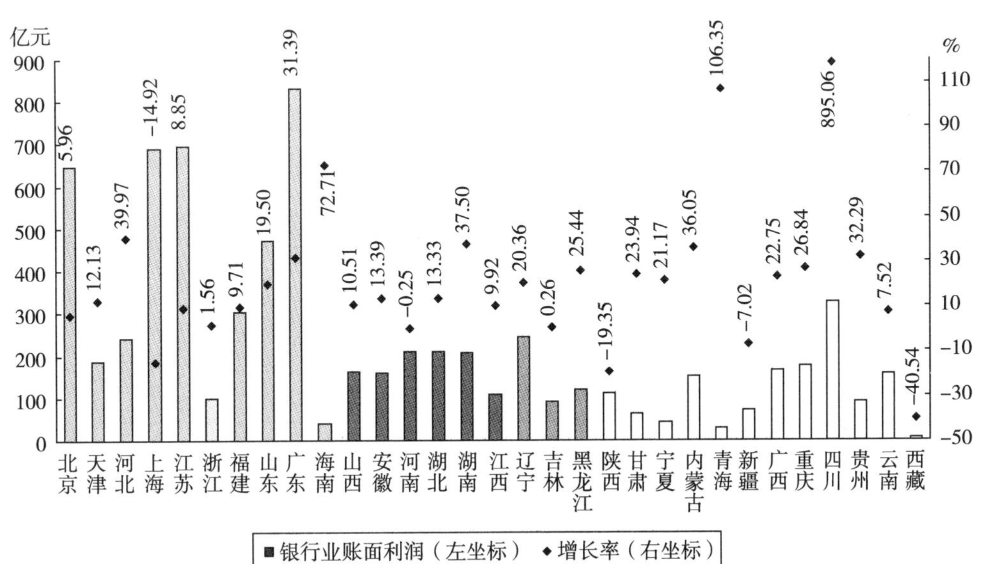

数据来源：中国人民银行各地分支机构。

图9　2009年各省（自治区、直辖市）银行账面利润总额及其增长率

4. 各地区银行业存款活期化态势明显，中长期贷款增加较多

2009年，东部、中部、西部和东北地区金融机构人民币各项存款余额分别为33.62万亿元、8.82万亿元、10.19万亿元和4.29万亿元，同比分别增长28.36%、26.59%、30.32%和25.69%。从人民币存款的部门分布看，非金融性公司存款增长明显快于居民户存款。受经济逐步回升、资本市场活跃等因素影响，居民个人用于生产经营投资的资金增多，居民户存款增长放缓，存款呈活期化态势。

信贷规模快速增长有力地促进了国内经济回升向好。截至2009年底，东部、中部、西部和东北地区金融机构人民币各项贷款余额分别为23.31万亿元、5.89万亿元、7.18万亿元和2.87万亿元，同比分别增长32.66%、33.94%、37.88%和31.31%（图10），金融支持区域协调发展效果明显。

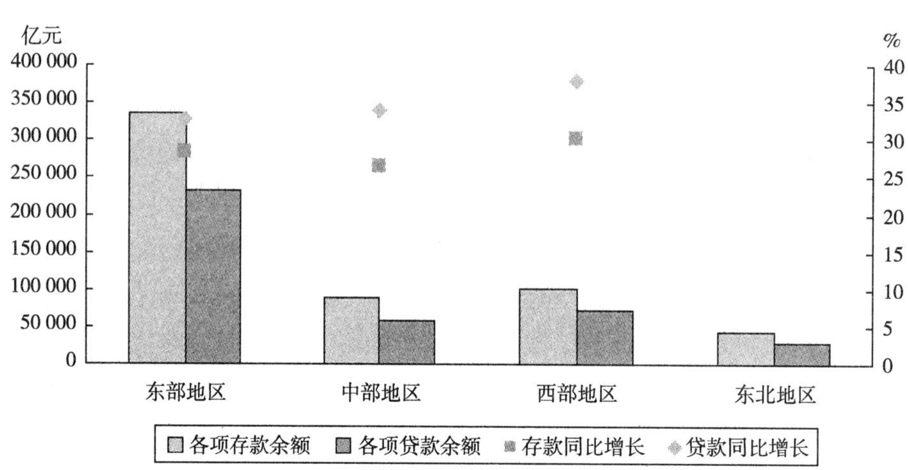

数据来源：中国人民银行各地分支机构。

图10 2009年四大区域存贷款水平及其增长情况

在2009年新增人民币贷款中，超过六成的贷款为中长期贷款，成为拉动固定资产投资的主要动力。截至2009年底，东部、中部、西部和东北地区中长期贷款余额分别为12.59万亿元、3.15万亿元、4.62万亿元和1.51万亿元，同比分别增长43.90%、44.22%、48.59%和43.84%（表4），新增中长期贷款占全年新增人民币贷款的比例分别为66.85%、64.62%、75.26%和67.57%。中长期贷款主要投向基础设施行业（交通运输、仓储和邮政业，电力、燃气及水的生产和供应业，水利、环境和公共设施管理业）、租赁和商业服务业、房地产业和制造业。

表4 全国各地区银行业金融机构中长期贷款情况

项目	东部地区		中部地区		西部地区		东北地区	
	2008年	2009年	2008年	2009年	2008年	2009年	2008年	2009年
中长期贷款余额（亿元）	87 497.20	125 905.94	21 874.13	31 546.27	31 108.17	46 224.15	10 507.72	15 113.93
增长率（%）	10.57	43.90	18.40	44.22	21.29	48.59	14.51	43.84
中长期贷款占总贷款比率（%）	49.78	54.00	49.72	53.54	59.73	64.37	48.13	52.72

数据来源：中国人民银行各地分支机构。

5. 各地区银行业改革继续推进，战略转型向纵深发展

2009年，中国工商银行、中国银行、中国建设银行和交通银行四家已改制上市的大型国有控股商业银行改革继续深化，经营业绩和服务效能不断提高，战略转型向纵深发展。中国农业银行股份有限公司正式挂牌成立，“三农”金融事业部制改革试点逐步深入。国开金融有限责任公司挂牌成立。政策性金融机构改革继续推进。

各地区中小法人金融机构改革深入推进。北京银行、上海银行、南京银行等原地方性商业银行随着重组上市和跨区域发展，结合自身市场定位开始实施战略转型。各地城市商业银行扩充资本，加快实施跨区域经营战略，积极筹备首发新股上市。外资金融机构继续加快在东部地区设立分支机构的步伐，仅长三角地区外资银行经营机构达199家，比上年同期增加17家。上

海两家外资银行成功在香港市场发行人民币金融债。地方邮储银行深化二类网点改革。农村金融改革取得新成果。截至2009年底，全国各地区共组建以县（市）为单位的统一法人农村信用社2 054家，农村商业银行43家，农村合作银行195家。

各地区银行业金融机构从以公司业务为绝对主导向零售业务倾斜，积极开展财富管理和私人银行业务。各地区银行业非利差收入占营业收入的比重上升，中间业务收入来源日益多元化。2009年，各地区银行业现金管理、资产托管、企业年金、财务顾问等新型业务与国内国际结算、承兑、担保承诺等传统业务收入均有明显增长。随着资本市场回暖，居民投资理财意愿重新高涨，银行理财产品和基金销售同比增加，对中间业务增长也有较大贡献。

6. 金融产品和业务创新稳步推进，金融跨行业合作加强

各地区金融机构业务创新发展取得积极成效。银行业金融机构根据地方经济发展特点和客户实际需要，通过积极有效的服务创新和产品创新，更好地满足了新形势下的金融服务需求，缓解了经济周期下行带来的融资问题。银行理财产品发展较快，非银行金融机构业务品种日益丰富。搭桥贷款、知识产权质押贷款、中小企业信用保险保单融资等多项新型信贷业务逐步开展。

交叉性金融产品快速发展，金融机构开发跨行业、跨市场的金融产品和服务。商业银行设立基金管理公司工作平稳推进，商业银行设立租赁公司、参股信托公司等也取得重要进展。综合经营迈出实质性步伐。交通银行获批收购中保康联人寿51%的股份，成为第一家获得保险牌照的银行机构。中国银行也获准以全资子公司中银保险参股恒安标准人寿。

7. 中小企业金融服务进入专业化经营阶段，金融支持农业发展力度进一步加大

各地区银行业金融机构积极参与中小企业融资，结合自身优势有针对性地加强中小企业信贷投入。中国工商银行、中国银行、中国建设银行等大型国有控股商业银行均建立了小企业经营中心，积极推进专业化的中小企业“信贷工厂”运作模式；各股份制银行以产品创新推进中小企业信贷业务的专业化经营，创新中小企业金融服务模式。截至2009年底，17家主要商业银行的小企业金融服务专营机构发放贷款已占这些银行中小企业贷款的60%以上。农村信用社、农村合作银行、城市合作银行等地方性小型金融机构将中小企业贷款作为战略重点，这些银行对小企业的贷款占其全部贷款额的30%～40%，最高达到60%。截至2009年底，各地区银行业金融机构中小企业贷款余额10.9万亿元，同比增长13.5%。

农村金融服务继续改善。中国农业银行和农村信用社发挥了支农主力军的作用。截至2009年9月末，农业银行发放农户惠农卡2 967万张，惠农卡贷款余额达568亿元；“三农金融事业部”各项贷款余额为1.18万亿元，占全行贷款余额的29.40%。农村信用社各项贷款余额占全国金融机构各项贷款余额的比例为12%，其中农业贷款余额2.1万亿元，占其各项贷款的比例为44%。

新型农村金融机构快速发展。截至2009年底共设立新型农村金融机构172家，其中村镇银行148家，贷款公司8家，农村资金互助社16家。这些新型农村金融机构主要分布在农业占比较高的县域、中西部地区、金融机构网点覆盖率较低的县域，以及国家、省级扶贫工作重点县和中小企业活跃县域。多项农村金融财税扶持政策出台，鼓励加强对农业产业链、农民专业合作社、农民工返乡就业、“家电下乡”等的金融服务。各地区银行业金融机构通过设立简易网点、提供定时定点或流动服务等多种方式，逐步实现基础性金融服务空白乡镇的全覆盖。

（二）区域银行业发展中需关注的方面

1. 信贷增速过快，信贷结构不尽合理

2009 年，我国新增人民币贷款 9.59 万亿元，同比多增 4.68 万亿元，创历史最高水平。信贷规模的快速增长有力地促进了国内经济回升向好，但也存在总量过大、结构不尽合理等问题。一是地方投资在整个投资中占比较高，贷款投向主要集中在地方政府主导的铁（路）、公（路）、机（场）等基础设施领域和房地产行业。二是银行信贷投放继续向传统的大客户和优势行业集中。2009 年，各地区银行业金融机构竞相加大对大项目和大企业的信贷投入，大客户过度授信现象更加突出，信贷资金使用效率有待提高。三是存贷款期限错配现象加剧。在银行业金融机构储蓄存款出现分流、负债出现短期化趋势的同时，各类金融机构贷款普遍呈现中长期化趋势，而且中长期贷款集中度进一步提高。中长期贷款易受到宏观经济波动和企业经营周期的影响，导致商业银行中长期信用风险的不确定性增加。同时，资产和负债期限的错配，可能造成银行机构流动性出现结构性偏紧的问题，应引起关注。

专栏 4　山西省银行业金融机构大客户贷款集中情况

截至 2009 年底，山西省大客户（2 000 万元以上）覆盖了辖内除邮政储蓄银行和村镇银行外的 23 家银行机构，贷款余额占上述银行机构各项贷款的 73.54%；不良贷款率较低，为 2.19%，但风险隐患较为突出。

一是授信和贷款增势强劲，潜在风险增加。2009 年末，大客户授信额度同比增长 78.11%，新增贷款高于各项贷款增量 77.82 亿元，同比增速高于各项贷款增速 19.02 个百分点。大客户贷款增长势头强劲，对于应对危机和保增长起到了积极作用，但也说明银行压缩中小客户贷款、向大客户倾斜的信贷倾向，存在信贷风险隐患。

二是不良贷款户数和余额反弹，逾期贷款增加。2009 年末，大客户不良贷款客户同比增加 39 户，不良贷款余额同比增长 20.42%；逾期贷款客户同比增加 216 户，逾期贷款余额同比增长 42.05%。

三是多头授信和多头贷款逐月攀升，关联风险加大。2009 年末，同时获得 2 家以上银行授信和贷款的客户数分别为 588 户和 572 户，分别同比增加 159 户和 182 户，授信额度和贷款余额占全部大客户授信和贷款的 85.09% 和 81.32%。山西省某单位获得 15 家银行授信和 26 家银行（含同一银行不同分支机构）贷款。

四是贷款行业集中且集中度风险指标较高，违约风险增加。2009 年末，煤炭、炼焦、电力、冶金、道路运输、批发业六大行业大客户 1 228 户，同比增加 469 户，占全部大客户数的 52.7%；贷款余额同比增长 38.14%，占全部大客户贷款余额的 70.63%。受山西省煤炭企业兼并重组政策、基础设施建设投资加大和保增长促内需等刺激消费政策的影响，煤炭、道路运输和批发业大客户贷款增速较高，分别为 55.11%、96.27% 和 115.95%，炼焦业增速为 28.80%。同时，上述六大行业最大十户大客户贷款占大客户贷款的比例均在 43% 以上，煤炭为 55.6%、冶金为 86.15%、道路运输为 91.42%；不良贷款余额同比增长 17.74%；逾期贷款户数同比增加 107 户，逾期贷款余额同比增长 58.44%。

五是不良贷款行业集中且增幅加大。2009 年末，大客户不良贷款主要集中于批发业、房地产业、仓储业、煤炭业、道路运输业，分别占不良贷款总额的 16.63%、7.55%、6.57%、6.51%、6.46%，其中道路运输业、煤炭业、批发业、房地产业不良贷款增幅分别为 250.57%、45.55%、19.51%和 14.07%。可以看出，信贷在集中投向主导行业、基础设施的同时，其信用风险也在不断增加。

资料来源：《山西省金融稳定报告（2010）》。

2. 各地区银行业潜在信用风险上升，不良贷款反弹压力加大

2009 年，全国各地区新增各项贷款 9.59 万亿元，其中融资平台贷款、房地产贷款占比超过 30%，大客户贷款占比超过 50%，中长期贷款占比超过 60%，贷款集中度日益攀高。另外还有以理财、信托等形式投放的资金，以及部分未进入实体经济的信贷资金。随着总体经济运行环境常态化及结构调整步伐的加快，这些资金形成风险和损失的可能性加大。具体需要引起关注的有：

一是地方政府融资平台公司贷款风险。2009 年，金融机构对各级融资平台的贷款高速增长，市、县两级地方融资平台占比较大。地方融资平台投资建设的很多项目不直接产生或只产生较低的经济效益，无法对融资平台的还款构成保证，需要依靠本级政府未来的财政收入来归还贷款。各地区融资平台公司普遍呈现资产负债率偏高、严重依赖银行贷款、信用贷款占比较高等风险特点。地方融资平台贷款持续过快增长、地方财政偿还能力不足将形成较大的信贷风险，可能威胁地方金融体系的安全与稳定。

二是产业结构调整步伐加大将增加不良贷款反弹的压力。2009 年，包括钢铁、水泥、煤化工等行业在内的部分产能过剩行业投资仍保持快速增长，各地区金融机构对十大产能过剩行业都有较大的信贷投放量。在加快经济结构调整，淘汰限制落后和过剩产能过程中，银行信贷资金继续大量投放上述行业，将增大信贷质量下降的风险。

三是信用卡不良率上升较快。近年来，各地区银行业金融机构均将信用卡业务作为营销的重点，急剧膨胀的发卡规模带来的风险已有所暴露。部分银行迫于业绩考核压力，片面追求发卡数量而忽视了对办卡人资信、还款能力的审核，容易引发持卡人无法偿还欠款以及信用卡欺诈等风险。部分中小企业主以及其他资金紧张的持卡人可能会通过大量透支信用卡额度、套现，获取现金流，大大增加了银行信用卡的风险。部分地区的信用卡不良率已有明显上升。

专栏5　银行卡产业发展迅猛，风险问题不容忽视

近年来，银行卡因其便捷、快速的特点，迅速成为大众普遍使用的消费支付工具。截至 2009 年底，湖北省共有 23 家银行业金融机构加入中国银联银行卡支付系统；发行各类银行卡 8 582 万张，同比增长 19.4%，其中，借记卡 7 736 张，同比增长 18.7%，信用卡（含贷记卡和准贷记卡）845 万张，同比增长 25.9%；联网 ATM 6 696 台，同比增长 17.6%；联网商户 45 280 家，同比增长 22.5%；直联 POS 机 69 423 台，同比增长 23.9%；各类银行卡交易 2.4 万笔，交易金额 2 648 亿元，同比分别增长 20.5%、41%。

随着银行卡产业的迅猛发展，银行卡投诉、纠纷、案件频发。银行卡业务正处于风险高发期，是银行卡产业发展不可忽视的问题。银行卡风险主要包含内部风险和外部风险两类，其中，内部风险包括系统风险、内部作案风险、管理和操作失误风险；外部风险包括信用风险、欺诈风险、冒用风险、特约商户诈骗风险、法律风险和市场竞争风险等。

欺诈风险是目前最严重、危害最大、也是群众最容易接触的一类风险。2009年9月以来，天门市发生多起群众被骗取信用卡现金的案件。首先，犯罪嫌疑人以做生意为名，要求受害人办理信用卡证明其经济实力或作为保证金。其次，犯罪嫌疑人借查看受害人信用卡之机，读取信用卡内三条重要信息：持卡人基本信息（姓名、身份证号等）、银行卡内存信息（卡号、开户行资料等）和银行卡密码信息。最后，犯罪嫌疑人用电脑将信息复制入任何一张磁卡，就可随意取走卡内现金。

银行卡风险高发与银行卡产业发展处于初级阶段息息相关。银行卡产品在开发、风险防范和持卡人服务体系方面还需要不断加强和完善。银行卡是具有发展潜力的产业，应将风险管理纳入金融机构企业发展和经营管理，完善银行卡风险管理的各项制度，寻求建立风险防范的长效机制，从而促进银行卡产业全面、协调、健康发展。

资料来源：《湖北省金融稳定报告（2010）》。

3. 资产价格较快上涨对银行业务的影响

从房地产价格来看，2009年3月至12月，全国70个大中城市房地产价格指数累计涨幅达到8.2%，受市场变化影响，各地区房地产贷款快速增长。2009年流向包括房地产开发、工业园区建设、商务区建设以及城市建设有关的房地产贷款约为2万亿元，占同期新增贷款的21.9%。截至2009年底，各地区银行业金融机构房地产贷款余额7.40万亿元，同比增长39.62%；房地产贷款占各项贷款余额的比重继续提高，年末为17.39%。个人购房贷款增速回升至2007年以来的最高水平。个人购房贷款余额4.55万亿元，增长50.86%。2009年房地产价格涨幅较高，房地产行业信贷集中度较高，商业用房开发贷款不良余额有所上升，个人住房贷款无序竞争现象比较突出，且与房价波动相关性较高。未来价格波动对银行房地产信贷风险的潜在影响值得关注。

从股票市场来看，2009年我国A股市场上证指数年度涨幅79%，深证成指年度涨幅111%，涨幅居全球首位。随着证券市场的回暖，新基金发行加速带动各地区银行业金融机构基金代理和托管业务等中间业务的上升，同时各类市场相关理财产品快速增长。居民部门为了获得更多投资收益，减少定期存款，存款活期化趋势明显，影响银行业金融机构资金来源稳定性。受新股发行节奏加快及创业板市场推出的影响，银行业金融机构同业存款波动有所加剧。

4. 银行业金融机构风险管控问题

在特定的政策背景下，各地区银行业信贷大量投放，但许多银行的信贷管理能力并未同步加强。部分商业银行风险管理不到位，“重贷轻管”现象突出，忽视了对贷款资金实际使用情况的跟踪监测。由于对贷后资金的监控缺乏有效手段，特别是对集团客户的资金跟踪，因其财务关系错综复杂，难度较大，贷款资金实际用途与合同不一致的情况客观存在。商业银行对信贷资金持续监控存在一定“盲区”。一般而言，银行对企业信贷资金最初的流向易于了解和掌握，在资金转入其他银行后，资金再监控难度加大，给银行的风险管理带来挑战。

5. 银行业金融机构理财产品快速发展蕴涵风险

近年来，我国各地区银行理财市场发展较快，产品种类日益丰富。2009 年，各地区商业银行共计发行理财产品 7 315 款，其中信贷类理财产品 3 695 款，占 50.51%；银行理财产品存量规模约 3.7 万亿元，其中信贷资产类占比在 50% 以上。在适度宽松货币政策背景下，表内贷款通过信托理财产品转移至表外，规避了信贷规模控制，导致银行机构的实际放贷规模难以掌握。同时信贷资金流向合规性监管压力增加。随着股票市场和房地产市场价格震荡上行，信贷资金流入非实体经济的可能性增加。部分理财产品资金投向基建项目，缓解资本金缺口，以达到可获取银行贷款的资本金比例要求。中长期贷款通过期限分拆成短期理财产品，依靠发售新产品解决到期产品的兑付问题，在后续产品发行难以持续时，最终将由银行用自营资金替代信托公司的回购。银信合作从形式上将信贷资产出售给信托公司，规避银行机构相关监管指标，但实际后期管理及风险承担仍在银行机构自身。

二、各地区证券业

2009 年，在经受了国际金融危机的严峻考验、成功实现经济企稳回升的背景下，资本市场下行趋势得以遏制，各地区上市公司数量和市值规模大幅增长，证券期货经营机构实力和服务实体经济能力明显增强，市场融资功能进一步提高，市场总体保持平稳运行。创业板成功推出，多层次资本市场体系建设取得新突破。证券期货法制体系不断完善，非法活动的查办力度有所加大，市场改革创新逐步深化，资本市场改革发展的积极效应逐步累积和显现。

（一）区域证券业发展概况

1. 资本市场回暖，投资者账户数显著增加

2009 年，在以四万亿元经济刺激计划为核心的积极财政政策及适度宽松货币政策的双重推动下，沪深两市指数震荡走高。两市指数上半年大幅攀升，8 月份见顶后出现调整，随后震荡上行。上证综合指数年末收盘于 3 277.14 点，同比上涨 79.98%（图 11），深证成分指数年末收盘于 13 699.97 点，同比上涨 111.24%。全年沪、深两市累计成交 53.6 万亿元，同比增加 100.66%，日均成交 2 185.08 亿元，同比增长 101.2%。股票价格逐步上扬，交易日益活跃，各地区参与市场的主体和机构投资者均有所增加。截至 2009 年底，投资者股票账户开户数17 149.67万户，同比增加 38.71%，其中机构开户数 59.44 万户，个人开户数 17 090.23 万户，同比分别增加 16.66% 和 38.80%。其中，东部、中部、西部和东北地区投资者账户数分别达到 6 083.62 万户、1 418.09 万户、1 632.00 万户和 847.39 万户，同比增长 31.00%、1.58%、14.31% 和 96.97%。东部、中部、西部和东北地区境内证券市场交易额分别达到 86.07 万亿元、13.13 万亿元、11.71 万亿元和 5.85 万亿元，同比增长 70.39%、89.25%、80.07% 和 60.46%。

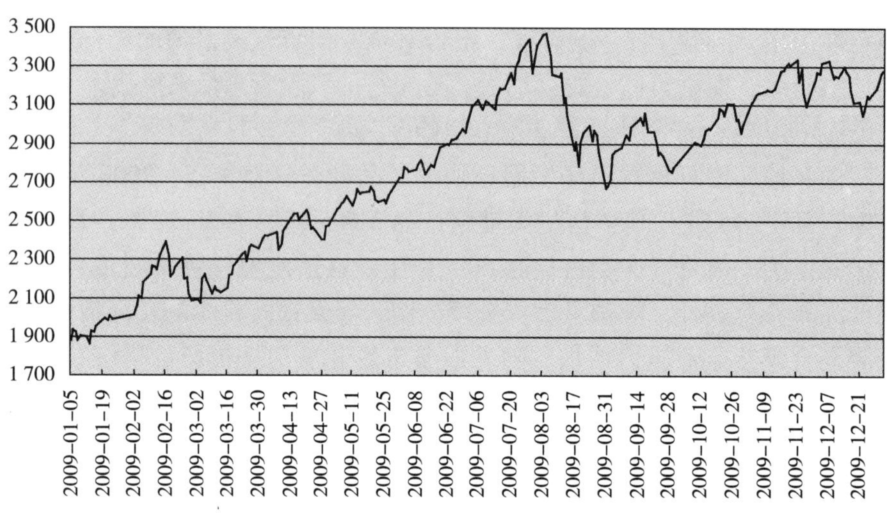

数据来源：Wind资讯。

图11 2009年上证综合指数走势

各地区债券和期货市场继续发展。2009年，企业债券共发行165只，发行规模达4 214.33亿元，同比增长78.05%。期货市场呈现普涨行情，贵金属、燃料油、橡胶、聚乙烯、精对苯二甲酸等主要资源及化工类商品期货价格较年初的涨幅均超过30%，市场全年累计成交130.51万亿元，同比增长81.48%。

2. 各地区证券机构大幅增盈，抗风险能力显著提高

截至2009年底，东部、中部、西部和东北地区法人证券机构数分别为53家、12家、18家和6家；期货经纪公司家数分别为100家、20家、19家和15家；基金管理公司中，东部地区有42家，西部地区有3家（表5）。

表5 全国各地区证券公司、基金公司和期货公司机构数 单位：家

项目	东部地区		中部地区		西部地区		东北地区	
	2008年	2009年	2008年	2009年	2008年	2009年	2008年	2009年
法人证券机构数	53	53	12	12	18	18	6	6
基金管理公司	41	42	0	0	3	3	0	0
期货经纪公司	100	100	21	20	19	19	18	15

数据来源：中国证监会全国各省、自治区、直辖市派出机构。

受市场回暖和成交日趋活跃等因素影响，各地证券期货机构总体规模和盈利水平大幅增加。2009年，东部、中部、西部和东北地区证券公司资产总额分别达到11 860.54亿元、1 757.21亿元、1 512.31亿元和453.95亿元，同比分别增长66.97%、87.43%、70.84%和106.67%。各地区证券公司的营业收入显著提高。东部、中部、西部和东北地区证券公司全年实现营业收入分别为1 191.43亿元、173.52亿元、181.39亿元和45.44亿元，同比增长59.97%、57.94%、82.46%和111.16%。其中，东北地区证券公司资产规模和营业收入增幅最大（图12）。

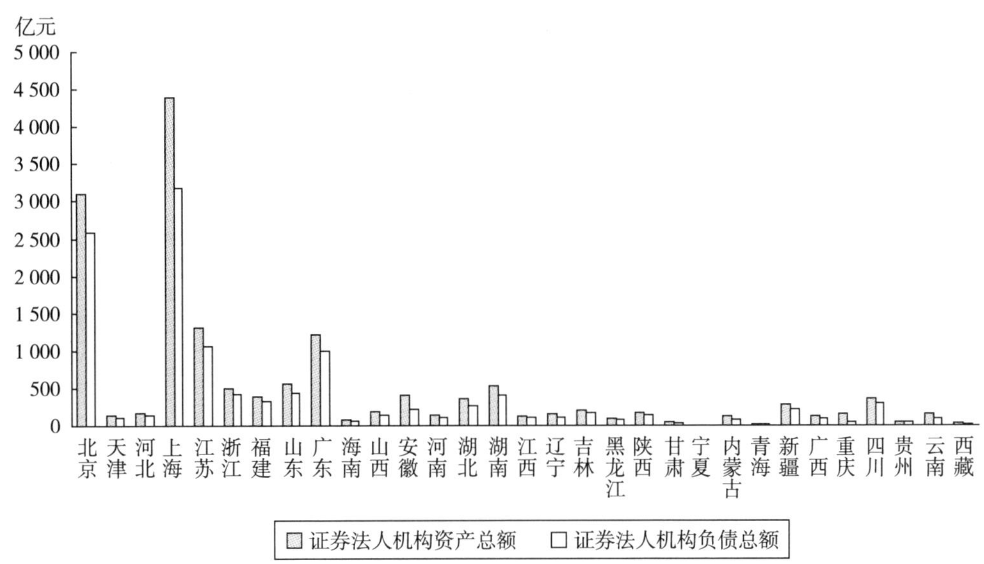

数据来源：中国证监会全国各省、自治区、直辖市派出机构。

图12　2009年各省（自治区、直辖市）证券法人机构资产负债情况

3. 证券市场融资功能进一步增强

资本市场融资功能的充分发挥对于我国经济率先复苏是极为重要的“助推器”。2009年，上市公司募集资金总额达到了5 055.7亿元，同比增长45.46%。其中，99家公司首次公开发行融资规模为1 879亿元，同比增长81.06%，占股票融资总额的37.17%；再融资规模为3 177亿元，同比增长30.18%，135家上市公司进行了增发融资，募资为3 032.8亿元（含定向增发资产认购）。从行业来看，房地产行业共有17家公司进行了增发融资，募集资金合计483.11亿元，是各行业中融资规模最高的。除增发以外，10家上市公司选择了配股的方式进行再融资，募集资金合计105.97亿元。

4. 各地区上市公司规模扩大，整体经营状况企稳回升

2009年，上市公司数量和市值规模均大幅增长。从2004年开始，一大批优质企业和具有较好成长性和较高科技含量的中小企业陆续在主板市场（含中小企业板）发行上市，上市公司数量快速增加。截至2009年底，沪深两市上市公司1 718家（其中B股公司108家），较上年增加114家；总市值达24.39万亿元，流通市值15.13万亿元，同比分别增长100.99%和234.54%。从地区结构看（图13），经济发展较快的东部地区集聚了59.98%的上市公司，其中广东省共有228家，占全国总数的13.3%；上海、浙江、江苏和北京四个地区的上市公司也均超过100家。

在国家宏观调控政策作用下，各地区上市公司抵御全球金融危机带来的不利因素影响，从第三季度开始，上市公司整体盈利水平实现反转，业绩回升的趋势日益明显。其中，信息技术产业、房地产行业以及一些受国家财政扶持的制造业上市公司率先回暖，业绩大幅攀升。但石油、化工、金属冶炼、纺织等行业的上市公司受宏观经济形势影响较大，业绩亏损现象依旧存在。

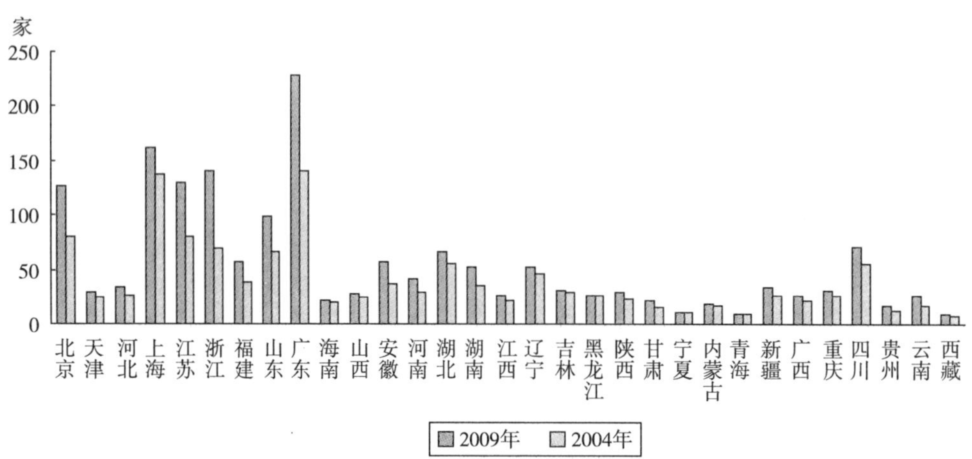

数据来源：Wind 资讯。

图 13 各地区上市公司的数量变化

5. 创业板平稳推出，多层次资本市场体系建设取得突破

2009 年 10 月 30 日，创业板首批 28 家公司的股票在深交所挂牌交易。创业板市场的正式推出，标志着我国多层次资本市场体系建设取得重要突破。截至 2009 年底，创业板上市公司已有 36 家，总市值达 1 610.08 亿元，流通市值 298.97 亿元。从地区分布结构来看，东部地区集聚了 2/3 的创业板上市公司，首发募集资金总额 149.68 亿元，占全国总金额的 72.85%。其中，处于前三位的北京、浙江和广东分别有 8 家、5 家和 4 家公司，占全国总数的 47.22%，是创业板上市公司的主要集聚地（表 6）。从行业结构来看，上市公司主要分布在工业、信息技术、医疗保健和可选消费等领域（图 14）。

表 6 2009 年创业板上市公司的地区分布

项目		东部地区	中部地区	西部地区	东北地区
规模	数量（家）	24	5	6	1
	占比（%）	66.67	13.89	16.67	2.78
首发募集资金	金额（百万元）	14 967.72	2 784.14	2 040.20	616.90
	占比（%）	72.85	13.55	9.93	3.00
首发实际募集资金	金额（百万元）	14 112.36	2 577.76	1 893.34	575.90
	占比（%）	73.66	13.45	9.88	3.01

数据来源：Wind 资讯。

创业板市场的推出不仅完善了我国多层次资本市场体系，对于贯彻自主创新的国家战略、促进产业升级和国民经济结构调整也都具有十分重要的意义。创业板市场为创新型、民营中小企业提供了直接融资渠道和风险分担机制，加速新兴产业的快速发展，使之成为危机之后新的增长点；为风险投资和产业基金等战略投资者提供灵活的退出机制，进而推动股权投资基金的发展和资本体系的完善；同时，创业板所蕴涵的财富效应有利于拉动民间投资和居民消费，从而有利于我国经济发展结构的调整。

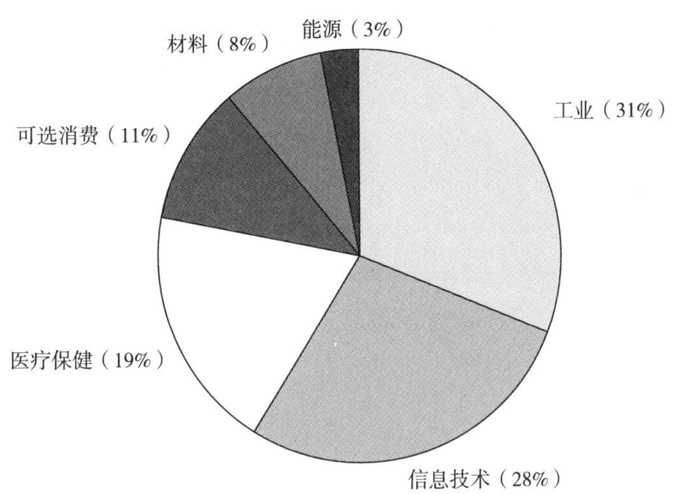

数据来源：Wind资讯。

图14 创业板上市公司的行业结构图

专栏6 深圳证券市场创业板成功开板

经过10年之久的酝酿，2009年10月深圳证券市场创业板成功开板。在国际上，创业板是地位次于主板市场的二板证券市场，以美国纳斯达克市场为代表。在创业板市场上市的公司大多从事高科技业务，具有较高的成长性，但往往成立时间较短、规模较小，业绩也不突出。在深圳设立和开通创业板市场，目的是为国内成长型中小企业提供更方便、快捷的融资渠道，为风险投资营造正常的退出机制，宏观上则是推进产业结构调整、深化经济体制改革的重要政策举措。

深圳证券市场创业板的推出经过了精心筹备。2009年3月，中国证监会发布《首次公开发行股票并在创业板上市管理暂行办法》，于5月1日起正式实施。7月1日，证监会正式发布实施《创业板市场投资者适当性管理暂行规定》，投资者从7月15日起办理创业板投资资格。9月13日，证监会宣布于9月17日召开首次创业板发审会，首批7家企业获准上会。10月23日，在深圳举行创业板开板启动仪式。10月30日，首批28家创业板公司在深圳证券交易所正式上市。

截至2009年底，深圳创业板市场有上市公司36家，占深圳证券市场上市公司总数的4.34%；累计筹资额204.09亿元，占累计股票筹资额的11.91%。总股本34.60亿股，约占深圳证券市场上市公司总股本的1%；流通股本6.48亿股，占0.25%；总市值1 610.08亿元，占2.72%；流通市值298.97亿元，占0.82%。加权平均股价46.53元/股，比深圳证券市场上市公司平均股价高31.36元/股；平均市盈率105.38倍，比深圳证券市场平均市盈率高59.37倍。年累计成交金额1 828.11亿元，约占深市股票总成交的1%。

结合国际上有关国家设立创业板的经验得失，深圳证券市场创业板应注重防范以下风险：一是市场运行风险。从深圳创业板市场运行看，首批创业板股票首日平均涨幅超过100%，第二日即遭大面积跌停，并且这种大幅波动一直延续一个月左右。首批上市企业2009年11月的日平均市盈率最低93.34倍，最高114.62倍，远高于主板市场上市公司的平均市盈率。二是容易被操纵风险。深圳创业板企业整体规模、融资额、发行量都较小，容易受到投机资金的炒作，容易遭受竞争对手的恶意收购，面临丧失控制权的风险。三是具有高退市风险。创业板不同于主板市场，符合创业板退市条件的企业不再转入代办股份转让系统，而是直接退市。四是新股募集资金使用不当的风险。对截至2009年底创业板企业超募资金投向或计划的初步统计，大量超募资金有被闲置的趋势，部分上市企业没有明确的投资项目，募集资金使用效率有可能降低，甚至被用于扩大投资非主营业务。因此，深圳证券创业板市场应有效防范上述各类风险，保障其实现稳健、可持续发展。

资料来源：《深圳市金融稳定报告（2010）》。

6. 证券期货法制建设不断完善，违法违规案件查办力度有所加大

2009年，监管部门采取多项措施加强市场监管，防范和处置市场风险。监管部门强化了证券公司合规管理，明确金融从业人员从事“老鼠仓”等背信交易行为的法律规制，制定和修订有关规章和规范性文件，健全证券期货法制体系。发布《创业板及新股发行的管理办法与指导意见》，完善多层次资本市场的建设和新股发行机制。出台基金评价和销售费用管理制度，引导市场长期投资，加大基金市场规范力度。推进期货公司净资本监管和保证金监管，落实期货公司首席风险官制度，实施期货公司“一参一控”政策，促进期货公司平稳较快发展，推行期货公司分类监管制度，完成首次分类评价工作。

依法行政工作稳步推进，违法违规案件的查办力度有所加大。监管部门与公检法机关组成打击证券期货犯罪专项工作小组，严厉惩处一批市场违法犯罪行为。与司法机关建立协调工作机制，妥善处理重大敏感案件，快速查处了融通基金“老鼠仓”案、高淳陶瓷内幕交易案等一批市场关注度高、社会影响力大的案件。

（二）区域证券业发展中需要关注的问题

1. 各地区证券经营机构盈利模式较为单一，业务结构有待优化

各地区证券经营机构大多仍以经纪业务为主，对外部环境的依赖性较强，自身抗风险能力较差。2009年，106家证券公司保持较高的盈利水平，全年实现净利润932.71亿元，同比增长88.74%，实现营业收入2 050.41亿元。从收入结构来看，自营业务收益由于股市大幅上涨等因素影响，比重为14.1%，较上年大幅提高6.4个百分点；资产管理、利息等其他业务收入保持相对稳定，收入占比未有显著改变；经纪业务收入仍然是盈利的主要来源，占全部营业收入的比重高达76.1%，虽然较上年比重略有下降，但各地区证券经营机构主要以交易手续费等经纪业务为主的盈利模式仍然没有改变。

证券公司对具有核心竞争力的高附加值业务开拓较少，受外部市场环境波动的影响较大，这种单一的盈利模式已成为制约证券公司提高竞争力的一个重要障碍。随着区域内证券经营机构的增多，同质化竞争激烈，部分地区出现证券公司为争夺客户资源和降低人员成本而违规营销和恶性竞争的现象。为此，要继续规范证券经营机构经纪业务，引导证券经营机构采用创新服务方式、提供差异化、专业化和附加值高的服务进行良性竞争，打击扰乱市场环境和进行恶

性竞争的机构。随着证券公司创新业务试点范围逐步扩大以及融资融券、股指期货等新业务和新产品的陆续推出，证券公司收入结构有待进一步多元化。

2. 各地区基金公司合规管理有待进一步加强

近几年来，各地区基金公司呈现快速发展态势，基金规模急剧增加，基金产品创新较为活跃。但与成熟市场相比，我国机构投资者总体上还存在着资产规模偏小、发展不均衡、组织模式单一、投资理念不成熟、风险意识不强和创新能力不足等问题。在快速发展过程中，个别基金公司重规模、轻管理的倾向仍然存在，可能造成基金持有人的损失，影响整个行业的公信力。2009 年，多家基金公司因系统问题或操作失误导致新股申购失败和基金分红差错等问题，个别基金公司更暴露出基金经理“老鼠仓”的行为。为此，应进一步加强基金公司的内部管控，防范潜在的操作风险，在推动基金业创新发展的同时也要推动行业的诚信运作。针对基金管理公司治理的特殊性，探索建立持有人利益优先的内在机制，建立有效维护持有人利益的治理结构，切实保护投资者利益。实施基金经理注册制度，完善基金投资监控机制，开展对基金管理公司和销售机构的联合检查，严厉打击“老鼠仓”、非公平交易和利益输送行为，提高行业公信力。

3. 创业板市场存在一定风险，市场机制有待完善

创业板开局良好，但从开板以来的数据表现来看，仍存在一定的市场风险。一是发行价和市盈率过高，投机炒作问题突出。从创业板首批公司股票挂牌上市，至当天收盘，该首批 28 家上市公司股价平均涨幅高达 106.23%，平均动态市盈率高达 75 倍，是 A 股平均市盈率的 3 倍，也远高于美国纳斯达克 36 倍左右的平均市盈率。第二批创业板 8 家企业平均市盈率达 83.6 倍，超过首批 28 家企业的发行水平。而从创业板上市公司的业绩看，其成长性与市值并不相匹配，炒作迹象明显。投机炒作导致的高市盈率透支了企业未来的成长业绩，不利于企业良性发展。二是超募资金现象严重。36 家企业共募集资金 204.09 亿元，其中超募资金达 120.75 亿元，超募资金为原募集资金计划的 144.89%。如果巨额的超募资金得不到合理有效的使用，将会造成资金的浪费，甚至可能出现挪用。因此，要继续完善创业板市场机制，促进我国创业板市场规范、健康发展。

4. 非法证券活动有所抬头，市场监管有待进一步加强

在证券市场回暖、交易活跃的背景下，一些地区非法证券活动有所抬头，非法中介、非法发行、非法证券投资咨询、非法委托理财、非法期货活动和非法证券投资基金活动时有出现，严重扰乱金融秩序。非法证券活动具有涉案金额大、涉及面广、活动方式不断变化、活动手段逐渐无形化、网络化等特点，隐蔽性强，案件办理难度大，对社会稳定造成一定的危害。2009 年，非法证券活动呈现以证券期货投资咨询方式为主的新趋势。一些非法机构以“投资咨询机构”、“产权经纪公司”、“资产经营管理公司”的名义，通过电话、网络等媒体，诈骗投资者钱财，造成投资者损失。以宁波市为例，2009 年，该市累计发现清理非法证券期货投资咨询网站链接 237 起、通过 QQ 群和网站博客开展非法投资咨询 31 起，取缔异地非法投资咨询网站 23 次。由于现行法律法规仍存在规定不明、监管真空等问题，部分地区投资者法律意识和理性投资观念不强，非法证券期货活动随着市场向好而出现蔓延势头。因此，为维护各地区证券市场的安全稳定运行、保护投资者利益，需要健全联合执法的长效机制，做好非法证券活动的防范工作，进一步加强宣传和对投资者的教育工作。

专栏7 资本市场发展中的监管真空问题

近年来，我国资本市场中监管真空问题日益突出：（1）民间私募基金法律地位尚不明确，监管和法律规范缺失。随着私募基金空前发展，单只基金募集规模达10亿元的项目开始出现，私募基金步入快速发展的上升轨道。然而，对于私募基金的监管，目前各职能部门仅是从各自业务角度出发进行局部管理，缺乏协调有效的监管体系。（2）期货市场私募发展有待规范。在期货市场总体规模不断扩大、流动性提高的同时，一方面散户占主导、企业整体参与程度偏低①的格局依然没有发生根本性的改变，另一方面，针对有套期保值意愿的现货企业、以“产业基金”名义存在的期货代客理财公司却得以迅速发展。随着“产业基金”规模的不断扩大以及以个人投资者为目标群体的期货私募的发展，诸多问题浮出水面。(3) 在我国目前黄金市场实行现货、期货、银行体系分类监管体制下，类黄金期货、黄金延期交易的“地下炒金”等违法违规现象屡禁不止，现有法律、法规难以准确定性、无法有效遏制，也出现了一些波及较多个人投资者、严重影响金融稳定、社会稳定的事件。

证券期货行业存在的私募基金、“地下炒金”等现象，从某种程度上反映了市场需求的存在，但同时也严重扰乱了市场秩序，对合法市场的规范运作造成了很大冲击，其潜在风险主要包括：一是由于民间委托理财和投资管理行为的法律性质不明确，出资人和管理人权益都缺乏有效的法律保障，基金投资者面临着巨大的信用风险；二是基金管理人存在着参与内幕交易和市场操纵的道德风险；三是可能引发市场系统风险，部分私募基金资金来源复杂（如通过股票抵押或质押借贷），且经营风格激进，一旦市场发生逆转，可能给债权人和投资者带来巨额损失，并有引发市场系统性风险的可能。私募基金发展中存在的问题凸显出我国资本市场体系尚不健全，相关基础法律滞后、监管合力尚未形成、市场仍然封闭，合法、合规市场的投资者发展极不均衡等问题。因此，在当前金融危机尚未结束的背景下，应继续重视发展场内交易市场，为广大投资者提供既风险可控，又满足不同层次投资需求的产品，同时也要注重完善法律、法规，建立跨市场的监管协调与合作制度，加强场外市场的监管，为资本市场良性发展提供重要保障。

资料来源：《上海市金融稳定报告（2010）》。

5. 各地区投资者适当性管理亟待加强

随着业务拓展和产品创新工作继续取得成效，创新产品和业务的投资者适当性管理需要进一步加强。投资者适当性管理是充分考虑投资业务的产品特性和风险特征，针对个人投资者交易经验的不同，设置不同的“准入”要求，实现将适当的产品销售给适当投资者的管理目标。2009年，证券公司融资融券业务试点准备工作有序开展，期货公司股指期货业务筹备工作稳步推进，基金公司“一对多”特定客户资产管理业务和ETF连结基金顺利推出。相对于资本市场传统的业务和产品，这些创新业务和产品运作复杂，且风险相对较高，因此需要加强投资者适

① 法人开户数不到开户总数的4%。

当性管理，从而保证业务产品风险与投资者的风险识别和承担能力相匹配。目前，我国资本市场投资者结构仍以中小散户为主，风险意识较为薄弱，风险承受能力较弱，存在非理性投资行为的现实情况，这已成为市场创新的瓶颈之一。而投资者适当性管理仍处于起步阶段，一旦管理失控，市场风险可能造成中小投资者和证券经营机构损失，影响金融稳定和社会稳定。因此，应高度关注证券经营机构实施投资者适当性管理的进程，引导投资者理性参与新产品和新业务的交易，特别是对风险识别与理性投资、投资信息处理、权益保障与维护等方面的教育，维护中小投资者的合法权益。

三、各地区保险业

2009 年，各地区保险业认真贯彻落实党中央、国务院应对金融危机的各项政策措施，积极应对各种严峻挑战，战胜种种困难，各方面工作取得显著成绩。业务增长好于预期，保费首次突破 1 万亿元，在 2008 年基数较高、2009 年外部环境困难的情况下，仍然实现了 13.8% 的增速，保险公司总资产突破 4 万亿元。经营效益大幅提升，保险公司利润总额达到 530.6 亿元，财产险公司总体扭亏为盈。全行业投资收益率 6.41%，较上年提高 4.5 个百分点。业务质量明显改善，产险公司综合成本率、应收保费率、寿险期缴业务占新单业务的比例和退保率均为三年来的最好水平。

（一）区域保险业发展概况

1. 各地区保险市场主体数量稳步增长，资产规模不断扩大

2009 年，各地区保险业继续保持平稳较快的发展势头。截至 2009 年底，东部、中部、西部和东北地区省级分公司以上保险公司数量分别为 617 家、209 家、282 家和 125 家，较上年底分别增加 44 家、8 家、6 家和 8 家，市场主体数量继续增加。东部、中部、西部和东北地区分公司以上保险机构总资产分别达到 12 728.46 亿元、3 837.90 亿元、3 473.90 亿元和 2 004.73 亿元，同比分别增长 19.98%、22.99%、24.53% 和 16.03%。其中，财产险公司总资产分别为1 392.21 亿元、284.13 亿元、348.21 亿元和 196.81 亿元，同比分别增长 -0.57%、3.07%、1.21% 和 -0.98%；人身险公司总资产分别为 11 044.90 亿元、3 553.77 亿元、3 110.96 亿元和 1 807.97 亿元，同比分别增长 21.46%、24.92%、27.21% 和 19.76%；中资保险机构总资产分别为 11 505.82亿元、3 829.68 亿元、3 452.56 亿元和 1 910.10 亿元，同比分别增长 19.79%、22.91%、24.36% 和 15.83%；外资保险机构总资产分别为 1 222.64 亿元、8.22 亿元、21.34 亿元和 94.63 亿元，同比分别增长 21.84%、82.13%、59.85% 和 20.32%（表 7）。保险业在各地区经济发展中的作用逐步提升。

表 7 全国各地区保险资产情况

项目	东部地区		中部地区		西部地区		东北地区	
	2008 年	2009 年	2008 年	2009 年	2008 年	2009 年	2008 年	2009 年
保险业分公司以上资产总额（亿元）	10 608.58	12 728.46	3 120.46	3 837.90	2 789.68	3 473.90	1 727.74	2 004.73

续表

项目	东部地区		中部地区		西部地区		东北地区	
	2008 年	2009 年	2008 年	2009 年	2008 年	2009 年	2008 年	2009 年
增长率（%）	14.73	19.98	29.63	22.99	54.61	24.53	121.38	16.03
其中：财产险(亿元)	1 400.22	1 392.21	275.67	284.13	344.05	348.21	218.19	196.81
人身险(亿元)	9 093.59	11 044.90	2 844.78	3 553.77	2 445.62	3 110.96	1 509.69	1 807.94
中资保险分公司以上资产总额（亿元）	9 605.10	11 505.82	3 115.95	3 829.68	2 776.33	3 452.56	1 649.09	1 910.10
外资保险分公司以上资产总额（亿元）	1 003.48	1 222.64	4.51	8.22	13.35	21.34	78.65	94.63

数据来源：中国保监会全国各省、自治区、直辖市派出机构。

2. 各地区保费收入稳步提高，结构调整取得积极进展

2009 年，各地区保险业务规模快速增长。东部、中部、西部和东北地区保险业全年共实现保费收入 5 784.45 亿元、2 119.86 亿元、2 011.13 亿元和 881.14 亿元，同比分别增长 8.86%、12.92%、16.12% 和 16.91%。从区域发展状况来看，西部和东北地区保费收入增长最快，增长率远高于东部地区。中部、西部和东北地区保险业相对增速不断加快，对于改善区域间保险业发展不协调的状况有重要意义。中部、西部和东北地区保费收入占全国比重较上年同期分别上升 0.23 个、0.73 个和 0.37 个百分点，而东部地区保费收入占比较上年下降 1.34 个百分点，保险业发展存在的地区差距有所缩小。从各种险种经营情况看，财产险业务显著增长，东部、中部、西部和东北地区财产险分别实现保费收入 1 525.17 亿元、444.32 亿元、580.06 亿元和 231.44 亿元，同比分别增长 13.78%、25.05%、24.94% 和 24.30%，占保险业总收入的比重较上年均明显提高，其中农业险、信用险、工程险等非车险业务同比分别增长 21%、91.3% 和 31.6%，非寿险投资型产品投资资金余额 506.4 亿元，较上年末减少 426.5 亿元，结构调整取得积极进展；人身险业务恢复性增长，标准保费同比增长 19.5%，增速高于规模保费 8.6 个百分点，新单业务中，期缴保费占比 25.2%，同比上升 5.4 个百分点，其中 10 年期及以上保费占新单业务比重上升 1.7 个百分点，东部、中部、西部和东北地区人身险分别实现保费收入 4 277.26 亿元、1 675.55 亿元、1 429.75 亿元和 648.02 亿元，同比分别增长 7.65%、10.09%、12.93% 和 14.50%。随着国内资本市场的快速发展，各地区保险公司分红险业务增长迅猛，该业务收入占人身险保费收入的比例也大幅提高。2009 年，东部、中部、西部和东北地区分红险分别实现保费收入 2 638.67 亿元、1 177.81 亿元、912.26 亿元和 391.46 亿元，同比分别增长 44.05%、33.13%、45.31% 和 37.46%，占人身险保费收入的比例分别为 61.69%、70.29%、63.81% 和 60.41%（表 8）。

表 8　　全国各地区保险业分险种保费收入情况

项目	东部地区		中部地区		西部地区		东北地区	
	2008 年	2009 年	2008 年	2009 年	2008 年	2009 年	2008 年	2009 年
人身险收入（亿元）	3 973.33	4 277.26	1 522.04	1 675.55	1 266.08	1 429.75	565.97	648.02
同比增长（%）	38.71	7.65	64.91	10.09	56.70	12.93	55.84	14.50

续表

项目	东部地区		中部地区		西部地区		东北地区	
	2008 年	2009 年	2008 年	2009 年	2008 年	2009 年	2008 年	2009 年
占保险收入比例(%)	74.78	73.94	81.07	79.04	73.10	71.09	75.09	73.54
财产险收入（亿元）	1 340.41	1 525.17	355.30	444.32	464.28	580.06	186.19	231.44
同比增长（%）	14.55	13.78	22.14	25.05	21.38	24.94	30.15	24.30
占保险收入比例(%)	25.23	26.37	18.93	20.96	26.81	28.84	24.70	26.27

数据来源：中国保监会全国各省、自治区、直辖市派出机构。

3. 各地区保险业赔付支出小幅增长，补偿功能充分发挥

2009 年，东部、中部、西部和东北地区保险业各项赔款和给付支出分别为 1 633.93 亿元、543.52 亿元、543.62 亿元和 262.29 亿元，同比分别增长 1.20%、2.91%、7.83% 和 4.40%。财产险赔款和给付支出平稳增长，东部、中部、西部和东北地区全年财产险赔款和给付支出分别为 817.18 亿元、247.49 亿元、300.23 亿元和 127.39 亿元，同比分别增长 1.87%、5.97%、10.43% 和 17.17%。其中车险赔款和给付支出分别为 562.40 亿元、192.87 亿元、222.96 亿元和 89.81 亿元，同比分别增长 16.39%、15.04%、32.51% 和 18.58%；农业险赔款和给付支出分别为 17.80 亿元、20.64 亿元、32.66 亿元和 22.33 亿元，同比分别增长 61.14%、38.52%、51.48% 和 29.90%，保险业对农业的补偿功能得到了进一步的发挥。人身险赔款和给付支出基本保持稳定，东部、中部、西部和东北地区人身险赔款和给付支出分别为 816.74 亿元、296.03 亿元、243.00 亿元和 134.42 亿元，同比分别增长 0.53%、0.48%、4.63% 和 -5.68%（表 9）。

表 9　　全国各地区保险业赔款和给付支出情况

项目	东部地区		中部地区		西部地区		东北地区	
	2008 年	2009 年	2008 年	2009 年	2008 年	2009 年	2008 年	2009 年
赔款和给付支出（亿元）	1 614.62	1 633.93	528.16	543.52	504.13	543.62	251.24	262.29
增长率（%）	29.33	1.20	36.40	2.91	24.41	7.83	24.41	4.40
占全国比例（%）	55.71	54.77	18.22	18.22	17.39	18.22	8.67	8.79
其中：人身险(亿元)	812.43	816.74	294.63	296.03	232.25	243.00	142.51	134.42
增长率（%）	22.64	0.53	27.93	0.48	17.12	4.63	10.15	-5.68
占总赔款和给付支出比例（%）	50.32	49.99	55.78	54.47	46.07	44.70	56.72	51.25
财产险（亿元）	802.20	817.18	233.54	247.49	271.87	300.23	108.72	127.39
同比增长（%）	36.86	1.87	48.87	5.97	42.30	10.43	49.83	17.17
占总赔款和给付支出比例（%）	49.68	50.01	44.22	45.53	53.93	55.23	43.27	48.57

数据来源：中国保监会全国各省、自治区、直辖市派出机构。

专栏8　新疆保险业积极做好“7·5”事件受害者理赔工作

2009年7月5日，乌鲁木齐市发生了打砸抢烧严重暴力犯罪事件（以下简称“7·5”事件），给乌鲁木齐各族人民的生命和财产造成了巨大损失。

事件发生后，各保险公司接到人身保险报案210起，财产损失报案20起，估损金额1 088.98万元。为快速、高效、准确做好“7·5”事件伤亡客户的理赔工作，新疆各保险公司及时启动应急预案，成立紧急事件处理小组，开辟“绿色理赔通道”，延长报案时限，保持报案电话畅通，保证人员到位、处理到位，及时查勘定损，简化理赔程序，提高理赔效率，对合理范围内的赔案，尽可能进行预赔，全力帮助受害受损群众恢复生产生活。

太平洋保险迅速成立理赔专项工作处理小组，专人24小时接收报案信息，调查人员24小时待命，服务人员第一时间到现场确认理赔保险事故责任，核查客户身份信息，审核保险给付金受益人申领资格，主动上门安抚伤亡客户及家属，协助办理理赔手续。并本着特事特办的原则，对分公司超权限上报案件快速批复，7月13日恢复上班两天内，处理结案4位身故客户的理赔案件，总金额41万元。中华联合保险公司第一时间启动突发事件应急预案，设立“7·5”事件紧急救助理赔工作小组，调整安排定损查勘队伍，节假日、法定休息日均正常营业，采取定点理赔，一条龙、一站式的服务方式。截至7月底，中华联合保险公司共接到“7·5”事件损失报案163件，现场定损案件53起，结付案件70起，支付赔款近百万元。

各保险公司还对“7·5”事件受害者续保提供优惠政策，2009年赔付情况将不作为2010年费率上浮的依据；财产受损的商户继续投保时，保险公司接受分期付款的方式。对参保商业车损险车辆实行了全额通融赔付，全损车辆按照折旧率计算方法，核定实际价值后进行赔付；部分损坏的车辆不再区分是否投保玻璃单独破碎险、车身划痕险等相关附加险，也不扣除免赔额，一次性赔付到位。截至8月10日，新疆各保险公司已向“7·5”事件受害者支付人身险和财产险救助赔偿共636.52万元。其中，赔付受损车辆425辆，理赔金额为451.22万元，保险的经济损失补偿和社会保障作用得到充分发挥。

资料来源：《新疆维吾尔自治区金融稳定报告（2010）》。

4. 各地区保险机构经营效益大幅提升，偿付能力总体充足

2009年，各地区保险公司利润总额达到530.6亿元。各地区财产险公司加大盈利模式调整力度，从注重规模向以效益为核心方向发展，加大对成本控制、预算管理、核保核赔等关键环节的管控力度，绩效明显。财产险公司总体扭亏为盈，实现承保利润35.1亿元，综合费用率下降。此外，自2009年初实行车险业务“见费出单”以来，财险业应收保费问题得到有效控制。人身险公司实现利润434.6亿元，业务价值显著提升。全行业实现投资收益2 141.7亿元，收益率6.41%，比上年提高4.5个百分点。保险资金运用余额达3.7万亿元。近年来，保监会加强了对保险公司偿付能力充足率的监管，并陆续对偿付能力不足的保险公司发出警告，并对偿付能力不足的保险公司在设分支机构、高管薪酬、股东分红以及资金运用等方面都有明令限制。

各地区法人保险公司的偿付能力充足率情况一直保持较高的水平。截至2009年底，各地区偿付能力不达标（即偿付能力充足率低于100%）的保险公司仅有8家，比年初减少5家，其中，财产险公司5家，寿险公司3家。偿付能力不达标的主要是成立时间短、还没有进入盈利期的中小公司，且不达标公司的偿付能力关键指标较年初已有明显改善。

5. 各地区保险深度、保险密度稳步上升，服务领域进一步拓宽

2009年，除东部地区保险深度保持稳定外，中部、西部和东北地区保险深度分别为3.02%、3.01%和2.88%，较上年分别增长0.07个、0.03个和0.21个百分点；东部、中部、西部和东北地区保险密度分别为1 264.46元/人、572.95元/人、547.90元/人和809.50元/人，较上年分别增加156.25元/人、63.06元/人、73.72元/人和116.39元/人。各地区保险业服务领域进一步拓宽，保险覆盖面进一步扩大，服务和谐社会能力进一步提高。各地区继续扩大"三农"保险覆盖面，稳步推进政策性农业保险发展，探索适合地区特色的农业保险经营机制和发展模式，种植业保险逐步覆盖全国主要产粮区和粮食生产大县。2009年，农业保险保费收入133.9亿元，提供风险保障3 812亿元，同比增长59%，参保农户1.33亿户，同比增长48%。各地区认真贯彻落实《国务院办公厅关于当前金融促进经济发展的若干意见》，重点投资交通、通信、能源等基础设施项目，并积极推动新型车贷保险、小额贷款保证保险和科技保险试点。各地区积极参与养老保障体系和社会医疗保障体系建设，推动医疗、交通、教育以及环保等领域的责任保险发展，在8个省市试点环境污染责任保险，医疗责任保险在16个省（区）市的56个地市启动。同时，各地区还采取符合国际惯例的方式支持出口企业，大力发展出口信用保险，完成短期出口信用保险承保900亿美元，安排421亿美元大型成套设备出口融资保险。

专栏9　出口信用保险助推浙江外贸稳步回升

2009年，中国出口信用保险公司浙江省分公司（以下简称中信保浙江公司）完成承保金额114.43亿美元，增长130.3%；支付赔款3 925.3万美元。其中实现短期出口信用保险承保金额109.07亿美元，增长161.5%；支付赔款3 819.9万美元，其中国内贸易险完成保额35.66亿元人民币，支付赔款663万元人民币。短期出口信用保险全年新增投保企业951家，增长228%。在帮助出口企业提振信心、控制出口收汇风险以及有效引导和支持企业抢抓海外订单等方面发挥了积极作用。

一是积极创新业务模式。根据浙江区域经济的特点，中信保浙江公司开发了多种新型承保模式，满足了企业对特殊业务的投保需求。如试点自行掌握限额承保模式，对分散型小额业务试点按自行掌握限额承保，即一定金额以内的出口，只要不是公司限制承保的买家，自动接受承保。在金华、绍兴试点政府保单承保模式，即以政府为投保人的"全风险覆盖"承保模式。

二是加大对重点行业的支持力度。2009年短期出口信用保险承保机电产品出口29.5亿美元，增长116.5%；承保高新技术产品出口7.5亿美元，增长314.4%；承保轻工产品出口18.9亿美元，增长167.8%；承保纺织服装产品出口38.9亿美元，增长179.9%；等等。

三是重点支持两类风险业务。首先，支持企业实施市场多元化战略，加大对新兴市场地区的出口。全年支持企业向新兴市场出口达到44.7亿美元，增长176%，占承保总额的比重达到41%。其次，支持企业采取赊销方式进行交易，提高企业接单信心和抢单能力。2009年支持以赊销方式的出口达到98.1亿美元，增长159%，占同期支持出口总额的90%。

四是提供全面的风险管理服务。积极将出口信用保险各项服务有机地嵌入企业出口所需的市场评估、客户调查、合同签订、收汇跟踪、商账追收等各个环节。调查并评估国内外买家的资信3.8万份，增长81%，帮助企业筛选客户，提高交易针对性；新批复信用额度79.2亿美元，增长116%，帮助企业增加谈判砝码，提高交易机会。

五是下调保险费率降低企业投保成本。中信保浙江公司在中信保总部统一部署下，结合企业出口结构、业务质量、投保规模、投保方式、行业特点等因素，实施结构性降费。1—12月，平均费率降幅达到35.9%。

资料来源：《浙江省金融稳定报告（2010）》。

6. 保险业改革继续推进

自2009年以来，各地区保险业围绕“防风险、调结构、稳增长”的主线，积极稳妥推进保险业改革创新。2009年10月1日，新《中华人民共和国保险法》（以下简称新《保险法》）正式实施，进一步加大了对被保险人利益的保护力度，扩大了保险公司经营范围，拓宽了保险资金运用渠道，强化了保险监管手段和措施。以此为契机，监管部门进一步加强监管制度建设。全面梳理监管规章制度，修订完成了《保险公司管理规定》、《人身保险新型产品信息披露管理办法》、《保险公司中介业务违法行为处罚办法》等9部规章制度。同时，完善风险预警和监测机制，建立对重点区域、重点公司、重点业务领域跟踪报告制度，实施风险状况动态监测和压力测试。强化分类监管制度和偿付能力监管制度，督促偿付能力不达标的公司通过各种方式改善偿付能力。4月7日，保监会公布了涉及保险资金运用的五项文件，规定保险资金可以投资地方政府债、中期票据和无担保公司债。开展商业银行投资保险公司股权试点。11月26日，中国银监会发布《商业银行投资保险公司股权试点管理办法》，规定“商业银行投资入股保险公司的试点方案由监管部门报请国务院批准确定，每家商业银行只能投资一家保险公司”，拉开商业银行入股保险公司的序幕。2009年末，交通银行入股总部设于上海的中保康联人寿保险公司的试点工作已经启动。

（二）区域保险业发展中需关注的方面

1. 关注粗放的发展方式转变缓慢和滞后的问题

近年来，各地区保险业在转变发展方式方面进行了积极探索和努力，但总的来看，粗放的发展方式没有得到根本转变。一是集约经营和内涵式增长能力不强。部分公司主要靠快速增设机构、铺摊子实现外延式扩张，对内部管理、成本核算、技术投入、人才培养等方面重视不够，总体经营成本居高不下。二是产品结构单一。目前，各公司报备的产品超过1.1万个，但被市场接受、覆盖面大的产品较少。从财产险看，车险占比超过70%，各种责任险、工程险、家财险和信用保证保险等产品没有得到有效开发。从人身险看，长期期缴、保障功能强的业务发展比较滞后，风险保障和长期储蓄作用发挥不足。三是非理性价格竞争突出。产品和服务创新能力不足，竞争手段单一，部分公司往往采取大幅提高手续费、账外支付等方式争夺保费，不仅破坏了正常的市场秩序，而且隐藏了一些违法违规行为。四是诚信经营理念不强。目前，销售误导、理赔难、弄虚作假等不诚信问题仍比较突出。从近几年情况看，销售误导和理赔纠纷的比例达受理案件的65%。保险业粗放的发展方式，既是当前各地区保险市场都面临的突出问题，也是制约行业长远健康发展的关键因素。只有转变发展方式取得重大突破，各地区保险业才能克服各种矛盾和困难，真正实现科学发展。

2. 关注个别机构资本金不足和偿付能力不达标的风险

当前，各地区保险业还处于快速发展的阶段，很多公司对资本的依赖性较强，容易导致偿付能力不达标。自2008年以来，保监会加强了对保险公司偿付能力充足率的监管，对偿付能力不足的保险公司在多方面予以限制；并陆续对偿付能力不足的保险公司发出警告，要求保险公司通过补充资本金等措施解决偿付能力不足的问题。虽然各地区法人保险公司的偿付能力充足率一直保持较高的水平，但是仍有少数保险公司偿付能力充足率不足。保险公司投资型保险业务规模的增长、公司盈利能力的下降以及投资风险的加剧等因素都会增加对资本的消耗，可能会导致保险公司偿付能力不足，应加以关注。各地区保险业应不断完善公司治理结构，建立有效的内部风险管理机制，充分调整业务结构，提高盈利能力。

3. 关注资产管理可能存在的风险

目前，保险资金不但可以投资银行存款、债券、股票、基金等一些传统品种，还可以通过受托机构间接投资于基础设施项目。新《保险法》进一步放开了不动产等收益和风险较大的投资渠道。4月7日，保监会公布的涉及保险资金运用的五项文件中规定了保险资金可以投资地方政府债、中期票据和无担保公司债。随着保险资金投资渠道不断拓宽，一方面，在承保业务质量有待提高的情况下，部分公司扩大投资的冲动较强，如果管控不当，有可能酿成新的风险；另一方面，在新的投资渠道尚无相关实施细则的情况下，保险资金的投资收益仍主要来自于固定收益投资和权益投资。在国内存款利率水平和债券收益水平不高、资本市场仍存在一定风险的情况下，保险资产存在错配风险和市场风险。2009年新增保费与到期再投资资金较多，加上上年积压的未有效运用的资金，预计超过1.5万亿元，投资压力较大，流动性风险、信用风险和操作风险不容忽视。

4. 关注公司管理和内控不到位的风险

公司管理和内控不到位的风险在各地区的新老保险公司都可能存在。对于部分老公司，分支机构点多面广，经营管理模式容易固化，内控执行力层层递减的问题比较突出。对于部分新公司，往往将扩规模、占份额作为重要目标，人才储备和管理制度跟不上机构的铺设速度，管理和内控薄弱的问题比较突出。如果这些问题不能得到有效解决，就容易出现保费资金被挪用，或者利用公司管理漏洞进行非法集资、制造假赔案等违法违规行为，给公司带来较大经营风险。

5. 关注境外金融风险跨境传递以及综合经营可能带来的风险

随着保险市场对外开放不断扩大，国际金融保险市场风险对我国各地区保险业的影响也在逐步加深。在全球经济金融发展形势尚不明朗的情况下，国际金融市场动荡可能会通过在我国的外资营业机构、中资保险公司境外投资以及再保险等渠道，将风险向国内保险市场传递。目前国内已有保险公司涉足综合经营，同时也有银行投资保险公司。在综合经营情况下，业务和风险结构趋于复杂，关联交易增多，风险交叉传递的可能性加大。如果公司内部的风险隔离和防火墙机制不完善，可能会产生较大风险。

第四部分 分地区的区域金融稳定状况

近年来，我国区域经济发展格局发生积极变化，区域经济相对差距有所缩小，区域经济发展战略取得一定成效，区域金融发展更加协调。但由于自然禀赋的差异以及各种历史因素的影响，各地区在经济发展水平、产业结构、金融机构资产质量、金融基础设施以及金融生态环境等方面都呈现出不同的特点。针对各地区不同的区域特点以及经济金融发展的具体情况，加强对不同地区经济金融运行特点及其潜在风险因素差异性的考察、评估和分析，并采取相应的针对性措施，对维护区域经济健康发展和区域金融稳定具有重要意义。

一、东部地区

东部地区是全国经济最发达的地区，汇集了全国经济最活跃的京津冀、长三角、珠三角三大都市圈。2009 年，东部地区积极贯彻落实中央应对国际金融危机、促进经济平稳较快发展的一揽子计划，国民经济持续回升，产业结构优化升级步伐加快，第二、第三产业协调发展，利用外资形势良好，外贸出口止跌回暖，财政和居民收入持续增长。经济保持平稳增长为东部地区金融稳定创造了良好的外部环境。东部地区金融体系功能继续完善，金融创新取得新进展，金融业效益良好。银行业机构资产规模增长迅速，不良贷款率和不良贷款余额实现“双降”，盈利水平稳步上升，拨备覆盖率不断提高，风险防控能力持续改善。证券行业恢复全面发展态势，盈利模式多元化初见端倪，期货公司发展态势良好，基金公司整体竞争力进一步提高。保险法人机构总资产规模继续增长，盈利情况有所改善，保险资金投资收益有所提高，产险公司综合成本率大幅降低，总体运行较为稳健。金融基础设施建设得到加强，金融体系总体稳定。

（一）增长动力由外转内，内需对经济发展的支撑作用突出

东部地区作为中国金融改革创新的前沿和对外依存度较高的地区，出口一直是拉动东部地区经济增长的重要力量。2009 年，受国际金融危机和新贸易保护主义抬头的双重影响，东部地区外贸进出口双双回落，全年进出口贸易总额为 1.95 万亿美元，同比减少 13.48%。其中进口总额为 9 957.93 亿美元，同比减少 12.09%；出口总额为 9 551.60 亿美元，同比减少 14.57%。虽然进出口降幅逐渐收窄，回暖态势明显，但东部地区涉外经济总体处于低位，对外贸易形势仍不乐观，将对 2010 年的经济发展形成压力。

专栏10 以出口换汇成本为视角看金融危机背景下河北省外贸出口形势

2009年，受国际金融危机影响，河北省外贸出口面临严峻形势，上半年经济活动放缓，下半年出现恢复性增长，全年出口156.9亿美元，同比下降34.6%。

一、河北省出口换汇成本主要特点

1. 出口换汇成本与当期人民币对美元汇价之差扩大，企业盈利状况改善。2009年，全省样本企业平均出口换汇成本比2008年下降2 200多个基点，降幅3.57%。出口换汇成本与当期人民币对美元汇价之差逐季扩大，第四季度达到8 800多个基点，为2007年以来最大值。

2. 出口规模触底企稳，出口利润率创新高，金融危机影响减小。2009年，全省样本企业出口销售收入净额比2008年下降38.05%。分季度来看，出口规模在第一季度触底，第二季度反弹回升后走势平稳，并呈现出逐季上升的走势，第四季度达到12.92%，创2007年以来新高。

3. 不同行业受危机影响不同。从出口规模看，产品需求较为刚性的医药、食品等行业受危机冲击较小；钢铁、化工等周期性行业出口大幅萎缩；交通运输设备制造业受危机影响大，出口严重下滑。从出口换汇成本情况看，产品技术含量高、市场需求强劲的医药、电子、光伏等行业的出口换汇成本远低于当期人民币对美元汇价，盈利能力较强；劳动力密集、技术含量低的纺织业出口换汇成本高于当期人民币对美元汇价，抵御危机能力较弱。

4. 不同类型企业盈利能力不同。生产型、一般贸易型企业出口换汇成本明显低于外贸型、加工贸易型企业，国有企业盈利状况略好于外资企业。

二、影响因素分析

（一）不利因素

1. 国际市场需求萎缩，国内产能相对过剩，出口产品量价齐跌。问卷调查显示，第三季度和第四季度出口在手订单金额同比下降的企业占比分别为60%和50%，出口产品价格同比下降的企业占比分别为83%和50%。

2. 贸易保护加剧，企业出口受到影响。如某轮胎生产企业遭受美国政府征收44%“双反”关税和轮胎特保案，2009年下半年出口金额同比下降54.08%。

3. 发达国家流动性紧缩，外方企业贸易融资困难导致撤单现象。问卷调查显示，第三季度和第四季度遭遇订单被取消情况的出口企业占比分别为28%和39%。

（二）有利因素

1. 宏观调控刺激国内经济率先复苏，企业主动出口转内销。据问卷调查，第三季度和第四季度内销比例同比上升的企业占比分别为50%和40%。

2. 政府政策惠及出口行业。政府上调出口产品退税率，扩大退税产品种类，并取消了部分产品的出口关税，惠及钢铁、化工、医药、纺织等河北省主要出口行业。

3. 央行实施适度宽松的货币政策，企业融资成本下降，贸易融资大幅增长。2009年，全省金融机构新增贷款3 776.1亿元，增量是2008年同期的2.7倍。

4. 人民币对美元汇率波动较小，有利于企业控制汇兑风险、稳定产品售价。

三、促进河北省外贸出口持续健康发展的建议

1. 推进经济发展方式转变，培育发展新的出口增长点。充分利用河北省环绕京津、毗邻渤海、连通内陆的优势，推动出口产业升级，大力培育发展文化、运输、建筑安装、劳务承包等服务贸易出口主体。

2. 三位一体，积极应对贸易保护主义。政府应及时发布预警信息，为企业积极应诉提供帮助。行业协会充分发挥协调、指导、服务企业的作用。企业应着力扩大具有自主知识产权和品牌的产品出口，推进出口市场多元化，分散市场风险。

3. 搞好服务，为涉外企业发展提供良好环境。优化外贸环境，在货物通关、出口退税、用工成本、信用保险、收结汇、信贷支持等方面为涉外企业提供一系列优质服务。

资料来源：《河北省金融稳定报告（2010）》。

面对对外贸易出现的下滑，投资与消费成为拉动经济企稳回升的重要动力。受中央扩内需、保增长政策实施和市场主体信心恢复的双重影响，东部地区投资和消费增长强劲，对经济增长的支撑作用进一步增强。东部地区全社会固定资产投资总额为9.67万亿元，同比增长24.01%，较上年提高4.76个百分点。投资增幅维持高位，投资成为推动东部地区经济增长、促进内需增加的主要力量。消费品市场平稳较快增长，东部地区全年社会消费品零售总额为7.11万亿元，同比增长17.27%。

尽管东部地区最终消费对经济增长的贡献正在逐年上升，但仍然远低于投资。消费增速落后投资增速6.74个百分点，加大了经济结构调整的难度。在外部需求减弱的情况下，这种投资主导经济增长，过分依赖资金投入量大、期限长的投资拉动型经济发展模式容易导致部分行业过热和经济周期波动，不利于东部地区经济发展方式的转变和经济结构改善。同时，也容易造成金融机构资金来源与运用的不匹配，给金融机构带来流动性风险隐患。因此，迫切需要加快转变经济增长方式，实现投资、消费和出口协调发展。

专栏11　齐心协力，共促厦门市外向型经济转型升级

2009年，为更好地应对国际金融危机影响，借助国务院《关于支持福建省加快建设海峡西岸经济区的若干意见》出台的良好契机，厦门市外向型企业主动谋求逆势增长之路，地方政府积极予以政策支持，金融机构不断增强服务功能，共同推动厦门市外向型经济转型升级。

1. 企业寻求逆势发展

一是主动调整经营策略。如厦门市部分企业调整了接单心态，转向“薄利保本”模式；部分企业积极开发内销渠道；部分企业将原有产品打造升级为财政扶持产品以寻求财政支持。二是压缩成本开支。如部分企业严格控制工人加班，降低劳动力成本；部分企业通过推行精细化管理和绩效管理压缩管理费用。三是加强技术改造。如厦门市部分有实力的企业通过加大研发力度、增加技改投入、实施品牌战略等手段提高出口附加值，增强国际市场竞争优势。

2. 政府部门积极作为

一是支持中小外贸企业融资需求。制定《厦门市实施〈中小外贸企业融资担保专项资金管理暂行办法〉若干操作方法》，为支持担保机构扩大中小外贸企业融资担保业务，缓解中小外贸企业融资难问题提供指引。二是保障企业资金链安全。出台《厦门市工业企业资金链应急保障资金管理暂行办法》，用于解决有订单、有效益、有市场的工业企业短时的资金周转困难。三是帮助企业拓展海外市场，保持外贸稳定增长。印发《厦门市开拓海外市场专项资金使用办法》、《厦门市保持外贸稳定增长专项资金管理办法》，安排专项资金用于推动厦门市企业开拓国际市场，调整和优化出口市场结构，加强境外营销网络建设。四是促进产业发展。推动培育百亿元以上（产值、增加值）产业链和产业集群以及与台湾十大产业对接，着力优化产业结构、发展产业集群。五是积极向上争取政策，切实减轻企业负担。全年争取国家外贸扶持资金15亿元；完成出口退税180亿元；增值税转型以及各种税费减免减轻企业负担187亿元。

3. 金融机构切实发挥作用

一是加大对外向型企业信贷投放力度。如农业银行厦门市分行与厦门市政府签署《战略合作协议》，承诺在2009—2013年五年内将提供不少于50亿元人民币的信用额度用于支持厦门市对外贸易稳定增长；建设银行厦门市分行专项安排140亿元资金用于支持厦门外向型企业发展。二是创新信贷融资产品。如农业银行厦门市分行推出贸易企业产品包，为外向型企业使用银行服务提供全面的目录式指南。三是创新国际贸易服务。如厦门银行成立台商业务部，为在厦台商提供“两岸通美元速汇”等特色服务。四是创新担保方式。如农业银行厦门市分行与进出口银行合作，以反担保的方式帮助企业享受进出口银行优惠政策，并积极开办出口退税账户质押贷款，发展仓单质押业务。五是支持企业技术改造。如工商银行厦门市分行先后向宏发电声等一批重点客户的技改项目提供项目贷款。

虽然在各方力量的共同推动下，厦门市外贸形势逐步回暖，但仍不乐观，厦门市外向型经济转型升级的任务依然艰巨，步伐还需进一步加快。具体而言，企业应积极开拓多元化的海外市场，加大创新和研发力度，努力提高企业生产质量和效益。政府部门与金融监管当局应进一步加大对产业升级和产业链的扶持力度，促进厦台经贸更紧密合作；应加快推出各项金融配套扶持政策，不断推进担保体系建设，持续改善金融生态环境；应引导金融机构创新金融服务，进一步拓宽外向型企业融资渠道。

资料来源：《厦门市金融稳定报告（2010）》。

（二）产业结构优化升级，结构转型获得新突破

2009年，东部地区大力发展第三产业，产业结构得到了进一步调整优化，三次产业结构由上年的6.92∶51.35∶41.73演变为6.59∶49.57∶43.85，第三产业对总产值的贡献率不断提高。经济结构在保增长中呈现积极变化，新兴、重点行业加快发展。2009年，北京市重点科学研究、技术服务和地质勘察业，居民服务和其他服务业，信息传输、计算机服务和软件业，金融业，批

发和零售业等重点行业增速高于第三产业平均水平。上海市电子信息产品制造业、汽车制造业、石油化工及精细化工制造业、精品钢材制造业、成套设备制造业、生物医药制造业六个重点发展工业行业完成工业总产值比上年增长 7.3%，占全市规模以上工业总产值的比重达到 64.3%；全年高新技术产业实现工业总产值比上年增长 8.2%，占全市规模以上工业总产值的比重为 23.3%。江苏省新能源、新医药、新材料、环保产业产值分别增长 66%、30%、22% 和 21%；全年实现高新技术产业产值同比增长 19.5%，占规模以上工业总产值的比重达 30%。第三产业和新兴行业、重点行业保持较快增长对东部地区经济平稳运行发挥了重要作用。

（三）地方金融组织体系不断完善，区域金融合作逐步深化

东部地区积极有序地推进金融组织体系建设，金融机构数量不断增加。截至 2009 年底，二级分行以上中资银行机构达 1 506 家，比上年同期增加 54 家，外资银行经营机构 486 家，比上年同期增加 48 家。其中地方法人银行机构达 1 095 家，比上年同期增加 23 家。法人证券机构 53 家，基金管理公司 42 家，期货经纪公司 100 家，省级分公司以上保险公司 617 家。

上海国际金融中心建设和长三角金融协调发展不断推进。2009 年，上海市全年实现金融业增加值 1 817.85 亿元，同比增长 25.6%。2009 年末，全市有各类金融机构 787 家。其中，银行业 132 家，证券业 93 家，保险业 307 家。金融机构加快集聚，全年新增各类金融机构 98 家。其中，银行业 9 家，保险业 16 家。在沪经营性外资金融机构数达到 170 家，其中，年内新增 11 家。自 2007 年末《推进长江三角洲地区金融协调发展，支持区域经济一体化框架协议》签订以来，长三角金融合作取得明显成效，建立了推进长三角金融协调发展工作联席会议制度，在商业汇票、金融稳定、反洗钱、外汇检查等方面形成了一系列合作方案。华东三省一市银行汇票依托小额支付系统顺利上线，在长三角地区推广商业承兑汇票、银行承兑汇票转贴现文本和商业承兑汇票转贴现文本。开展支票授信业务试点，推动长三角地区金融 IC 卡的推广应用，加快银行卡受理环境建设。举办了三届长江三角洲地区金融论坛和一系列形式多样的融资洽谈会。

珠三角金融一体化工作正式启动。为贯彻落实《珠江三角洲地区改革发展规划纲要（2008—2020 年）》，推进珠三角地区金融一体化，深莞惠（深圳、东莞、惠州）、广佛肇（广州、佛山、肇庆）、珠中江（珠海、中山、江门）9 地签订了三份《金融合作备忘录》，提出了优化金融资源配置、改进金融服务的具体举措，正式启动了珠三角地区金融一体化工作。该项工作旨在促进金融资源在三市便利流动和优化配置，以全面构建金融规划统筹协调、金融基础设施共建共享、金融产业共同发展的一体化新格局为目标，按照“先易后难，先粗后细”的原则，以珠三角地区经济一体化对金融服务的现实需求为着眼点，在珠三角改革发展规划纲要整体框架下考虑珠三角金融服务同城化。通过推动金融一体化，可以降低珠三角地区的金融交易成本，提高金融服务的效率，更好地支持经济发展。

（四）金融创新进一步深化，关注对金融机构业务可能产生的影响

2009 年，东部地区银行间债券市场制度创新和产品创新不断推出，做市商制度进一步完善，金融衍生品交易制度得到深化，基金公司和证券公司专项资产管理组合进入银行间市场，发债主体稳步扩大。北京地区非金融企业累计发行短期融资券和中期票据 7 231 亿元，占全国发行量

的62.81%。北京市顺义区7家企业在银行间债券市场发行中小企业集合票据2.65亿元，为中小企业融资增添新渠道。

东部地区银行业金融机构根据地方经济发展特点和客户实际需要，通过积极有效的服务创新和产品创新，更好地满足了新形势下的金融服务需求。公司业务与零售业务联动创新，新业务加速替代传统业务，业务审批机制和流程更趋紧凑。一是以物流为载体的贸易融资创新活跃，融资额快速增长，应收账款质押贷款业务量和贷款额大幅增长。二是个人信贷产品不断丰富，消费贷款和信用卡贷款增长迅速。三是农村金融工具创新成效明显，林权抵押、海域使用权抵押、动产质押、县域钢结构资产抵押、小企业退税质押等产品开发运用。新的金融产品和金融工具不断涌现，为金融机构提供了丰富的投资品种和避险工具，同时也为非金融企业开辟了新的融资方式。另外，金融创新产品尤其是债务融资工具的扩展对金融机构信贷业务发展产生了明显的替代作用。金融机构要密切关注金融创新的发展，变压力为动力，及时调整业务结构，大力发展中间业务，尽快实现经营机制的转变。

为进一步丰富和完善地方金融组织体系，更好地为经济主体特别是农村和中小企业提供金融服务，东部地区各类新型金融机构或准金融机构的设立步伐加快。以广东省为例，2009年，广东省启动小额贷款公司设立试点工作。截至2009年底，广东省共批准设立的83家小额贷款公司中有56家已正式开业，贷款余额达到29.47亿元，累计投放贷款金额达到51.51亿元；此外，广东省注册登记的各类法人担保机构1 490家，注册资本金规模约700亿元。这些新型机构的快速发展进一步丰富了地方金融组织体系，有力地支持了农村地区和中小企业的资金需求。

（五）投资型保险产品发展较快，关注可能带来的风险

投资型保险产品在人身险业务中向来比重偏高，虽然投连险和万能险业务与2008年同期相比，保费收入下降较快，但是由于分红险业务的快速增长，东部地区投资型产品在人身险业务中的比重仍占70%以上。2009年，东部地区共实现分红险保费收入2 638.67亿元，同比增长44.05%，占人身险保费收入的61.69%。虽然分红险相对于万能险和投连险而言，投资风格较为稳健，且兼具保障功能，但是分红险的持续快速发展会给保险公司未来带来一定的给付压力，影响保险公司的流动性，进而影响其稳健经营。以分红险替代投连险和万能险作为调结构的主要工具，并未改变投资型产品仍是增长主要动力的格局。保险公司仍需进一步调整险种结构，大力发展具有保障功能的普通寿险；加强资产负债匹配管理，积极研究、有效防范潜在风险。近几年投资型保险产品的过快发展也带来了退保率过高的问题。一些保险公司遭遇了之前年度投连险保费的退保问题，致使2009年投连险的退保率大幅提高，退保金额超过2008年，万能险的退保率也有所上升。随着资本市场的回暖，投保人可能会选择提前退保锁定收益或止损，保险公司应重点关注投资型保险产品的退保问题，制订应急预案以防发生大面积退保现象。同时，加强对投保人的教育工作，使投保人理解投资性保险产品与其他投资产品的区别，不要盲目跟风退保。

（六）跨境贸易人民币结算试点进展顺利

在当前应对国际金融危机的形势下，开展跨境贸易人民币结算，对于推动我国与周边国家和地区经贸关系发展，规避汇率风险，改善贸易条件，保持对外贸易稳定增长，具有十分重要

的意义。2009 年 4 月 8 日，国务院常务会议决定在上海、广州、深圳、珠海、东莞五个城市开展跨境贸易人民币结算试点。2009 年 7 月，五个东部城市启动试点。在有关各方的共同努力下，东部地区跨境贸易人民币结算试点进展顺利。人民银行上海总部制定了《上海市境外机构境内人民币银行结算账户管理暂行办法》，对境外机构境内开立人民币银行结算账户的开立条件、开户资料、办理流程、使用范围等内容予以明确规范，填补境外机构境内开立人民币账户的政策空白，并组织开展了境外机构因跨境贸易人民币结算需要在境内开立人民币银行结算账户的试点工作。自启动跨境贸易人民币结算试点以来，上海的结算金额累计已经超过 70 亿元人民币。人民银行广州分行先后主动与香港金融管理局、澳门金融管理局等机构进行沟通，达成广泛合作共识。目前除在中国香港、中国澳门地区外，试点地区已与越南、巴西、俄罗斯、德国等国家成功办理了跨境贸易人民币结算业务。截至 2009 年底，广东四个试点地区累计发生跨境贸易人民币结算业务 254 笔，金额 13.74 亿元。

（七）量化评估

运用区域金融稳定定量评估模型①，对东部地区 2006—2009 年的区域金融稳定状况进行相应评估。从定量评估结果来看，东部地区 2009 年金融稳定状况综合得分为 86.6 分，较上年减少 1.1 分，属于稳定区间②。数据表明东部各省在国际金融危机的冲击下，金融稳定状况小幅下降，但总体情况仍较为良好。从过去四年的评估结果来看（图 15），东部地区总体金融稳定趋势基本维持在一定水平区间并随经济周期同步小幅波动。其中，受金融危机的直接影响，宏观经济得分从 2007 年开始逐年下降，2009 年下降幅度较上年有所减小；银行业从 2007 年开始基本维持在较高水平附近小幅波动；证券业受资本市场回暖影响，得分在 2008 年的大幅下调后止降回升；保险业和金融生态环境得分则呈现逐年稳步上升的趋势。

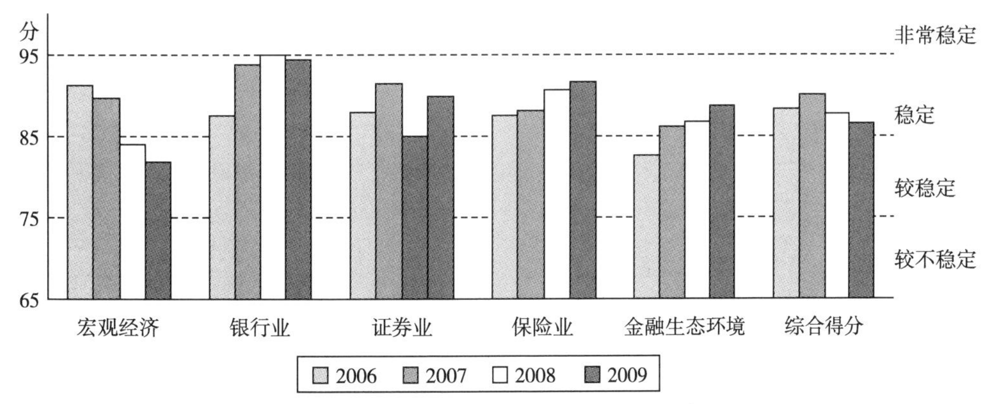

图 15　2006—2009 年东部地区金融稳定状况的比较

① 针对总体宏观经济背景的变动情况，我们对该模型的权重运用专家问卷调查法和层次分析法进行了调整，同时在宏观经济的指标体系中增加了反映进出口情况的“进出口总额增长率”，并利用该模型对全国四大区域以及长三角地区进行了区域金融稳定的总体评估。为保持各年评估结果的可比性，我们对前三年的评估结果根据调整后的模型进行了相应的变动。

② 将定量评估结果进行五大区间的等级评估：非常稳定（95 分及以上）、稳定（85 ~ 95 分）、较稳定（75 ~ 85 分）、较不稳定（60 ~ 75 分）和不稳定（60 分以下）。

从具体指标变动情况来看（表10），东部地区共有7项指标（包括宏观经济指标3项、证券业指标1项、保险业指标1项、金融生态环境指标2项）较上年有所改善，9项指标（包括宏观经济指标6项、银行业指标1项、保险业指标2项）较上年有所下降，9项指标（包括宏观经济指标2项、银行业指标3项、证券业指标2项、金融生态环境指标2项）基本与上年持平。具体来看，在宏观经济方面，虽然投资增速大幅增加、总体物价水平较上年有所回落，但经济增速继续回落，外贸进出口规模和利用外资持续缩减，居民收入增速较上年有所放缓，房地产市场回升幅度较大，总体经济复苏仍然存在一定压力。银行业由于流动性趋紧等因素影响，得分较上年小幅减少。证券业盈利水平大幅提高，稳健运营基础显著增强。在保险业方面，应收保费率显著降低，保险机构总体偿付能力有所提高，但保费收入增速较上年大幅下降，退保率有所回升。金融生态环境由于法治环境的改善和地方财政收入的充裕，得分较上年小幅增加。

表10　　2009年东部地区评价指标及其变动情况

指标分类	变动方向	评价指标	变动情况		
			上升	稳定	下降
宏观经济	↓	国内生产总值增长率			✓
		第三产业增加值增长率	✓		
		全社会固定资产投资增长率	✓		
		社会消费品零售总额增长率		✓	
		实际利用外资增长率			✓
		进出口总额增长率			✓
		城镇居民可支配收入增长率			✓
		农村人均纯收入增长率			✓
		居民消费价格指数	✓		
		城镇登记失业率		✓	
		典型城市房地产销售价格指数			✓
金融机构 银行业	↓	核心资本充足率		✓	
		不良贷款率		✓	
		资产利润率		✓	
		流动比率			✓
金融机构 证券业	↑	净资本充足率		✓	
		净资本负债率		✓	
		资产利润率	✓		
金融机构 保险业	↑	寿险公司退保率			✓
		应收保费率	✓		
		保费收入增长率			✓
金融生态环境	↑	法治环境调查综合得分	✓		
		地方财政收入占GDP比重	✓		
		银行服务密度		✓	
		征信数据库覆盖率		✓	

注：表中“↑”代表改善，“↓”代表恶化。

2009 年，东部地区综合得分较全国平均水平高出 1.5 分，但除金融生态环境之外，其他四个方面较其他地区的优势并不明显（图 16）。

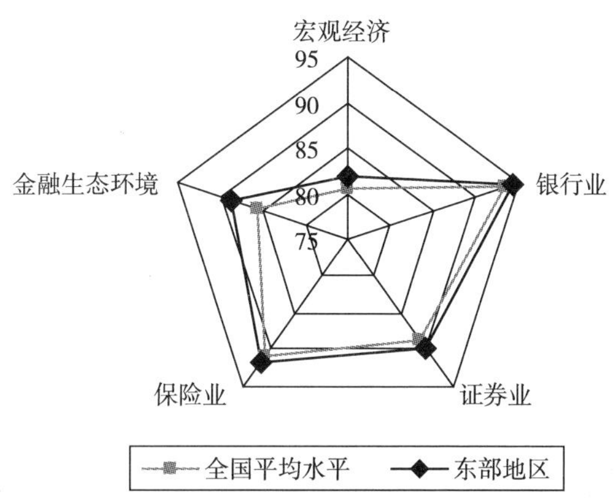

图 16　2009 年东部地区和全国平均水平的比较

二、中部地区

2009 年，在各项经济刺激措施的作用下，中部地区经济逐步走出危机影响，整体呈现“运行趋于平稳、工业企稳回升、投资快速增长、消费需求旺盛、整体好于预期”的良好态势。金融业运行平稳，各项业务较快增长，效益稳步增加，资产质量和抗风险能力显著改善。金融基础设施建设的合力作用逐渐增强，运行效率进一步提升，区域金融生态环境建设继续推进。2010 年，《促进中部地区崛起规划》全面实施、产业调整步伐加快等因素将为中部地区发展提供有力支撑。

（一）经济总体运行不断改善，危机考验地区产业结构和发展方式

自 2009 年以来，中部地区积极应对国际金融危机的冲击，在国家扩内需、保增长宏观政策的指引下，多策并举，出台了一系列重要政策措施，总体经济运行不断改善。2009 年，中部地区共实现地区生产总值 7.01 万亿元，同比增长 11.66%，保持了稳中趋快的良好势头。从区域内部增速来看，安徽、湖南、江西省的生产总值增速较上年提升，湖南省以 13.6% 的增长率位居中部首位；而河南、湖北、山西省生产总值增速均有不同程度的降低。山西省是“大进大出”的特殊贸易省份，其主导产业受省外影响较大，金融危机对其冲击程度较深且恢复期滞后于全国，地区生产总值增长同比下降了 2.8 个百分点。

国家推出 4 万亿投资计划以来，中部各省积极争取国家投资，加大财政投入力度，推进基础设施项目建设，大力发展新兴产业、循环经济、生态经济，投资继续保持较快增长。2009 年中部地区全社会固定资产投资增长 36.18%，其中，湖北、江西和山西三省全社会固定资产投资增长 41.6%、40.0% 和 38.5%，位居全国前十。消费需求持续旺盛。各地“促消费”组合政策的出台，有效地带动了城乡居民消费。2009 年，中部地区实现社会消费品零售总额 2.64 万亿元，同比增长 19.14%。其中，湖南省消费增长 19.3%，位居全国前五。家电下乡拉动农村消费效果明显，农村消费潜能不断释放，河南、安徽、湖南省农村消费市场持续升温，增长快于城市。中部地区是我国扩大内需潜力最大的地区之一，这一潜力来自于中部地区在工业化和城镇

化、产业结构和消费结构升级、生态建设和环境保护进程中所蕴藏的巨大需求。

在这一轮国际金融危机的冲击下，中部地区一方面充分利用危机提供的机遇，全面改善和升级基础设施，积极参与产业价值链重构和布局调整。另一方面，危机进一步凸显了中部地区产业发展基础不牢固、基础设施支撑能力薄弱、城乡公共服务能力不足、资源环境压力不断加大等制约长远发展的矛盾和问题：一是产业结构重型化、同构化程度较高。由于资源条件和历史积累，中部地区以重工业为主，主要以采掘业和能源原材料等中上游产业链为主，资源类产业占相当比重，加工业存在低端化倾向。产业结构同构、重复建设现象突出。在39个产业中，共有14个产业被各省列为支柱产业。烟草、石化、电力、食品、钢铁为5省共同支柱产业，有色、煤炭采选、汽车为3省共同支柱产业。二是工业经济对资源型产业过度依赖，经济结构调整难度较大。中部地区工业经济结构中，钢铁、煤炭、电力、电气机械、有色金属冶炼、化工、建材、交通运输设备八大传统行业创造的增加值占规模以上工业增加值的50%以上。三是产业结构调整将对银行信贷资产质量产生直接影响。2009年，中部各省钢铁、水泥、平板玻璃、煤化工、多晶硅和风电设备等产能过剩行业投资规模仍在继续扩大，而煤炭、钢铁、水泥、化工等“两高一资”行业大多是各省的支柱产业。在产业结构调整的过程中，这些行业面临着部分项目关停、企业重组或后续资金来源萎缩等风险，投向这些行业的存量和新增信贷资金都将受到直接影响。

专栏12 产业结构调整与金融支持地区经济转型

2009年，国务院下发《国务院批转发展改革委等部门关于抑制部分行业产能过剩和重复建设引导产业健康发展若干意见的通知》，工业和信息化部出台了《促进中部地区原材料工业结构调整和优化升级方案》，要求加快转变原材料工业发展方式，以技术改造、兼并重组、淘汰落后、节能减排降耗为重点，优化产业布局，提高中部地区原材料工业的整体素质和竞争力。随着节能减排和资源整合工作的不断推进，部分经营能力弱、资源利用效率低的企业被逐步淘汰，“两高一资”行业、落后产能企业盈利能力的下降对信贷资产安全带来较大风险隐患。中部地区贷款主要集中于煤炭、钢铁、水泥、化工等宏观调控行业，银行业机构大客户多为属于宏观调控重点的煤炭、钢铁、化工企业，随着节能减排工作的推进，相关行业的贷款风险将有所增加。2009年，安徽省六大高耗能行业增加值占规模以上工业增加值的44.1%，能源消费量占88.6%，高耗能行业中长期贷款余额1 136.25亿元，同比增加478.42亿元。2009年，山西省实施八大产业调整和振兴规划，加大煤炭资源整合力度，淘汰类和限制淘汰类及被关闭或兼并重组煤炭企业的银行贷款面临较大风险；年末，淘汰类企业不良贷款余额占“两高一资”及关联行业不良贷款余额的65.22%，银行授信的煤炭企业中64.4%的企业达不到振兴规划要求，涉及贷款20.1亿元。河南省主要银行业金融机构对全省钢铁、煤炭、电力、有色、化工、纺织六大重点支柱行业贷款余额和增量分别占全省贷款余额和增量的17.63%和16.44%，不良贷款余额42.36亿元。湖南省非法人银行机构1 000万元以上大客户贷款中，钢铁、建材、石油、化工、有色、电力六大高耗能产业贷款余额1 352.7亿元，占全部大客户贷款的25.3%；全年新增148.1亿元，占全部大客户贷款新增额的10.5%。

金融支持中部地区经济转型存在以下难点亟待改善：一是信贷资金支持机制不健全。在以间接融资为主要融资渠道的情况下，金融资源过多地流向第二产业。2009 年末，山西省第二产业贷款余额占全部贷款余额的比重为 49.83%。信贷资源的这种不合理分布可能导致贷款过度集中引发金融风险，对其他行业的资金支持会存在挤出效应。二是资本市场的资源配置机制不合理。中部地区上市公司中“两高一资”型企业占比较高，山西省上市公司中能源行业占上市公司总数的 40.74%。三是金融机构创新机制不足，金融资产 90% 以上集中在银行体系，严重依赖间接融资渠道。证券公司的数量和资产规模在全国占比份额较小，同地区经济发展规模存在不匹配。期货公司多数为经纪类公司，缺乏创新能力。

资料来源：《中部地区金融稳定报告综述（2010）》。

（二）各经济部门收入小幅增长，但债务水平或财政缺口增长较快

中部地区面临地方财政收入增速减缓和财政收支缺口率提高的问题，财政收支平衡压力较大。2009 年中部地区一般预算总收入 8 977.45 亿元，同比增长 10.91%，较上年回落 11.60 个百分点；地方一般预算收入 5 036.74 亿元，同比增长 14.37%，较上年回落 8.27 个百分点。而同期地方一般预算支出 12 407.19 亿元，同比增长 25.80%。地方政府财政收支缺口率达到 10.51%[①]，较上年提高了 2.26 个百分点。分省来看，安徽和山西省地方政府收入增速下降较大，河南省财政支出增速提高较快。未来一段时间内，地方财政收入持续增长存在不确定性，国家严格控制钢铁、水泥、煤化工、电解铝等行业产能，对地区税源影响较大。地方债发行增加财政资金使用成本，财政还款压力较大。2009 年，中部地区由财政部代理发行地方债共筹集资金 443 亿元。政府投融资平台数量增加较多，地方政府为投融资平台负债提供担保规模快速增长，持续增加的隐性债务导致地方财政收支缺口加大，财政资金流动性和偿还能力下降。地方政府配套项目投资和城镇化进程中基础设施建设投资以及民生工程支出进一步增加，现金流支出压力加大。2009 年，安徽省民生支出 860 亿元，同比增长 34.2%，高出全省财政支出增幅 4.2 个百分点。

工业生产增长较快，效益水平小幅提升，工业持续回升压力大。2009 年，中部地区规模以上工业企业产品产销率小幅下降，但工业经济综合效益指数和利润总额提高较为明显。中部地区规模以上工业企业产品产销率的平均值为 97.84%，同比下降了 0.11 个百分点；实现利润总额 5 064.74 亿元，同比增长 14.84%。除山西省外，其他五省工业经济综合效益指数均有不同程度的提高。工业增长由与扩大内需政策直接相关的行业带动，工业持续回升面临较大压力。钢铁、建材、化工等部分重点行业及骨干企业生产经营仍较困难，短期内难以出现明显好转；汽车、家电等行业随着政策效应逐步减弱，市场竞争日益激烈；电子信息、专用设备制造、医药、农副食品加工等行业发展势头较好，但规模较小，对工业增长的支撑作用有限。

农村居民收入增速减缓，城镇居民收入增速降低相对较小。2009 年，中部地区农村居民人均纯收入增速的算术平均值为 7.2%，较上年减少 6.77 个百分点，比全国增速低 1.3 个百分点。城镇居民人均可支配收入增速的算术平均值为 8.72%，较上年减少 4.03 个百分点，比全国增速

---

① 财政缺口率 =（地方财政支出 − 地方财政收入）/GDP。

低1.08个百分点。分省来看，山西、江西、湖北、安徽、湖南和河南省城镇人均可支配收入增速同比分别下降了6.7个、5.7个、5.3个、4.8个、3.3个和1.6个百分点。城乡居民支出差异化特征明显，在家电、汽车和摩托车下乡等政策措施带动下，农村居民生活消费支出大幅增加。受房价上升及未来收入预期影响，城镇居民消费性支出增长趋缓。

专栏13　中部地区经济圈建设加快推进

近年来，我国由地方经济向区域经济的转化已现破局性态势，区域经济政策渐成宏观调控新手段；国际金融危机使经济区域协调发展更迫切，推动外向型经济增长结构加快向外需、内需共同发展转变。促进中部崛起战略实施以来，中部地区发展速度明显加快，城市群集聚产业、人口的能力显著提高，武汉城市圈、长株潭城市群的资源节约型和环境友好型社会建设稳步推进，重点领域、关键环节的改革取得重要进展。城市群核心增长极日益突出，长株潭三市地区生产总值增长14.5%，“3+5”地区（长沙、株洲、湘潭、岳阳、常德、益阳、衡阳、娄底）增长14.1%；皖江城市带经济总量同比增长14.6%；河南省中原城市群GDP、地方财政一般预算收入增速均高于全省平均水平，投资占比接近全省六成。

在国内产业调整和跨区域重组不断深化的背景下，中部地区承接沿海产业转移、加快崛起处于关键时期。国务院先后批准《促进中部崛起战略规划》、《鄱阳湖生态经济区规划》和《皖江城市带承接产业转移示范区规划》，进一步完善中部崛起战略的政策体系，加快推进中部地区重要粮食生产基地、能源原材料基地、装备制造业基地和综合交通运输枢纽建设，加大承接沿海产业转移力度，促进中部地区经济持续均衡发展。武汉城市圈金融一体化建设加快，以信贷市场、票据市场、支付结算、金融信息服务和外汇服务五个“一体化”为核心内容的武汉城市圈金融一体化建设取得进一步进展。2009年末，武汉城市圈内金融机构各项存款和贷款余额分别占全省金融机构的70%和74%，短期融资券和中期票据发行量分别增长63.9%和305%。安徽省承接产业转移规模扩大，全年共利用省外实际到位资金4 639.7亿元，同比增长43.8%；从资金来源地看，长三角在皖投资1 000万元以上项目共9 663个，投资总额9 978.2亿元，实际到位资金2 378.2亿元，同比增长61.6%，占全省的61.3%；从资金承接地看，皖江城市带承接产业转移示范区1 000万元以上项目共9 464个，投资总额12 034.4亿元，实际到位资金2 758.2亿元，占全省的71.1%。

在承接沿海产业转移、加快崛起的过程中，中部地区区域内同质竞争、金融支持产业转移机制缺失等问题逐渐显现。一是中部地区工业体系发展层次较低，产业结构具有较大同构性，区域合作机制有待完善。与其他地区相比，中部地区第一产业比重相对较高，第三产业比重偏低；原材料和基础性产业比重偏大，深加工和高新技术产业比重偏小；传统产业和低附加值产业比重偏大，新兴产业和高附加值产业比重偏小；高消耗高污染产业偏重，低耗清洁的产业偏少。二是金融支持产业转移机制尚未建立。区域内金融机构布局、金融服务体系建设不均衡现象较为突出；金融产品和服务创新不足，缺乏适应于产业链上下游企业对贸易、生产、技术改造等不同经营需要的金融产品，风险识别和风险控制手段尚未与产业转移的风险特征耦合；信用担保体系、企业征信体系等尚需进一步完善，已转移企业缺乏足够的抵押物，贷款困难。

资料来源：《中部地区金融稳定报告综述（2010）》。

（三）金融创新和发展加快，风险管理需进一步加强

2009年，中部地区银行业金融创新审慎推进，产品创新和服务水平不断提升，应对金融危机的能力稳步增强。江西省出台支持科技创新和高新技术产业发展、支持服务外包产业发展等多个指导性文件，引导地方金融机构优化信贷结构，支持重点产业发展。湖南省加大林权抵押贷款、农户贷记卡“一卡通”模式等六类创新产品的试点力度，全年累计通过创新产品投放资金55.7亿元。安徽省农村金融创新产品多达20余种，年末贷款余额135.7亿元，比年初增加62亿元。

担保公司、典当行、小额贷款公司等准金融机构快速发展，机构数量不断增加，行业规模逐步扩大，为填补县域金融供给不足、缓解中小企业贷款难发挥了重要作用。截至2009年底，安徽省已批准开业小额贷款公司123家，贷款余额50.42亿元；担保机构271家，注册资本177.59亿元；典当行157家，典当机构资产和典当总额达到20亿元以上。河南省年内新增担保机构492家，为中小企业提供担保金额364.7亿元。山西省融资担保机构167个，当年担保总额89亿元，在保责任余额74.55亿元；典当行105家，典当总额超过16亿元；小额贷款公司150家，当年累计发放贷款73.39亿元。

中部地区通过区域信用建设、金融安全区创建等载体，维护金融债权，提高社会信用意识；积极完善金融生态环境监测评价系统，湖北省金融生态环境监测评价系统成功运行，实现省、市、县三级实时监测；湖南省通过媒体公开发布金融生态评估报告，构建金融生态评估发布机制。

在金融产品和业务创新力度不断加强的同时，金融机构特别是农村信用社等地方法人机构风险管理有待进一步强化。商业银行贷款审批的人为操作不确定性因素增加，操作风险加大。安徽省银行业金融机构发生金融案件的涉案金额同比增加38.2万元、风险金额同比增加62.27万元。山西省农村信用社发案5起，全部为百万元以上案件，案件数量和金额分别占全部银行案件的38%和82%。担保公司、典当行、小额贷款公司三类准金融机构发展中存在着经营不规范、监管体系不完备、外部环境较差等问题，可持续发展能力不强，需要进一步优化法人治理结构和财务管理、风险评估等风险控制机制，完善资金来源与运用、准备金提取比例等外部监管，完备市场准入与退出、合规经营等法律法规配套措施。

（四）金融支持农业经济发展力度增强，但局部领域的制约性因素仍然存在

中部地区农村金融组织体系建设持续推进，金融产品和服务方式创新成效显著，服务“三农”能力增强，力度加大。截至2009年底，中部地区共组建28家新型农村金融机构，初步发挥了支持“三农”发展、改进农村金融服务、促进当地银行业竞争的政策效应；创新抵押担保方式、扩大抵押担保物范围，针对特定服务对象创新金融产品，依托无抵押信贷技术开发信用贷款新产品。2009年末，湖北省农林牧渔业贷款余额510.4亿元，同比增长29.1%，增幅同比提高33.5个百分点；江西省涉林贷款余额52.6亿元，同比增长43.19%。政策性农业保险试点稳步推进，在政策扶持、试点险种、承保方式和保费规模、保障范围等方面实现突破，风险保障功能进一步增强，保险支农效应逐渐显现。2009年，中部地区政策性农业保险保费收入34.76

亿元，同比增长28.41%；农业险赔付支出20.64亿元，同比增长38.52%。

中部地区作为中国重要的粮食主产区，以传统种养业为主，农村产业结构调整进展较为缓慢，农村金融产品与服务创新缺乏应有的经济基础；农村信用体系建设尚处于起步阶段，农村金融生态环境建设仍有待加强，信贷风险分担机制缺乏，制约了农村金融产品和服务方式创新。

（五）地方法人金融机构金融服务能力显著增强，但部分机构抗风险能力较弱、流动性呈紧张趋势

2009年，中部地区继续加大地方法人金融机构改革支持力度，各项改革稳步推进。地方中小法人银行跨省设立分支机构取得进展。全国第一家县级农商行跨省设立的江苏吴江农商行湖北赤壁支行正式开业，汉口银行重庆分行获准开业，江西省九江商业银行在安徽省设立分支机构，安徽徽商银行南京分行业务拓展较快。农村合作金融机构改革取得进展。安徽省农村合作金融机构顺利完成央行票据兑付工作，资金支持政策的正向激励作用已逐步显现，资产质量明显改善；年末不良贷款额和不良贷款率同比分别下降21.81亿元和5个百分点，拨备覆盖率和资本充足率同比分别提高了14.59个和5.08个百分点。安徽省共组建5家农村商业银行、22家农村合作银行，农村银行机构数量居全国第三、中西部第一。新型农村金融机构试点加快推进，河南、湖南、安徽省村镇银行数分别达到5家、5家、4家。

虽然中部地区法人银行机构核心资本充足率和拨备覆盖率较上年有较大提高，但总体绝对水平依然较低，应对风险冲击能力较弱，部分机构风险控制水平亟待提升。安徽、湖北、江西省的地方法人银行机构核心资本充足率在8%以上，湖南、河南省相对较低，而山西省下降较多。湖南、山西和河南省农村合作金融机构中，资本充足率不足8%的机构占比较高。地方法人中小金融机构信贷中长期化、财政化倾向和信贷集中度偏高的趋势增强，流动性风险趋增。安徽省城市商业银行、农村信用社、农村合作银行和农村商业银行流动性比例较年初下降较多。湖南省部分法人机构流动性比例、流动性缺口率没有达标。

（六）直接融资规模不断扩大，区域资本市场发展制约因素依然存在

2009年，随着经济迅速企稳回升，市场信心不断增强，中部地区证券期货经营机构业务量、盈利水平和资本实力大幅提高；直接融资规模不断扩大、融资方式渐趋多元化。截至2009年底，中部地区共有境内上市公司275家，同比增加16家；上市公司总市值2.38万亿元，同比增长143.07%；当年境内股票筹资635.69亿元，占当年银行贷款净增量的5.38%。为推动企业上市直接融资，各省均建立了庞大的后备上市企业库，如山西省拟上市后备资源储备达240多家，江西省确定了135家重点培育企业。后备上市企业虽然很多，但是优质企业匮乏，真正达到上市条件的企业偏少。上市公司主要集中在省会及经济较发达城市。

中部地区证券公司数量约占全国的13.48%，期货公司数量占全国的12.99%，目前尚无基金公司；2009年末上市公司市值占地区GDP的33.99%，低于全国平均水平38.39个百分点；当年股票筹资额约占全国的13%，直接融资额约占全国的9%。区域资本市场发展中依然存在一些制约因素。一是上市公司质量有待提高。中部地区A股市场ST股达14家，增加市场风险的同时影响地方直接融资环境，上市公司中高管兼职、同业竞争、关联交易、多头授信、信息披露不规范等问题长期存在。二是证券市场秩序有待规范。异地券商违规进驻、“拉客营销”、“零佣金”费率等现象时有发生。三是证券期货公司业务结构单一，服务结构雷同，对市场依赖性较强，行业整体抗风险能力较弱。

（七）保险业结构调整初见成效，行业盈利能力有待提高

2009年，中部地区保险业总体保持健康发展，产品和业务结构均发生积极变化，结构调整成效明显。得益于国家的4万亿投资计划，新开工大型工程项目较多，中部地区工程险实现较快增长，其中安徽、湖南工程险保费收入同比增长150%、76%；民生性险种稳定增长，农业险、责任险保费收入分别较上年增长28.4%、28.7%，农村地区小额人身保险发展取得巨大突破。人身险产品方面，投连险、万能险产品占比过高问题得到明显控制，其中万能险保费收入较上年下降42.5%；寿险业务结构改善，中部地区新单期缴保费同比增长20%以上，其中河南、湖北两省增长超过30%。但结构调整的基础还不牢固。财产险方面，车险保费收入占比77.62%，较上年同期上升3个百分点。人身险产品方面，分红型业务发展快速，同比增长33.13%，在人身险保费收入中占比较上年上升近12个百分点。渠道业务发展的均衡性有待提高，中部地区银邮渠道实现保费收入占比近50%。

保险公司减亏增效取得阶段性成果。2009年，中部地区产险公司应收保费率同比下降；除山西、安徽两省以外，其他四省产险公司赔付率同比下降；山西省产险公司实现承保利润2.64亿元，河南、江西、湖南三省产险公司均实现不同幅度的减亏。寿险公司方面，除河南外其他五省退保率均同比下降。但总体来看，中部地区保险业尚处于体制不够完善和技术能力相对薄弱的初级发展阶段，保险行业盈利能力较弱，部分产险公司尚处于亏损状态，盈利面较窄，赔付成本偏高。

（八）量化评估

从定量评估的结果来看，2009年中部地区金融稳定状况综合得分为82.1分，较上年提高了2.3分，属于较稳定区间。数据表明中部地区有效应对了国际金融危机的冲击，总体金融稳定状况有所回升。从过去四年的评估结果来看（图17），中部地区总体稳定状况除2008年有小幅下降以外基本维持在较稳定区间。其中，宏观经济受金融危机和经济周期影响较大，得分连续三年下降；银行业得分从2008年开始保持上升趋势，综合实力逐年增强；证券业快速回暖，得分较上年大幅提高；保险业得分在2007年下降以后连续两年大幅回升，金融稳定状态较上年有所改善；金融生态环境得分呈现逐年向好的趋势，但得分仍然偏低。

从具体指标变动情况来看（表11），中部地区共有7项指标（包括宏观经济指标2项、银行业指标2项、证券业指标1项、保险业指标1项、金融生态环境指标1项）较上年有所改善，7项指标（包括宏观经济指标7项）较上年有所下降，11项指标（包括宏观经济指标2项、银行业指标2项、证券业指标2项、保险业指标2项、金融生态环境指标3项）基本与上年持平。具体来看，在宏观经济方面，受国际金融危机影响，中部地区第三产业增速放缓，实际利用外资增长率下降，城乡居民收入增速趋缓，城镇登记失业率有所上升，但投资和消费需求快速增长，物价指数止跌回升。银行业指数上升主要得益于银行机构偿付能力的提高，具体表现为不良贷款率的下降和资本充足率的上升。证券业指数受证券公司盈利能力大幅提高等因素影响，得分

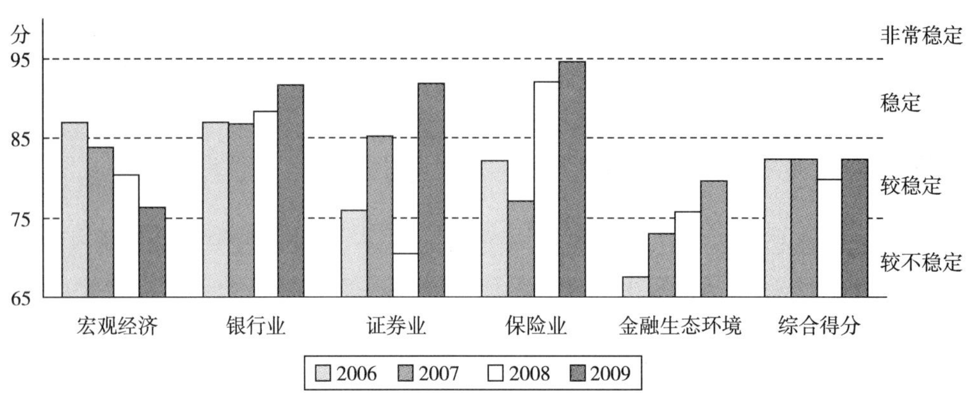

图 17 2006—2009 年中部地区金融稳定状况的比较

较上年大幅增加。保险业各方面较上年都有所改善，寿险公司退保率和应收保费率较上年都有所下降，保费收入稳步提高，得分较上年有所增加。金融生态环境逐年改善，银行服务密度较上年显著提升。

表 11　　2009 年中部地区评价指标及其变动情况

指标分类		变动方向	评价指标	变动情况		
				上升	稳定	下降
宏观经济		↓	国内生产总值增长率		✓	
			第三产业增加值增长率			✓
			全社会固定资产投资增长率			✓
			社会消费品零售总额增长率	✓		
			实际利用外资增长率			✓
			进出口总额增长率			✓
			城镇居民可支配收入增长率			✓
			农村人均纯收入增长率			✓
			居民消费价格指数	✓		
			城镇登记失业率			✓
			典型城市房地产销售价格指数		✓	
金融机构	银行业	↑	核心资本充足率	✓		
			不良贷款率	✓		
			资产利润率		✓	
			流动比率		✓	
	证券业	↑	净资本充足率		✓	
			净资本负债率		✓	
			资产利润率	✓		
	保险业	↑	寿险公司退保率		✓	
			应收保费率		✓	
			保费收入增长率	✓		

续表

指标分类	变动方向	评价指标	变动情况		
			上升	稳定	下降
金融生态环境	↑	法治环境调查综合得分		✓	
		地方财政收入占 GDP 比重		✓	
		银行服务密度	✓		
		征信数据库覆盖率		✓	

注：表中“↑”代表改善，“↓”代表恶化。

2009 年，中部地区综合得分低于全国平均水平 3 分。中部地区在证券业和保险业两方面得分显著提升，已超过全国平均水平，稳定状况较为良好，银行业得分接近全国平均水平，但在宏观经济和金融生态环境方面仍存在一定劣势，有待改进（图 18）。

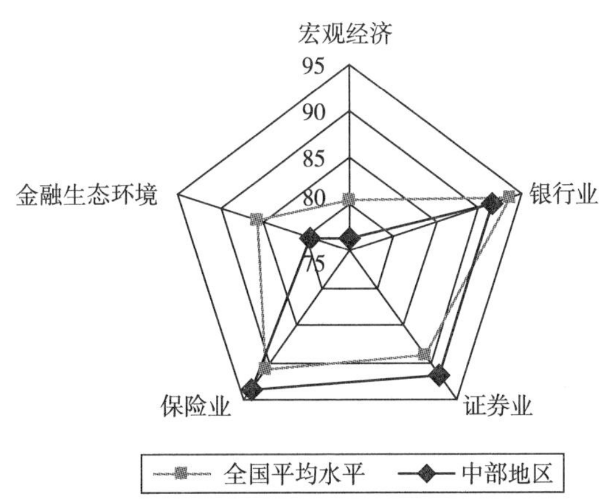

图 18　2009 年中部地区和全国平均水平的比较

三、西部地区

2009 年，面对国际金融危机的严峻挑战，西部十二省（自治区、直辖市）在国家积极的财政政策和适度宽松的货币政策背景下，认真贯彻落实国家各项政策措施计划，发挥区域优势，国民经济企稳回升，继续保持较快发展势头。产业结构调整不断推进，财政收入和城乡居民收入稳步提高，投资高速增长。经济快速平稳发展为金融业提供了较好的发展机遇，也为区域金融体系的稳定发展奠定了良好的基础。银行业存贷款快速增长，经营效益显著提升，资产质量持续改善。新型农村金融试点工作实现突破，银行业服务水平不断提高。证券市场运行平稳，证券期货机构经营状况有所好转。保险业服务领域拓宽，保费收入不断增长，风险补偿和社会保障作用得到强化。金融基础设施建设发展加快，灾区金融服务持续改善，金融体系的稳定性进一步增强。

（一）第三产业对经济增长的贡献加大，但结构性矛盾依然存在

随着国家“保增长、保民生、保稳定”以及区域振兴规划等各项政策措施效果的逐步显现，西部经济下行态势得以遏制，下半年开始总体经济企稳回升。2009 年，西部地区全年实现地区生产总值6.69万亿元，同比增长13.55%，较上年增加0.78个百分点，是四大区域中经济增长最快的区域；占全国经济生产总量的18.46%，较上年增加0.64个百分点。从三次产业结构来看，第一产业、第二产业增加值增速均有不同程度减缓，但第三产业实现增加值2.58万亿元，同比增长12.92%，占GDP的38.90%，较上年提高2.64个百分点。第三产业对经济增长的贡献率从上年的32.25%大幅提高到54.43%，对西部经济增长的带动作用明显增强。

虽然西部经济保持了较快增长，但经济增长主要依靠项目投资，消费和民间投资尚未发挥有效作用。2009年西部地区固定资产投资5.13万亿元，同比增长40.07%，较上年增加11.75个百分点，投资对GDP的贡献率高达166.27%，拉动GDP增长22.52个百分点，达到近十年来最高。而以项目投资为主体的投资结构必然会加剧钢铁、水泥等传统支柱行业产能过剩、低水平重复建设等矛盾。特别是在地震灾区，基础设施行业投资成倍增长。由于灾后重建急剧扩张，致使不少落后行业的生产能力得以延续，建材企业中部分产能因灾后重建而急剧扩张，供给过剩矛盾将逐渐加大，这给银行信贷资产安全造成潜在危害。因此，如何有效转变经济发展模式，调整经济结构，带动投资、消费、净出口的协调发展，培育经济增长的内生动力，成为西部经济可持续发展的关键。

（二）银行业经营状况持续改善，但存贷款期限结构错配问题仍然存在

2009年，西部地区银行业认真贯彻适度宽松的货币政策，有力支持地区经济发展，不断深化改革，整体实力稳步提升。截至2009年底，银行业金融机构本外币资产总额为12.49万亿元，同比增长31.18%，较上年多增2.46个百分点，是我国银行业资产规模增长最快的地区。本外币各项存款余额达到10.19万亿元，同比增长30.32%，较上年多增3.13个百分点，本外币各项贷款余额为7.18万亿元，同比增长37.88%，较上年多增19.01个百分点，连续四年成为我国存贷款增长最快的地区。

在银行业改革效应不断显现等积极因素作用下，地方法人机构治理结构不断完善，经营状况明显提升，抵御风险能力持续提高。2009年，西部地区银行业金融机构账面利润总额达1 383.13亿元，同比增长44.45%，较上年大幅提高28.37个百分点。随着银行创新金融产品和理财产品的不断发展、净息差的收窄，银行业中间业务收入占比有所增长，盈利结构逐步改善。与此同时，西部地区除青海省不良贷款余额有小幅上升以外，其他省份银行业金融机构不良贷款均实现了不同程度的“双降”，资产质量逐步提高。

值得注意的是，存贷款期限结构错配问题仍然存在，流动性管理难度有所加大。2009年，西部地区金融机构各项贷款快速增长主要依靠中长期贷款，全年新增中长期贷款1.49万亿元，占全部新增贷款的比重达75.26%，在四大区域中占比最高，同时较上年增长12.86个百分点。同时各省新增存款呈明显的活期化特征。资产负债的严重错配，给金融机构的资产负债管理和流动性管理带来一定的挑战，应引起高度关注。

（三）地方融资平台高速扩张，潜在的金融风险值得关注

为促进地方经济的快速发展，各地政府纷纷设立政府融资平台，通过银行贷款、发行地方债、城投债、委托银行和信托公司发放理财产品等多种方式为地方建设筹集资金。据不完全统计，截至2009年底，除西藏以外的西部11个省共有2 124家政府融资平台，通过政府融资平台贷款余额共计1.43万亿元，占各项贷款余额的19.93%，其中新增地方政府融资平台贷款

6 505.82亿元。金融机构为政府融资平台提供贷款，为促进经济企稳回升发挥了积极作用。

但是，政府融资平台普遍存在融资期限过长、负债率过高等情况，贷款隐含的风险较大。政府类贷款主要集中在基础设施行业，贷款中长期化趋势显著，部分项目存在合规性风险，抵押方式单一。而还款来源主要以财政拨款、土地出让收入、项目经营期收费收入、财政税收返还等作为保障，受政策因素和经济周期变化影响大，隐藏一定的偿债风险。在西部一些地区，政府财政收入较少，部分政府融资平台的贷款安全得不到有效保障。以西部某省为例，2009 年该省投融资平台贷款余额为全年一般预算收入的 2.8 倍左右，如果加上原有地方政府债务余额，将远高于政府债务安全线，财政风险向金融风险转嫁的潜在可能性值得高度关注。此外，承贷主体本身也存在透明度低、运作不规范、融资渠道少、项目收益保障性不高等问题，对信贷资产质量构成一定影响。因此，应进一步加强对地方融资平台贷款的监管，加大风险防范和控制力度，增强金融机构经营的自主性，防止因政府债务过重引发信贷资金风险。

专栏 14　地方政府融资平台风险值得关注

2009 年末，甘肃省各级地方政府共成立融资平台 146 家，其中省、市和县三级地方政府融资平台分别为 23 家、52 家和 71 家。2009 年末，全省地方政府融资平台贷款余额为 735.95 亿元，占全省各项贷款余额的 19.67%，其中 2009 年发放贷款 251.16 亿元，占当年全省新增贷款的 25.9%。与东部发达地区不同，甘肃地方政府融资平台贷款主要配套中央和地方建设项目使用，土地储备贷款仅占贷款总额的 3.37%，低于全国平均水平；占贷款总额 53.04% 的交通类融资平台贷款使用管理规范且偿债能力稳定，经放贷银行测算，国家燃油税政策的实施对平台偿债能力影响有限，平台贷款偿债保证金比为 1.01，处于风险可控的范畴。虽然地方政府融资平台在促进基础设施建设、拉动经济增长方面发挥了积极作用，但其快速扩张暴露出的问题应予以关注和重视。

一是平台发展模式粗放。目前甘肃省内省地县三级政府都成立了融资平台，而且在每级政府内又按照业务领域设立公路交通、城市建设、污水处理、农业发展等多个平台。政府资产的分散摆布，一方面形成平台资产规模小、融资能力弱的困难；另一方面造成平台之间融资及还款能力不均衡，交通等具有稳定收入的平台融资便利且还款风险较小，而城建等其他平台融资困难，且依靠土地出让金还款的模式受政策因素影响较大。

二是银行与平台信息不对称。由于地方政府融资平台不是项目建设主体，使得放贷银行无法掌握贷款的实际使用情况，不利于商业银行有效开展贷后风险管理。同时，地方政府通过融资平台从多家银行获得信贷资金，单家银行无法掌握平台公司总体融资情况，使得原来一直通行的一些贷款风险管理手段和方法难以得到有效落实。

三是地方财政兜底能力弱化。2009 年末，甘肃地方政府融资平台贷款余额 735.95 亿元，其中保证贷款和信用贷款 315.44 亿元，是 2009 年全省地方财政收入的 1.1 倍，地方财政负债比例过高。加之新发行的 100 亿元中期票据、65 亿元地方政府债券等其他新增负债的未来还款压力，地方财政对还贷的兜底能力弱化的问题越来越突出。

资料来源：《甘肃省金融稳定报告（2010）》。

（四）农村金融机构改革平稳推进，但抵御风险的能力仍有待提高

西部地区农村金融机构不断巩固改革实效，多元化发展格局逐步形成，风险管理能力和综合实力稳步增强，较好地支持“三农”、小企业和县域经济发展。中国农业银行“三农”金融事业部试点工作稳步推进。2009 年，四川、重庆、甘肃、宁夏、新疆、西藏等地区全面推进“三农”金融服务，积极推动“三农”金融事业部改革，经营绩效创历史最好水平，服务“三农”和县域成效明显。以甘肃省为例，截至 2009 年底，“三农”金融事业部已覆盖全省 70 个县，涉农贷款余额较上年增加 35.10 亿元（剔除资产剥离因素），同比增长 27.8%，服务“三农”的专业化管理体系初步建成。

各地农村信用社改革也稳步推进。加快产权制度改革，完善法人治理结构，转换经营机制，经营指标明显改善。截至 2009 年底，四川省 174 家县级联社存款和贷款总额分别居全省银行机构第 3 位和第 1 位，不良贷款率同比下降 11.2 个百分点，实现拨备前利润 58.8 亿元，创历史新高。其中，已有 156 家实现专项票据兑付，兑付金额达 96.4 亿元。甘肃省 87 家农村合作金融机构中有 84 家通过专项中央银行票据兑付考核，历史包袱有效化解，资产质量明显改善，服务“三农”能力显著增强。截至 2009 年底，陕西省已组建 5 家农村合作银行和 1 家农村商业银行，对该省农村合作金融机构的改革起到了一定的示范效应和引导作用。

农村金融机构的壮大为完善农村金融服务组织体系、拓宽资金融通渠道发挥了重要作用。但目前西部各地区的农村金融机构运营时间普遍较短，监督制衡机制未能有效发挥作用，内控制度执行力不强，仍存在一定的操作风险。2009 年，西部地区部分地方中小金融机构主要经营指标出现下滑迹象。农村信用社仍存在不良贷款不易化解、风险拨备不足、核心负债稳定性不高等问题，综合抗风险能力仍然较弱。地震重灾区农村信用社存贷比上升、流动比率下降，部分机构出现退股现象，流动性压力有所增加。部分新型农村金融机构信贷集中度提升，资本实力不足，潜在风险逐步加大。

（五）证券公司经营状况显著改善，行业秩序需要进一步规范

2009 年，受资本市场回暖、交易日趋活跃等因素影响，西部地区证券机构规模扩张，经营状况继续改善。截至 2009 年底，西部地区共有 18 家证券机构、3 家基金管理公司和 19 家期货经纪公司，法人证券机构资产总额达 1 512.31 亿元，同比增长 70.84%；全年实现营业收入 181.39 亿元，同比大幅增长 82.46%。但相比东部地区，西部地区证券机构还不够成熟，经营同质化，盈利模式单一，持续经营能力和抵御系统性风险能力较弱。在外部竞争和内部考核等多方面压力下，个别机构甚至违规经营，诱发经纪业务活动中的恶性竞争和违规风险，对区域证券市场发展和金融稳定产生一定的负面影响。而西部地区投资者风险意识相对薄弱，不同程度地存在盲目投资等情况。近年来，部分地区非法股票发行和交易、非法证券投资咨询时有出现，严重干扰了西部证券业的正常行业秩序，在一定程度上对社会稳定造成危害。为此，应加强对西部地区资本市场的有效性监管，加大违法违规案件查办力度，提高执法的社会效果，增强市场公信力，维护市场稳定运行。

（六）准金融机构快速发展，但风险防控能力仍待提高

近年来，小额贷款公司、担保机构及典当行作为具有准金融性质的实体企业，在西部各省得到快速发展，在服务地方经济、满足多元化融资需求、方便群众生活等方面发挥了积极作用。以甘肃省为例，截至2009年底，全省小额贷款公司已正式挂牌营业30家，贷款余额3.81亿元，全年实现利润301.74万元；融资性担保公司101家，担保总额30.33亿元，是上年的4.43倍；典当行52家，注册资本3.7亿元。这些准金融机构作为主要金融机构的必要补充，为解决中小企业融资难等问题提供了积极的支持。

准金融机构在快速发展的同时，也逐步暴露出一些不利于自身发展和影响融资市场秩序的问题。由于准金融机构大都处于起步或发展初期阶段，资本实力较弱，资金来源单一，风险补偿机制缺乏，信用等级及社会认可度较低，财务可持续能力及综合抗风险能力较弱。此外，由于缺乏成熟的管理体系及专业人员，这些机构的风险控制水平较低，业务发展不规范。在激烈的市场竞争下，少数机构超范围经营、违规运用资金等情况依然存在，个别机构可能牵涉变相吸收存款甚至非法集资等行为。当前对准金融机构的监管专业性不强，监管机制相对滞后，需要密切关注该类机构的发展情况，防范该类机构风险进一步转移。

专栏15　陕西某市典当行和担保公司发展与风险问题

一、发展情况

作为陕西省重要的能源产业基地，近年来，随着国内对煤炭、原油、天然气等能源需求的激增，该市经济快速发展，并积聚了雄厚的民间资本。民间资本的逐利性与当地经济发展对投资资金的强烈需求相结合，在正规金融服务无法满足的情况下，给典当行和担保公司等机构一个高速发展机会。截至2009年底，该市共有典当行14家，注册资本为1.92亿元，从业人员为105人；担保公司143家，注册资本为17.36亿元，从业人员716人。这些机构主要集中在该市能源资源富集的辖属某县，据统计，该县仅担保公司就有112家，除一家为政策性担保公司外，其余均由民营资本组建。

二、运行中存在的风险

1. 与银行信贷资金的交互关联中存在潜在风险。目前，该市以民营资本为主体组建的此类机构资本金较少，许多公司通过入股、高息揽储等形式吸收资本金，其中不乏从银行获取资金反哺融资公司的。这些机构的放款利率通常为15%～20%，扣除银行利息，资金回报率仍然可观。上述资金运作方式一旦遇到大规模、恶性的非法集资或卷款逃跑等案件，不仅会使投资者蒙受巨大损失，考虑到当地农村合作金融机构多以信用担保方式发放贷款，也会增加贷款风险。

2. 利润驱使催生“放贷公司”。该市许多担保公司以担保、投资之名放贷收取利益。据人民银行在某市进行的典型调查显示，某信用担保公司注册资本为200万元，以高于银行的利率吸收资金，又以高利发放贷款，期限多为1个月，最长3个月，按季结息，在该公司成立不到半年时间里累计放贷次数达385次，累计放贷金额高达6 000万元。

3. 自身风险防控能力差。从系统性风险的角度考虑，能源品价格波动导致的价格风险和行业产业政策调整产生的政策性风险会通过资金借贷形成此类机构的运营风险。从机构自身管理角度考虑，这些机构目前处于初期发展阶段，规模小、人员少且素质参差不齐，风险识别与评估能力较低，风险防范能力和风险控制能力较弱，发生操作风险、信用风险、道德风险的可能性较大，业务的同质性也会导致单个公司风险极易向其他机构传递，在一定条件下，可能产生连带效应，导致风险向正规金融体系传递。

三、相关措施

人民银行西安分行、该市中支和相关县支行正密切关注此类机构的发展变化情况，并向当地政府相关部门进行风险提示和管理建议，同时提示和引导当地银行业金融机构加强贷后管理，严格控制资金流向，防范此类公司的风险向正规金融体系转移。

当地政府部门也开展了担保公司清理整顿工作。通过清理，部分担保公司申请组建小额贷款公司，部分担保公司停止营业。

资料来源：《陕西省金融稳定报告（2010）》。

（七）灾区金融服务全面恢复，金融基础设施进一步改善

西部地震灾区顺利推进灾后重建，金融服务得到持续改善，金融体系的稳定性进一步增强。2008 年，四川、甘肃、陕西、重庆等省份受“5·12”特大地震影响，金融机构造成巨大损失，金融服务体系破坏严重，部分地方法人银行机构经营面临严重困难。在灾后恢复重建规划的指导和各项政策措施的支持下，受灾地区金融机构在抓好自身恢复重建的同时，认真贯彻落实地震灾区特殊金融扶持政策，切实发挥金融对扩大内需和灾后恢复重建的有效支持作用，取得了明显成效。以受灾最严重的四川省为例，截至 2009 年底，四川省纳入国家重建规划的 39 个（极）重灾县金融网点累计开工项目 931 个，占重建任务的 56. 8%；累计完工项目 743 个，占重建任务的 45. 3%；累计完成投资 3. 73 亿元，占估算总投资的 11. 5%。全年辖内银行机构在（极）重灾县新设机构 12 家，迁址 2 家。全省银行机构累计发放抗震救灾和灾后恢复重建贷款 3 070亿元，支持灾区 61 万户普通农户、8. 5 万户城镇居民和 7. 3 万户特困农户住房重建。地震保险理赔工作总体完成，阿坝、广元、绵阳三地的保费收入均超过全省平均水平。

（八）量化评估

从定量评估的结果来看，2009 年西部地区金融稳定状况综合得分为 82. 5 分，较上年下降了 1. 7 分，属于较稳定区间。数据表明西部地区在国内外经济金融形势急剧变化的背景下，金融体系受到一定影响。从过去四年评估结果来看（图 19），西部地区总体得分在保持了三年的上升态势之后开始小幅回调，但总体上升趋势未变。其中，宏观经济体系受国际金融危机影响，得分较上年有明显回落；银行业得分呈现逐年上升的趋势，从较不稳定区间升级为稳定区间，进步幅度较大；证券业从 2007 年开始一直小幅上升，2009 年已属于稳定区间；保险业较上年有小幅回落；金融生态环境得分在经过 2007 年的回落以后连续两年均有显著增长。

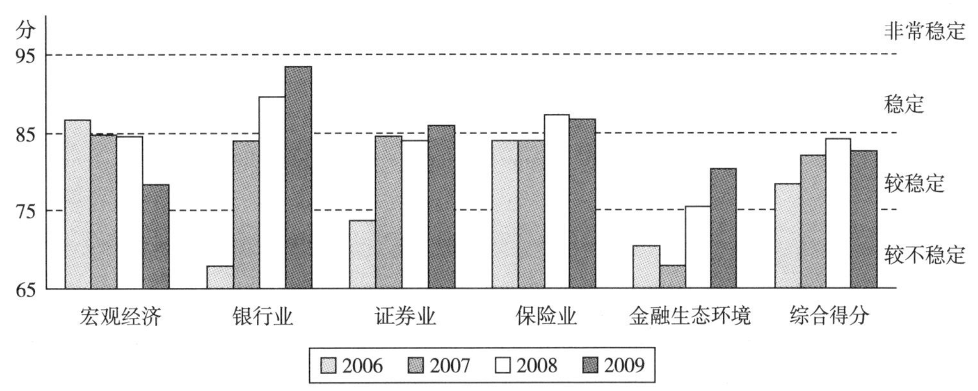

图 19　2006—2009 年西部地区金融稳定状况

从具体指标变动情况来看（表 12），西部地区共有 7 项指标（包括宏观经济指标 4 项、银行业指标 2 项、金融生态环境指标 1 项）较上年有所改善，5 项指标（包括宏观经济指标 3 项、银行业指标 1 项、保险业指标 1 项）较上年有所下降，13 项指标（包括宏观经济指标 4 项、银行业指标 1 项、证券业指标 3 项、保险业指标 2 项、金融生态环境指标 3 项）基本与上年持平。具体来看，虽然第三产业增势强劲，消费需求较快增长，居民消费价格指数有所下降，但西部地区投资需求增长过快给经济结构调整造成了一定的压力，外贸进出口下降，城乡居民收入增速回落，宏观经济得分显著下降。银行业方面，虽然流动性趋紧，但金融机构资本充足率提高，不良贷款率下降，资产质量有明显改善，故得分有所提高。证券业除了资产利润率较上年有小幅回落以外，其他指标均保持稳定状态，故得分较上年波动不大。保险业方面，保费收入增速放缓，得分较上年有所回落。金融生态环境得益于金融服务密度的显著增加和征信数据库覆盖率的提高，得分显著上升。

表 12　　2009 年西部地区评价指标及其变动情况

指标分类	变动方向	评价指标	变动情况		
			上升	稳定	下降
宏观经济	↓	国内生产总值增长率		✓	
		第三产业增加值增长率	✓		
		全社会固定资产投资增长率			✓
		社会消费品零售总额增长率	✓		
		实际利用外资增长率	✓		
		进出口总额增长率		✓	
		城镇居民可支配收入增长率			✓
		农村人均纯收入增长率			✓
		居民消费价格指数	✓		
		城镇登记失业率		✓	
		典型城市房地产销售价格指数		✓	

续表

<table>
<tr><th colspan="2" rowspan="2">指标分类</th><th rowspan="2">变动方向</th><th rowspan="2">评价指标</th><th colspan="3">变动情况</th></tr>
<tr><th>上升</th><th>稳定</th><th>下降</th></tr>
<tr><td rowspan="10">金融机构</td><td rowspan="4">银行业</td><td rowspan="4">↑</td><td>核心资本充足率</td><td>✓</td><td></td><td></td></tr>
<tr><td>不良贷款率</td><td>✓</td><td></td><td></td></tr>
<tr><td>资产利润率</td><td></td><td>✓</td><td></td></tr>
<tr><td>流动比率</td><td></td><td></td><td>✓</td></tr>
<tr><td rowspan="3">证券业</td><td rowspan="3">↑</td><td>净资本充足率</td><td></td><td>✓</td><td></td></tr>
<tr><td>净资本负债率</td><td></td><td>✓</td><td></td></tr>
<tr><td>资产利润率</td><td></td><td>✓</td><td></td></tr>
<tr><td rowspan="3">保险业</td><td rowspan="3">↓</td><td>寿险公司退保率</td><td></td><td>✓</td><td></td></tr>
<tr><td>应收保费率</td><td></td><td>✓</td><td></td></tr>
<tr><td>保费收入增长率</td><td></td><td></td><td>✓</td></tr>
<tr><td colspan="2" rowspan="4">金融生态环境</td><td rowspan="4">↑</td><td>法治环境调查综合得分</td><td></td><td>✓</td><td></td></tr>
<tr><td>地方财政收入占 GDP 比重</td><td></td><td>✓</td><td></td></tr>
<tr><td>银行服务密度</td><td>✓</td><td></td><td></td></tr>
<tr><td>征信数据库覆盖率</td><td></td><td>✓</td><td></td></tr>
</table>

注：表中“↑”代表改善，“↓”代表恶化。

2009 年，西部地区综合得分低于全国平均水平 2.6 分（图 20），除银行业接近全国平均水平以外，其余四项都存在不同程度的劣势。

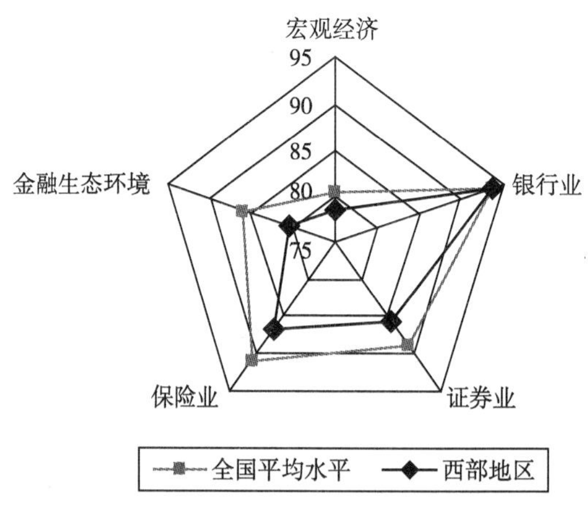

图 20　2009 年西部地区和全国平均水平的比较

四、东北地区

2009 年，东北地区积极贯彻落实国家宏观调控政策、大力推进“东北振兴”规划，制定了系列区域经济和产业结构发展规划，通过增投资、促消费、稳外需等政策，基本克服了国际金融危机冲击带来的影响，实现经济整体企稳回暖，为金融稳健运行提供了良好基础。老工业基地振兴步伐加快，节能减排和环境保护成效显著；农业生产形势稳定，第三产业蓬勃发展；投资需求旺盛，成为拉动经济增长的重要引擎。金融机构信贷投放大幅增加，盈利水平快速提升；金融基础设施不断完善，金融服务成效显著。

（一）经济发展保持稳定增长的良好态势，但企稳回升的基础还不牢固

2009 年，面对国际金融危机影响和严峻复杂的经济环境，在国家宏观调控政策措施，东北振兴战略等因素的作用下，东北地区国民经济企稳回升，实现地区生产总值 3.06 万亿元，同比增长 12.56%。经济结构优化调整步伐进一步加大，三次产业比重由上年的 11.7∶53.0∶35.3 调整为 11.6∶49.9∶38.5。第一产业实现增加值 3 549.70 亿元，同比增长 3.71%；第二产业实现增加值 15 234.06 亿元，同比增长 15.07%；第三产业实现增加值 11 773.02 亿元，同比增长 11.67%。

农业生产形势稳定，粮食产量略有下降。2009 年，受气候因素影响，东北地区粮食产量略有下降，总产量 8 404 万吨，比上年减少 521 万吨，下降 5.8%，其中黑龙江粮食生产再创历史新高，全年粮食总产量 4 353.0 万吨，比上年增长 3.0%。吉林、黑龙江两省积极发展绿色食品产业，吉林省全年绿色食品标志产品、有机食品、无公害农产品产量达 3 340 万吨，实现产值 487 亿元，带动农民增收 58 亿元，带动农户 278 万户。黑龙江省绿色食品认证面积达到 5 690 万亩，全国最大的绿色食品生产加工基地和无公害农产品生产大省地位进一步巩固。

工业生产回升势头明显，节能减排和环境保护力度逐步加大。2009 年，东北地区克服国际金融危机等因素带来的不利影响，工业生产整体增势良好。重点行业成为带动工业经济企稳回升的主要力量。辽宁省装备制造业、冶金工业及农产品加工业增加值同比分别增长 18.3%、23.8% 和 21.7%，占全省规模以上工业增加值的比重达到 31.5%、19.3% 和 18.9%。吉林省九大支柱、优势和特色行业共实现增加值 2 268 亿元，同比增长 14.3%，对全省工业生产增长的贡献率为 68.4%。黑龙江省装备工业、石化工业、能源工业、食品工业四大主导产业稳步回升，全年实现工业增加值 2 617.6 亿元，同比增长 11.2%，占规模以上工业的 90.1%。节能降耗取得新进展，综合治理成效显著。辽宁、吉林和黑龙江省化学需氧量和二氧化硫排放量分别下降 2% 和 3.5%、3.6% 和 3.8%、2% 和 1.6%。松花江流域水质不断改善，辽河治理取得重大进展。

第三产业发展明显加快，对经济增长的拉动作用有所增加。2009 年，东北地区第三产业发展态势良好，在产业结构中的比重提升了 2.8 个百分点。辽宁省陆续出台鼓励服务业发展的政策和措施，城区和郊区服务业增长 20% 以上，全省服务业增加值增长 12.1%，为近 10 年来最高增速。黑龙江省以大学生冬季运动会的成功举办和申办冬季奥运会为契机，实现国内旅游收入 606 亿元，同比增长 20.1%。

2009 年，东北地区工业生产虽然在金融危机的冲击下保持较好的发展态势，但是对经济增长的拉动作用有所下降。产业发展相对集中，经济增长点主要集中在装备制造、冶金、石化、能源工业等行业，重化工业比重较大，新兴产业成长缓慢，科技贡献率不高，经济结构有待进一步优化。同时，东北地区经济回升的主要驱动力来自于固定资产投资的拉动，而投资增长会受到投资项目储备量、投资回收期限、信贷资金投资可持续性、国内外市场需求增长幅度、产能过剩状况等诸多因素的影响，一旦投资增速减缓或增长趋势发生逆转，经济增长可能受到冲击。

专栏16　大庆市积极发展接续替代产业，资源型城市转型步伐加快

国家提出的振兴东北老工业基地战略，为大庆市实现资源型城市转型提供了政策依据和措施保障。从2003年到2009年，大庆积极寻找和发展接续替代产业，以石油化工、电子信息、食品制造业为代表的非油工业保持快速增长。目前，已经初步建成了20个工业园区、“东西南北”4个产业聚集区，五大接续产业生命力旺盛，发展势头较好。

一、资源型城市经济结构偏重于石油产业

大庆作为全国典型的石油资源型城市，1959年发现，1960年开发，50年累计生产原油突破20亿吨，占全国同期陆上油田原油总产量的40%以上，向国家上缴各种资金1.6万亿元。在石油经济带动下，大庆经济保持了平稳快速发展，至2008年，经济总量占黑龙江省26.7%，居全省第2位，居全国第34位。在国际金融危机背景下，2009年大庆经济依然保持12.1%的增长速度，高于全省1个百分点，高于全国3.4个百分点。但在经济平稳快速增长的同时，大庆长期存在着经济增长高度依赖石油经济、产业锁定格局明显。大庆是因油而生、因油而兴的城市，少数的石油工业企业创造了绝大多数的产值，经济增长点长期锁定于石油开采业。

二、资源型城市转型取得明显成效

产业多元化是资源型城市成功转型的有效途径，发展接续产业成为大庆这座石油资源型城市转型的关键。石化产业在接续产业发展中获得了快速发展，产业技术和企业规模大幅度提升。以现代农业和畜牧业为代表的第一产业，以石油化工、装备制造、新材料新能源为代表的替代产业，以现代服务业为代表的第三产业快速发展，三次产业结构由2003年的2.7:86.9:10.4调整到2009年的3.8:81.6:14.6。2009年，大庆市石化行业实现工业增加值288.0亿元，同比增长59.8%，增速较上年同期提高43.3个百分点。石化行业增加值在全市工业增加值中占比17.2%，较上年同期提高8.5个百分点，成为大庆市资源型城市转型的接续产业的龙头。

同时，积极促进产业结构优化。利用天然的草原地貌积极推行农转牧战略，畜牧业快速发展。在大庆乳业公司、龙丹乳业等一批龙头企业带动下，乳业得到了较好发展。2009年，全市畜牧业实现增加值40.3亿元，增长14.3%。伴随着经济总量的不断增长，大庆市服务业得到了快速发展。从服务业内部看，住宿和餐饮，批发和零售，交通运输、仓储及邮政业三个传统行业增长较快，占服务业增加值的40%以上；信息传输、计算机服务和软件业，租赁和商务服务业，房地产三个新兴行业快速起步，发展势头良好，占服务业比重的15%以上。

三、资源型城市转型过程中存在的问题

在大庆市接续产业快速发展的同时，仍然存在着缺乏新的支柱产业问题。从工业分析，大庆市增加值超过工业增加值1%的产业只有4个，其中超过5%的只有2个，而工业经济较为发达的苏州、台州、哈尔滨、焦作等城市增加值超过工业增加值1%的产业分别有15个、14个、13个、11个，其中超过5%的分别有12个、7个、5个、7个。与上述工业城市相比，大庆市工业结构比较单一，新的较大规模的支柱产业仍未形成，抵抗行业风险能力偏低，接续发展后劲不足。同时，第三产业发展相对滞后。经过近六年的调整，第三产业在经济结构中所占比重大幅度提高，由2003年的10.5%上升到2009年的15%。但这一比重较南方经济发达地区第三产业占50%以上的比例差距很大。

四、对策建议

按照国务院下发的《石化产业调整和振兴规划》，深化企业改革，加快现代企业制度建设，完善公司治理结构，提高石化企业经营管理和科学决策水平，增强企业创新能力、风险防范能力及核心竞争力。设立石化产业振兴和技术改造专项基金，采取资本金注入、融资信贷（银行贷款，发行股票、企业债券、公司债券、中长期票据，吸收私募股权投资）等方式支持中央企业实施兼并重组。支持开展兼并重组的骨干企业实施技术改造，调整产品结构。

资料来源：《黑龙江省金融稳定报告（2010）》。

（二）固定资产投资快速增长，外贸形势不容乐观

2009 年，在国家拉动内需各项政策措施的推动下，东北地区继续实施老工业基地振兴战略，以扩大投资作为“保增长、促发展”的主要任务，取得显著成效。全年完成全社会固定资产投资 2.53 万亿元，同比增长 31.56%，占东北地区 GDP 的比重为 83.00%，较上年提高 14.57 个百分点。支柱产业投资增长较快。辽宁省装备、冶金、石化等支柱产业共完成固定资产投资 2 558.4亿元，同比增长 17.7%。吉林省交通运输设备制造、化工、食品、建材和医药等支柱优势产业投资额达到 1 548.8 亿元，同比增长 46.6%。黑龙江省装备、石化、能源、食品四大主导产业完成投资 1 515 亿元，同比增长 26.9%，占城镇工业投资的 78.4%。非国有经济投资快速增长。2009 年，辽宁、吉林和黑龙江省非国有经济投资同比分别增长 37.2%、25.8% 和 54.4%，占城镇固定资产投资的比重分别为 75.9%、70.5% 和 42.4%，黑龙江省近几年增长最快。基础设施建设投资增势强劲，吉林和辽宁省基础设施建设投资分别为 971.93 亿元和3 035.7亿元，同比增长 50.0% 和 33.1%。从长期看，基础设施项目贷款比重过大，项目财务负担加重，产能若不能完全释放，贷款偿还周期将会延长。而且由于大部分基础设施投资项目通过政府投融资平台获得银行贷款，且由政府财政担保，当前投资的高速增长将对未来几年地方政府的财政支出产生一定压力，银行资产安全受到一定影响。

2009 年，受主要贸易国家市场需求收缩，东北地区外贸进出口额首次出现下降，全年进出口总额为 908.92 亿美元，同比下降 16.49%。其中，出口下降明显，出口总额为 466.53 亿美元，同比下降 26.64%；进口总额为 442.40 亿元，同比下降 2.29%。外资流入回暖，东北地区全年外商实际直接投资 189.4 亿美元，同比增长 20.9%。辽宁省尤为明显，2009 年 6 月辽宁省外商投资企业外方出资额达 26.99 亿美元，居全国第二位，同比增长 118%，环比增长 427%。

（三）房地产信贷增长较快，潜在风险不容忽视

2009 年，东北地区房地产市场出现量价齐升的走势，房地产信贷投放大幅增长。房地产投资高位运行。东北地区共完成房地产开发投资 3 960.80 亿元。房地产交易量大幅增加。辽宁、吉林和黑龙江省全年商品房销售额同比增长 41%、36% 和 55%，销售面积增长 31.4%、15.1% 和 35.6%。商品房价格大幅上扬，吉林、黑龙江两省商品房平均价格分别为 3 106 元/平方米、3 237元/平方米，同比分别增长 27.9%、14.3%。房地产信贷投放呈现快速增长势头，辽宁、吉林和黑龙江省房地产开发贷款较年初分别增长38.00%、92.27%和62.79%，个人住房贷款较年初分别增长48.00%、70.28%和81.95%。随着房地产调控政策趋紧，市场观望气氛加重，开发商资金回笼速度减慢。一旦房地产行业出现波动，开发商资金趋紧，将直接影响银行房地产贷款质量。此外，如果房地产价格下跌幅度较大，将导致居民住房抵押贷款的违约率上升。

（四）地方银行业机构体系不断健全，中小法人金融机构风险管理仍待加强

2009年，东北地区银行业金融机构体系进一步健全，股份制银行纷纷布局设点。招商银行、民生银行、中信银行长春分行在吉林省挂牌营业，兴业银行长春分行已获批筹备开业，华夏银行在吉林省设立分支机构的工作也正在有序进行中。外资金融机构加快进入东北地区的步伐。汇丰银行沈阳分行、东亚银行沈阳分行相继设立支行，韩亚银行在黑龙江设立分支机构；渣打银行在大连成立分行，大华银行沈阳分行、韩亚银行沈阳分行、韩国中小企业银行沈阳分行开办全部或部分人民币业务。地方中小法人银行机构发展较快。辽宁盛京银行公开发行A股已经通过初审，龙江银行成立，长春市农村商业银行、辽宁葫芦岛连山农村商业银行挂牌开业。城市商业银行跨区域经营步伐加快。哈尔滨银行设立成都、沈阳分行，并在甘肃会宁、北京怀柔、深圳宝安设立3家村镇银行。盛京银行在大连、营口成立分行，筹建葫芦岛分行已获批准。吉林银行在大连成立分行。大连银行在沈阳、成都、营口设立分行。营口银行沈阳分行、锦州银行沈阳分行相继开业。新型农村金融机构建设积极推进，东北地区年内共有33家村镇银行和3家资金互助社新获得批准，其中有11家村镇银行已挂牌营业。

地方金融体系进一步健全。截至2009年底，东北地区共有政策性银行营业网点232个，国有商业银行营业网点6 864个，股份制银行营业网点360个，城市商业银行网点1 378个，城市信用社营业网点64个，农村合作机构营业网点6 081个，邮政储蓄银行营业网点4 164个，外资银行营业网点44个，农村新型机构营业网点108个。

在地方银行业快速发展过程中，一些结构性问题和风险隐患需要关注。2009年，东北地区本外币中长期贷款余额1.51万亿元，同比增长43.84%，增速显著高于短期贷款。新增中长期贷款占全部新增贷款的比重高达67.57%。中长期贷款过快增长，造成贷款集中趋势加剧，并且在一定程度上绑定了未来的信贷结构，降低了信贷政策操作的灵活性。在投放过程中，部分金融机构倾向于发放基本建设贷款，易造成低水平重复建设和资源浪费。同时，部分中小法人金融机构仍然存在风险管控能力偏低，资本充足率较低与拨备缺口较大、不良贷款下降难，业务过于单一、公司治理机制不够健全等问题。

专栏17　东北地区加大中小企业融资政策性担保和再担保投入

为加快建设东北地区政策性担保和再担保体系，解决中小企业融资难问题，2008年2月，由原国务院振兴东北办、国家开发银行、辽宁、吉林、黑龙江省、内蒙古自治区及大连市政府联合筹建成立了东北中小企业信用再担保股份有限公司（以下简称东北再担保公司），这是全国第一家由政府支持的区域性中小企业再担保机构，补充完善了东北地区中小企业融资担保体系中政策再担保的缺失。

东北再担保公司组建后，不但帮助中小企业增强了银行信用，获得更多的资金支持，同时也可完善中小企业贷款链，分散担保贷款风险。东北再担保帮助中小企业信用担保公司放大了担保倍数。据测算，以前东北地区担保机构的放大倍数平均只有1.58倍，与东北再担保公司合作后则放大至3～5倍。东北再担保自成立以来，已与东北区域内国家开发银行等8家银行、20余家担保机构签订了战略合作协议。吉林分公司截至2008年底，受理咨询了担保、再担保项目68个，项目库储备项目313个，共完成业务量54 120万元，当年实现收入324.3万元。其中，再担保收入4.1万元，短期过桥贷款业务收入122.2万元，委托贷款收入198万元。

通过设立区域性信用再担保公司作为中小企业融资平台，充分利用政府信用引导市场资源，带动各层次政策性担保机构加快整合，促进担保机构市场信用和担保能力的提升，控制和分散信用担保体系的风险，扩大中小企业融资担保市场的覆盖面，理顺并增强担保体系与商业银行体系的密切合作。对有效缓解中小企业融资难问题，促进东北地区经济社会发展和全面振兴产生了积极作用。

资料来源：《吉林省金融稳定报告（2010）》。

（五）惠农特色保险稳步发展，保险业务结构尚显单一

2009年，东北地区保险业抓住国家宏观政策调整和十大产业振兴规划带来的历史性机遇，实现了市场平稳健康发展。全年共实现保险收入881.14亿元，同比增长16.91%，三省保费收入增幅均达到5%以上；赔款和给付支出262.29亿元，同比下降4.40%。

农业保险继续深入推进，农村小额人身保险试点工作进展顺利。2009年东北地区共实现农业保险保费收入29.21亿元，同比增长9.32%，占全部保险收入的3.32%；农业险赔款支出22.33亿元，同比增长29.90%，较好地体现了保险对农业旱灾的保障作用。其中，吉林省政策性农业保险覆盖面进一步扩大，由2008年的45个县（市、区）增加到57个县（市、区），基本实现全面覆盖，共实现保费收入5.84亿元，参保农户182.9万户，占全省农户数的58.5%；政策性农业保险赔款支出4.7亿元，受益农户139.44万户次。黑龙江省农村小额人身保险承保39.8万人次，实现保费收入1 132.9万元，同比增长271.4%，全省共有238个行政村实现整村投保。

但是，保险业务规模与效益并不匹配，业务结构相对单一。东北地区产险公司在业务规模快速发展的同时，承保利润率下滑，部分省区亏损增加。财产险业务增长主要依靠车险拉动，车险保费收入占比达到73.74%，在一些新的市场主体中这一比例甚至达到90%以上，企财险、货运险、责任险等传统业务均出现不同程度下滑。另外受农业旱灾影响，农业险赔付支出增长较多，不利于产险业务从根本上摆脱亏损局面。

（六）农村支付环境建设取得成效，区域金融生态环境有待进一步优化

我国农村地区支付结算服务环境建设落后于城镇，农民使用非现金支付工具成本较高。各类金融机构在农村布放的ATM和设立的离行式自助金融服务网点较少，商户企业因POS机手续

费较高而不愿安装，造成农民使用银行卡不便。2009 年，东北地区稳步推进农村支付服务环境建设，制订改善农村支付服务环境建设实施方案，确定了多个县（市）作为改善农村支付环境示范县（市）。东北地区金融系统通过多种途径积极推进农村地区支付环境快速改善：包括创新宣传方式，拓展宣传领域；营造绿色支付、安全支付、畅通支付的社会氛围；加强培训，提高农村地区银行从业人员支付业务水平；推动农村地区票据业务及定期借记业务稳步发展等。

2009 年，东北农村地区银行卡受理和使用环境有了较大改善，农民工卡特色服务普及带动了农村地区银行卡交易量迅猛增长。东北地区总计布放 POS 机 12 202 部，同比增长 95%；总计布放 ATM 2 665 台，同比增长 50. 57%。辽宁和吉林两省全年农村地区累计发放各类银行卡 2 174. 02万张，同比增长 75. 18%；发展特约商户 8 454 家，同比增长 142. 78%；黑龙江和吉林两省非现金支付量 8 916. 43 亿元，农村地区持卡消费额 1 313. 83 亿元。东北地区农村金融机构对公营业网点已全部加入现代化支付系统，各类金融机构以集中或分散方式接入支票影像交换系统，县域农村信用社通过直接或行内代理方式接入农信银支付清算系统，接入率达到 100%。

2009 年，东北地区积极开展创建金融生态城市、信用社区和农户信用评价体系建设试点，加强对区域金融生态环境的动态监测和实时跟踪，多方合力共建良好金融生态环境。但是东北地区的整体金融生态环境与东部沿海发达地区相比仍有一定差距，法制环境需进一步改善，征信数据覆盖率有待提高，会计、审计、资产评估、担保等社会中介机构发展相对滞后，不规范执业行为比较突出。需要继续加强农村地区支付结算服务网络建设，全面提升农村地区支付服务效率和质量。大力推进社会信用体系建设，积极探索农户和中小企业融资担保的有效机制。

（七）量化评估

从定量评估的结果来看，2009 年东北地区金融稳定状况综合得分为 84. 1 分，基本与上年水平持平。数据表明东北地区基本抵御了国际金融危机的冲击和国内外市场的变化，金融体系保持了较为稳定的状态。从过去四年评估结果来看（图 21），东北地区经过三年稳步上升以后，金融稳定系统从较稳定状态逐渐进入稳定状态。其中，宏观经济得分较上年基本持平；银行业得分经过 2007 年下降以后 2008 年大幅增长，2009 年基本维持在稳定状态；证券业与资本市场走势较为一致，经过 2007 年上升以后 2008 年回落，2009 年小幅回升；保险业和金融生态环境得分在两年连续上升之后 2009 年均出现小幅回调，保险业得分仍处于稳定区间，金融生态环境得分处于较稳定区间。

从具体指标变动情况来看（表 13），东北地区共有 9 项指标（包括宏观经济指标 5 项、银行业指标 2 项、证券业指标 1 项、金融生态环境指标 1 项）较上年有所改善，8 项指标（包括宏观经济指标 5 项、银行业指标 1 项、保险业指标 1 项、金融生态环境指标 1 项）较上年有所下降，8 项指标（包括宏观经济指标 1 项、银行业指标 1 项、证券业指标 2 项、保险业指标 2 项、金融生态环境指标 2 项）基本与上年持平。具体来看，宏观经济方面，虽然对外进出口总额有所下降，城乡居民收入增速放缓，居民消费价格指数有大幅回落，城镇登记失业率有所上升，但经济增长企稳回升，投资和消费需求快速增长，实际利用外资保持合理增长，总体得分略有上升。银行业法人机构资本充足水平大幅提高，盈利快速增长，但不良贷款反弹压力加大，给银行业风险控制带来挑战。证券业得分较上年有所增加主要归因于机构盈利水平的提升。保险业方面，

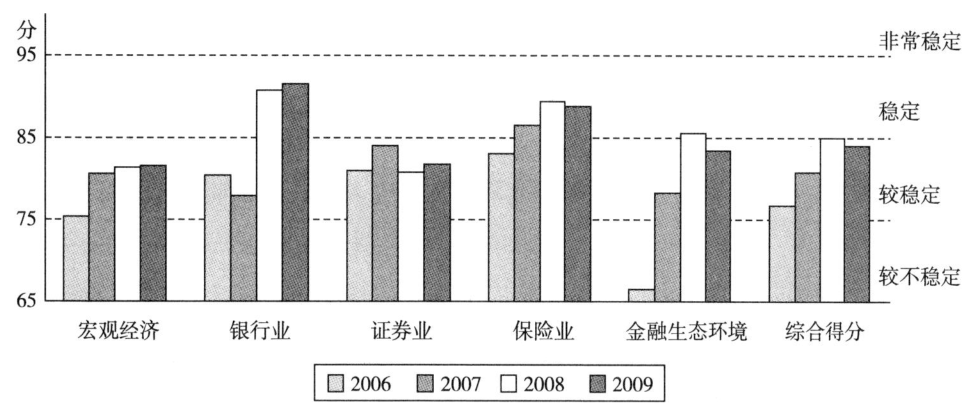

图21　2006—2009年东北地区金融稳定状况

虽然应收保费率有所下降，但保费收入增长回落显著，使得保险业得分较上年小幅下降。金融生态环境方面，虽然法制环境综合得分有所改善，但征信数据覆盖率出现下降，总体得分也有所减少。

表13　2009年东北地区评价指标及其变动情况

<table>
<tr><th colspan="2" rowspan="2">指标分类</th><th rowspan="2">变动方向</th><th rowspan="2">评价指标</th><th colspan="3">变动情况</th></tr>
<tr><th>上升</th><th>稳定</th><th>下降</th></tr>
<tr><td colspan="2" rowspan="11">宏观经济</td><td rowspan="11">→</td><td>国内生产总值增长率</td><td>✓</td><td></td><td></td></tr>
<tr><td>第三产业增加值增长率</td><td></td><td>✓</td><td></td></tr>
<tr><td>全社会固定资产投资增长率</td><td>✓</td><td></td><td></td></tr>
<tr><td>社会消费品零售总额增长率</td><td>✓</td><td></td><td></td></tr>
<tr><td>实际利用外资增长率</td><td>✓</td><td></td><td></td></tr>
<tr><td>进出口总额增长率</td><td></td><td></td><td>✓</td></tr>
<tr><td>城镇居民可支配收入增长率</td><td></td><td></td><td>✓</td></tr>
<tr><td>农村人均纯收入增长率</td><td></td><td></td><td>✓</td></tr>
<tr><td>居民消费价格指数</td><td></td><td></td><td>✓</td></tr>
<tr><td>城镇登记失业率</td><td></td><td></td><td>✓</td></tr>
<tr><td>典型城市房地产销售价格指数</td><td>✓</td><td></td><td></td></tr>
<tr><td rowspan="10">金融机构</td><td rowspan="4">银行业</td><td rowspan="4">→</td><td>核心资本充足率</td><td>✓</td><td></td><td></td></tr>
<tr><td>不良贷款率</td><td>✓</td><td></td><td></td></tr>
<tr><td>资产利润率</td><td></td><td></td><td>✓</td></tr>
<tr><td>流动比率</td><td></td><td>✓</td><td></td></tr>
<tr><td rowspan="3">证券业</td><td rowspan="3">↑</td><td>净资本充足率</td><td></td><td>✓</td><td></td></tr>
<tr><td>净资本负债率</td><td></td><td>✓</td><td></td></tr>
<tr><td>资产利润率</td><td>✓</td><td></td><td></td></tr>
<tr><td rowspan="3">保险业</td><td rowspan="3">↓</td><td>寿险公司退保率</td><td></td><td>✓</td><td></td></tr>
<tr><td>应收保费率</td><td></td><td>✓</td><td></td></tr>
<tr><td>保费收入增长率</td><td></td><td></td><td>✓</td></tr>
</table>

续表

指标分类	变动方向	评价指标	变动情况		
			上升	稳定	下降
金融生态环境	↓	法治环境调查综合得分	✓		
		地方财政收入占 GDP 比重		✓	
		银行服务密度		✓	
		征信数据库覆盖率			✓

注：表中“↑”代表改善，“↓”代表恶化，“→”表示基本稳定。

2009 年，东北地区综合得分略低于全国平均水平 1 分。其中，宏观经济超出全国平均水平，银行业、保险业和金融生态环境略低于全国平均水平，但证券业还有一定的劣势（图 22）。

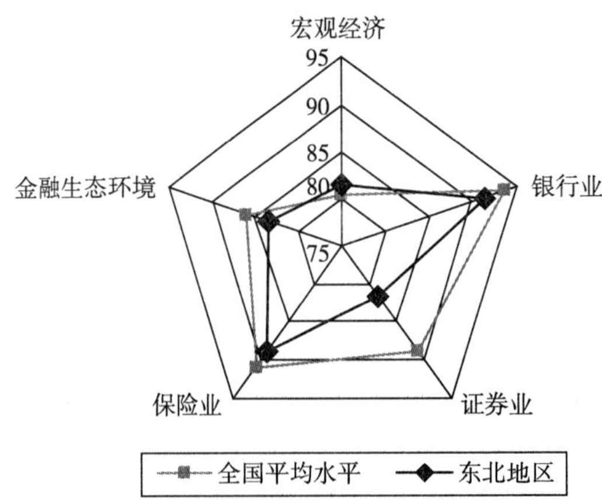

图 22　2009 年东北地区和全国平均水平的比较

第五部分　总体评估与政策建议

一、总体评估

2009年，面对复杂和严峻的经济形势，各地区认真贯彻落实党中央国务院的决策部署，围绕“保增长、保民生、保稳定”的总体目标，实施了一揽子地方经济刺激计划，实现了各地区经济的企稳回升。各地区投资快速增长，消费市场活跃，内需对地区经济增长的拉动作用明显增强；出口在国际市场的份额提高；农业生产稳定发展；产业结构调整和节能减排加快推进，区域发展协调性增强；地方财政收入增加，城乡居民收入保持较快增长。各地区金融体系稳健运行，在很大程度上发挥了支持地方经济平稳较快发展的作用。银行业信贷投放高速增长，保增长作用明显。证券市场快速回暖带动证券行业全面复苏，证券交易大幅增加，期货公司发展较快，市场环境不断改善。各地区保费收入首次突破1万亿元，保险公司总资产突破4万亿元。经营效益大幅提升，财产险公司总体扭亏为盈，业务质量明显改善。金融基础设施运行良好，区域金融生态环境持续改善。

但各地区经济金融运行过程中还存在一些影响金融稳定的因素：地区经济增长的基础还不稳固，物价指数上行压力有所增加，资产价格普遍上涨较快；地方政府债务水平呈较快增长；信贷总量持续过大，信贷结构不尽合理；银行业金融机构信用风险上升，盈利增速放缓；证券经营机构收入结构单一，基金公司合规管理有待加强；保险业粗放发展方式转变缓慢，少数保险公司资本金不足和偿付能力不达标。分区域看，东部地区外需减弱、出口下降，资产价格较快上涨，投资性保险产品快速发展，创新型金融产品和业务的风险管理面临挑战。中部地区传统资源优势和经济发展方式遭遇挑战，经济结构转型压力增大，金融支持农业经济发展的制约因素仍然较多。西部地区经济增长的内生动力不足，中小农村金融机构抵御风险的能力有待提高，灾后金融基础设施建设需进一步改善。中西部地区证券、保险市场与东部沿海地区相比发展相对滞后。东北地区作为老工业基地，产业发展相对集中，地区经济回升的主要驱动力依然来自固定资产投资拉动。

从定量评估的结果来看（图23），2009年四大区域金融稳定综合得分较上年有所集中，呈现差距逐年缩小的趋势。由于国际金融危机对东部地区影响较大，东部地区领先其他三个地区的优势已不再明显。东北、西部和中部地区通过发挥区域优势，不断深化改革，逐渐缩小了与东部地区的差距。

分项来看，宏观经济均处于较稳定区间，得分由高到低依次为东部地区、东北部地区、西

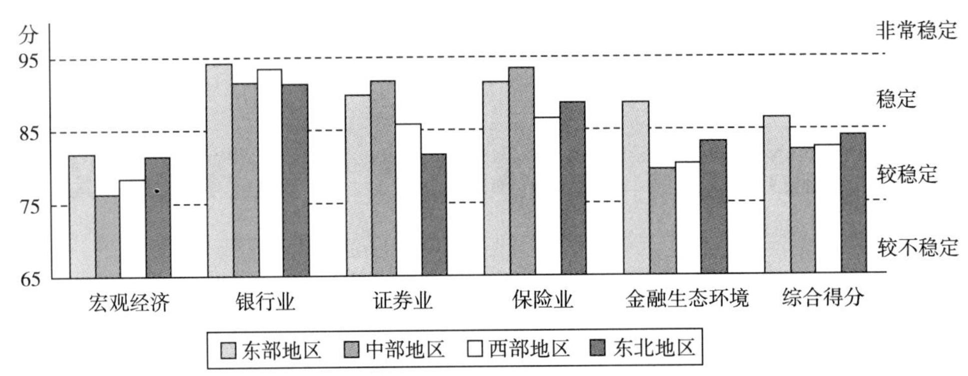

图23 2009年四大区域金融稳定评估结果比较图

部地区和中部地区；银行业各区域间差距不大，且都处于稳定区间，得分由高到低依次为东部地区、西部地区、中部地区和东北地区；证券业区域间存在一定差距，中部地区超过东部地区，西部地区第三，东北地区还存在一定劣势；保险业各区域得分均处于稳定区间，得分由高到低依次为中部地区、东部地区、东北地区和西部地区；金融生态环境方面，东部地区和其他三个地区之间的差距较大，除东部地区处于稳定区间外，其他地区得分均有待进一步提高，得分由高到低依次为东部地区、东北地区、西部地区和中部地区。

二、政策建议

2010年，各地区经济面临的有利因素较多，有望继续保持平稳较快增长的基本态势。一方面，国际金融危机最为严重的阶段已经过去，全球经济正在复苏。另一方面，国内经济活力和信心逐步增强，各地区投资扩张动力较大，城镇化和消费结构升级对经济增长的拉动作用进一步显现。但也要看到，后危机时期各地区经济发展所处的环境和面对的问题更加复杂。我国进一步扩大内需仍然面临较大制约，刺激国内消费和投资增长的政策效应可能减弱，民间投资意愿不强，经济增长的内生动力仍然不足；经济结构不合理、部分行业产能过剩等矛盾更加凸显；经济发展方式转变滞后，资源环境约束的矛盾日益突出。

（一）继续深入贯彻国家区域发展总体战略

2009年，我国陆续出台区域规划，着重推动经济结构和产业结构加快调整，初步形成了东部、中部、西部并行，沿海地区较为集中的新区域经济布局。在此基础上，继续推进产业区域布局和产业梯度转移，细化相关产业发展方向，积极培育战略性新兴产业。一是布局产业发展重点区域，培育新的经济增长极，破解区域发展难题和提升自我发展能力，进一步完善产业区域分布。二是鼓励和支持产业梯度转移，根据中西部产业承接实际情况布局产业梯度转移区。三是继续贯彻落实十大产业振兴规划，加大节能减排力度，控制高能耗、高污染行业发展。四是在低碳经济的指引下，高度重视能源产业，大力培育战略性新兴产业，积极争取新一轮全球产业分工中的制高点。

（二）加快转变地区经济发展方式

这轮国际金融危机使我国各地区面临的转变经济发展方式问题更为凸显出来，危机对各地区经济的冲击表面上是对经济增长速度的冲击，实质上是对经济发展方式的冲击。综合判断国际国内经济形势，转变经济发展方式已刻不容缓。一是传统出口领域面临越来越大的贸易保护压力，发达经济体和阿根廷、印度、巴西、墨西哥等发展中国家纷纷对中国产品发起反倾销和反补贴调查；二是政府投资高速增长，对民间投资产生一定挤出效应，投资消费失衡继续扩大；三是产能过剩进一步加剧。为此，各地区要深刻认识当前宏观经济金融调控的背景和内涵，正确认识和处理全局与局部的关系，加快推进地区经济结构调整，把调整经济结构作为转变经济发展方式的战略重点。立足于扩大内需，巩固重点产业企稳回升势头；推动电子信息、轻工、纺织等产业向中西部地区加快转移；压缩和疏导过剩产能，加快淘汰落后产能，引导产业健康发展。加强逆周期意识，关注宏观政策变动、经济波动对地方经济的影响，确保地方经济在贷款增长放缓时仍能平稳运行。

（三）加大金融支持地区经济发展力度

根据年初中央经济工作会议精神，2010 年我国将继续实施适度宽松的货币政策，保持宏观经济政策的连续性和稳定性，并根据新形势、新情况，着力提高政策的针对性和灵活性。核心是处理好保持经济平稳较快发展、调整经济结构和管理通胀预期的关系。

各地区要加强流动性管理，引导货币信贷总量合理增长，引导地方金融机构根据实体经济需求，切实把握好信贷投放节奏，使贷款增长保持均衡，防止季度、月度间过大波动。要着力优化信贷结构，促进地区经济发展转变和结构调整，提高经济增长的质量和效益。改善贷款的期限结构，调整新开工项目和在建、续建项目贷款的结构。进一步优化贷款投向的产业结构，加大信贷政策对地方经济社会薄弱环节、就业、战略性新兴产业、产业转移等方面的支持，有效缓解农业和中小企业融资难的问题，严格控制对“两高一资”行业、产能过剩行业的贷款。

（四）加强对地区性金融风险的监测管理

2009 年大规模经济刺激政策实施后，信贷大量投放，各地区金融领域普遍存在一些潜在风险因素，如信贷资产质量下降、资产价格上涨较快以及未来价格走势的不确定性等。各地区要高度关注贷款快速扩张对地方银行业金融机构资产质量的影响。金融管理机构要密切监测地方银行业金融机构贷款质量、贷款投向，尤其是摸清产能过剩行业、重复建设行业的贷款情况。关注地方政府融资平台贷款风险，特别是在国家逐步控制地方融资平台发债以及对房地产调控的新形势下，地方融资平台的风险问题需要引起足够重视。高度关注地方中小金融机构流动性变化和风险情况，加强对中小商业银行和各类农村金融机构信用风险、流动性风险等方面的监测，有针对性地组织开展压力测试，制订应急预案。特别注意防范地区性的系统性风险，加强对具有地区系统重要性金融机构的风险提示，及时采取措施进行逆周期调节，保持各地区金融体系稳健运行。建立健全多种形式的金融稳定协调机制，发挥多部门联动优势，促进地方金融生态环境建设。

（五）切实推进金融服务和创新发展

各地区依靠不断改革创新，在创新中谋发展，积极开展各个领域的金融创新。一是继续推进地方中小金融机构改革，推进重点地区农村信用社深化改革。积极推动新型农村金融机构、空白乡镇基础性金融服务发展，建设小企业金融服务专营机构，引进符合我国需要的外资金融企业及有助于扩大消费、小企业融资、服务"三农"等的特色机构和服务。鼓励外资银行到欠发达地区设立机构和开展业务，实现金融反哺。二是要规范和引导民间金融健康发展，发挥民间金融支持中小企业发展、满足民间资金需求的独特优势，积极规范股权投资基金等投融资方式，吸引更多社会资金参与基础设施建设、灾后重建项目和国有企业改革重组。三是引导和督促各地区金融机构加强对重点领域和薄弱环节的金融服务创新，支持融资担保方式和产品服务创新，倡导"民生金融"、"科技金融"和"绿色金融"，加强对财富管理、非银行金融的创新。审慎推进地方法人金融机构综合化经营。四是在深化外汇管理体制改革的大背景下，积极推进跨境贸易人民币结算试点工作，促进贸易投资便利化。五是加快金融市场产品创新。进一步拓宽企业直接融资渠道，丰富金融衍生工具，推动非金融企业债务融资工具创新，继续推动中小企业短期融资券、集合中期票据的发行，研究并推动企业发行资产支持票据。

专题1 长三角地区金融稳定评估报告

2009年，长三角地区全面贯彻落实科学发展观，经受住了国际金融危机的冲击，经济运行企稳回升，总体发展形势积极向好，金融稳定的经济基础进一步夯实。金融业改革不断深化，整体实力进一步增强，抗风险能力不断提高。银行业管理能力和服务水平不断提升，盈利水平较高。资本市场基础性制度建设加强，证券期货经营机构实力不断增强，投资者信心和证券市场融资功能明显恢复。保险业继续保持稳定增长的态势，效益好于预期。金融基础设施建设不断推进，运行安全、高效、稳定。但是在经济回升过程中，一些深层次矛盾尚未得到很好解决，如通货膨胀预期增强、房价上涨过快；地方政府融资平台贷款、房地产业贷款风险不断积聚，主板和创业板市场风险凸显；保险公司经营方式粗放，市场竞争不规范等。

展望2010年，全球经济将维持复苏态势，金融体系活力逐渐复苏，资本市场可望震荡回升。在国际国内经济环境逐步好转的背景下，长三角地区经济将呈加速增长态势。同时也要清醒地看到，世界经济复苏将经历缓慢、复杂、曲折的过程，一些新的风险点可能出现。下一阶段，要密切关注通胀预期进一步抬头、房地产市场波动导致的关联产业困境、资产价格泡沫、消费特别是农村消费持续增长的后劲不足、外贸出口增长前景不明朗；信贷大规模投放后可能导致银行业信用风险上升；融资融券和股指期货推出后资本市场波动性加剧等一系列风险问题。

一、长三角地区经济运行

（一）长三角经济运行概况

1. 经济保持平稳增长，企稳向好趋势强化

2009年，长三角地区生产总值达到71 794.55亿元，同比增长9.62%，增速比上年低1.48个百分点，但比全国高0.92个百分点。分季度看，全年增速分别比第一季度、上半年和前三个季度增加4.62个、4.02个和3.49个百分点。

农业生产形势较好。上海市粮食产量同比增长5.2%，水稻、蔬菜良种覆盖率均超过96%。江苏省粮食生产实现连续六年丰收，粮食总产量比上年增加54.6万吨，同比增长1.7%。高效农业迅猛发展，新增高效农业面积287万亩，占耕地面积比重30%以上。浙江省粮食总产量同比增长1.8%，肉类总产量同比增长0.2%，水产品总产量与2008年基本持平。

工业生产稳步向好。截至2009年底，长三角地区规模以上工业实现增加值同比增长10.1%。其中，上海市、江苏省、浙江省分别实现规模以上工业增加值5 152.02亿元、16 727.1亿元和8 232亿元，同比增长3%、14.6%和6.2%。

服务业增长加快、比重上升。上海市全年实现服务业增加值同比增长12.6%，占GDP的比重为59.37%，比上年提高5.71个百分点。江苏省全年实现服务业增加值同比增长13.6%，占

GDP 的比重为 39.8%，比上年提高 1.1 个百分点。浙江服务业增加值同比增长 12.5%，对 GDP 的增长贡献率为 57.6%，拉动 GDP 增长 5.1 个百分点。

2. 增长动力由外转内，扩大内需成效显著

出口一直是拉动长三角地区增长的重要力量。但在国际金融危机的影响下，2009 年长三角出口总额为 4 741.7 亿美元，同比减少 15.6%。面对对外贸易出现的下滑，投资与消费成为拉动经济企稳回升的重要动力。

投资增幅维持高位。长三角地区全年实现全社会固定投资为 34 766.55 亿元，同比增长 19.1%，增幅高于上年 3.1 个百分点。消费品市场平稳较快增长。全年实现社会消费品零售总额为 25 279.24 亿元，同比增长 16.8%。

3. 产业结构优化升级，结构转型获得新突破

2009 年，长三角地区大力发展第三产业，产业结构得到了进一步调整优化，三次产业结构由 2008 年的 5.1:52.6:42.6 变为 2009 年的 4.9:50.4:44.7，第三产业对总产值的贡献率不断提高。

新兴、重点行业加快发展。2009 年上海市电子信息产品制造业、汽车制造业、石油化工及精细化工制造业、精品钢材制造业、成套设备制造业、生物医药制造业六个重点发展工业行业完成工业总产值同比增长 7.3%，占全市规模以上工业总产值的比重达到 64.3%；全年高技术产业实现工业总产值同比增长 8.2%，占全市规模以上工业总产值的比重为 23.3%。江苏省新能源、新医药、新材料、环保产业产值同比增长 66%、30%、22% 和 21%；全年实现高新技术产业产值同比增长 19.5%，占规模以上工业总产值的比重达 30%。浙江省高新技术产业增加值同比增长 6.9%，增幅比规模以上工业高 0.7 个百分点。

4. 企业效益逐步回升，居民收入稳步增长

在历史罕见的挑战和风险面前，长三角地区经济保持了平稳较快发展，经济运行质量不断提高。企业效益逐步回升。2009 年，上海市、江苏省和浙江省全年规模以上工业企业利润总额分别为 1 405.74 亿元、3 865.4 亿元和 2 041 亿元，同比增长 43.8%、24.3% 和 34.4%。城乡居民收入稳步增长。上海市、江苏省、浙江省城镇居民人均可支配收入分别为 28 838 元、20 552 元和 24 611 元，同比分别增长 8%、10.5% 和 9.7%。上海市农村居民家庭人均年可支配收入 12 324元，同比增长 8.2%；江苏省全年农村居民人均纯收入达 8 004 元，同比增长 8.8%；浙江省农村居民人均纯收入达 10 007 元，同比增长 8.1%。

（二）经济运行中应关注的问题

1. 支持经济持续均衡增长的内生动力不强

目前，国家政策的支持对于经济发展起着重要作用，一些短期政策的效应可能逐步递减，中长期政策见效尚需时日。经济发展仍欠缺内生动力和活力。一是投资率较高，政府主导型投资尚未有效带动民间投资的增长。2009 年上海市、江苏省、浙江省投资率分别为 35.39%、55.05% 和 47.05%，同比分别上升 0.13 个、5.37 个和 3.76 个百分点。其中上海市、浙江省国有经济投资分别增长 14.1%、25.6%，而民间投资分别增长 11.57%、13.7%。二是消费率较低，短期内大幅度扩大消费难度较大。2009 年上海市、江苏省、浙江省消费率分别为 34.72%、33.72%、37.76%，低于世界平均消费率水平。受家电下乡、以旧换新、减征汽车购置税、住房消费政策等利好措施的

推动，2009年长三角地区消费品市场实现平稳较快增长，但有效需求不足的局面没有发生根本改变，全年社会消费品零售总额增速同比下降4.1个百分点。三是外贸回暖趋势明显，但仍在低位运行。2009年第二季度以来，全球经济出现企稳迹象，主要发达经济体的一些重要经济指标开始好转，但基础并不牢固，国际贸易摩擦明显增多，人民币升值压力加大，出口形势不容乐观。上海市、江苏省、浙江省2009年出口总额同比分别下降17.4%、16.3%和13.8%。

2. 通货膨胀预期增强

受经济回暖、需求上升等因素影响，长三角地区物价水平自2009年下半年以来逐步扭转持续下降势头，增幅逐月小幅上升。江苏CPI增幅呈现“V”形走势，1~7月逐月下滑，到7月降到最低点-2%，此后降幅逐月收窄，11月份首次由负转正。另据人民银行南京分行对江苏省1 058种企业商品交易价格（CGPI）的监测结果显示，11月份CGPI环比上涨0.91%，同比上涨1.58%，也为2009年以来首次转正。浙江省11月份CPI转降为升，同比上涨0.3%，12月份CPI同比上涨1.9%；工业品出厂价格和原材料购进价格年内首次出现同比上涨，12月份同比分别上涨2.0%和3.9%。

3. 房地产价格上涨较快

2009年，在需求集中释放等因素的刺激下，长三角地区房地产销售快速回升。从商品房销售面积情况看，销售面积快速增长。上海市、江苏省、浙江省全年分别实现销售面积2 928.04万平方米、9 922.7万平方米和5 525万平方米，同比增长48.9%、83.3%和84.7%，均创2007年以来历史最高。从商品房销售价格来看，随着商品房销售形势的好转，房价进入第二季度后呈普涨趋势。2009年江苏省主要市区商品房的平均成交均价为5 964元/平方米，同比涨幅由上半年的5.01%、前三个季度的8.51%提升到年末的14.36%。从浙江省2009年各月房屋销售价格环比涨幅看，1~3月下跌，4月份止跌，5~12月分别上涨0.9%、1.3%、1.4%、0.9%、1.4%、1.2%、1.9%、1.9%，已连续8个月呈上扬态势。2009年浙江省商品房平均销售单价为7 788元/平方米，比上年增加1 526元/平方米，上涨24.4%。从在全国的位次情况看，长三角地区房价普遍上涨较快。根据国家统计局公布的资料，2009年12月温州、金华、杭州、南京同比分别上涨14.5%（居第2位）、12%（居第3位）、11.5%（居第4位）、10.4%（居第6位），高于全国7.8%的平均涨幅；宁波、上海、扬州、无锡、徐州为7.5%（居第15位）、7.4%（居第16位）、4.9%（居第32位）、4.7%（居第35位）、4.1%（居第43位）。

二、长三角地区银行业稳健性评估

2009年长三角地区银行业积极应对国际金融危机冲击，支持经济回升向好，不断提升管理能力和服务水平，切实做好银行业风险防控工作，各项经营指标保持稳定，抗风险能力不断提高。

（一）银行业运行情况

1. 资产规模不断扩大，存贷款规模快速上升

截至2009年底，银行业金融机构资产总额174 670.69亿元，同比增长26.09%，负债总额169 764.76亿元，同比增长26.57%，所有者权益4 905.93亿元，同比增长11.3%。银行服务密

度不断扩大，2009 年为 1 178.22 亿元/百万人，同比增长 24.89%。

长三角地区各项存款余额为 139 794.13 亿元，同比增长 28.09%，增幅同比上升 7.69 个百分点。各项贷款余额为 105 754.35 亿元，同比增长 30.71%，增幅同比上升 14.41 个百分点。

2. 资本充足率较高，盈利能力良好

长三角地区地方法人银行业金融机构整体资本充足水平较高，均超过监管水平。截至 2009 年底，上海市、江苏省地方法人银行业金融机构整体平均资本充足率分别为 12.55%、10.86%，浙江省年末各类法人银行机构的资本充足率均在 8% 以上，其中浙商银行资本充足率为 11.18%，城市商业银行为 11.95%，农村合作金融机构达 12.3%，均高于监管指标要求。

2009 年长三角地区银行业金融机构实现净利润 2 064.5 亿元，资产利润率达 1.18%，均高于监管指标要求。

3. 资产质量总体良好，整体流动性管理水平不断提升

长三角地区银行业金融机构资产质量总体良好，且在全国处于领先位置。截至 2009 年底，不良贷款余额 1 529.57 亿元，同比减少 19.52 亿元，不良贷款率为 1.45%，同比下降 0.46 个百分点。其中上海市、江苏省、浙江省银行业金融机构不良贷款率分别为 1.2%、1.86% 和 1.29%，同比分别下降 0.29 个、0.83 个和 0.26 个百分点。同时，银行业金融机构继续加大改革力度，加快不良贷款核销力度，资产质量继续改善。

2009 年末上海市、江苏省、浙江省银行业金融机构流动性比例分别为 37.08%、50.82% 和 55.19%，均高于 25% 的监管标准。

4. 金融组织体系不断完善，上海国际金融中心建设和长三角金融协调发展不断推进

长三角地区银行业金融机构积极有序推进金融组织体系建设，机构不断增加。截至 2009 年底，地方中资法人银行机构达 222 家，比上年同期增加 6 家；外资银行经营机构 199 家，比上年同期增加 17 家。

上海国际金融中心建设不断推进。2009 年，上海市全年实现金融业增加值 1 817.85 亿元，同比增长 25.6%。截至 2009 年底，全市有各类金融单位 787 家。其中，银行业 132 家，证券业 93 家，保险业 307 家。金融机构加快集聚，全年新增各类金融单位 98 家。其中，银行业 9 家，保险业 16 家。在沪经营性外资金融单位数达到 170 家，其中，年内新增 11 家。

自 2007 年末沪、苏、浙三省市政府与人民银行签订《推进长江三角洲地区金融协调发展，支持区域经济一体化框架协议》以来，长三角金融合作取得明显成效，建立了推进长三角金融协调发展工作联席会议制度，在商业汇票、金融稳定、反洗钱、外汇检查等方面形成了一系列合作方案。华东三省一市银行汇票依托小额支付系统顺利上线，在长三角地区推广商业承兑汇票、银行承兑汇票转贴现文本和商业承兑汇票转贴现文本。开展支票授信业务试点，推动长三角地区金融 IC 卡的推广应用，加快银行卡受理环境建设。举办了两届长江三角洲地区金融论坛和一系列形式多样的融资洽谈会。

（二）银行业发展中应关注的问题

1. 行业风险积聚，信用风险不容忽视

一是地方政府投融资平台贷款潜在风险。2009 年银行机构对地方政府融资平台项目贷款投

放较多，且贷款期限较长，从目前情况来看，信贷资产质量整体良好，但是潜在风险不容忽视，其风险主要体现在：（1）部分地方政府融资平台过度负债，债务偿还存在较大不确定性。部分地方政府的财政收入与其融资规模不相匹配，存在过度负债倾向。地方政府的偿债能力在很大程度上依赖于当地财政收入的增长和土地收益的增加，而这两项收入都存在很大的不确定性，潜在的财政和金融风险不容忽视。（2）地方政府融资平台缺乏统一管理，难以掌握地方政府真实负债情况。大多数地方对融资平台没有一个统一的归口管理部门，有些地方政府不但对本级财政的真实负债情况未能完全掌握，而且上级财政对下级财政的总体债务情况也无法真实掌握，使得地方政府难以从全局角度出发，有效控制融资平台的负债规模及其相应的财政风险。（3）地方政府平台融资主要依赖银行贷款，银行信贷风险较为集中。在当前财政预算体系下，商业银行无法全面掌握地方政府融资总量、负债规模、可持续财税收入等情况，准确评估融资平台的还款能力比较困难，银行对贷款资金流向、实际用途的监管较为困难，对融资平台贷款的风险不易识别和控制。

二是房地产行业信贷风险积聚。截至2009年底，上海市、江苏省、浙江省本外币房地产贷款余额（含房地产开发贷款、购房贷款、证券化房地产贷款）分别为7 058.81亿元、7 633.51亿元和6 608.58亿元，同比增长28.1%、49.37%和40.44%，占本外币各项贷款的比重分别为30.7%、20.72%和16.85%，同比分别上升了0.4个、1.85个和0.96个百分点。第二季度以来，长三角地区各地市房价大幅上涨导致房地产行业贷款风险加大。第一，由于商品房价格大幅上涨，导致土地交易价格飙升，出现大量楼面地价超过周边商品房价格的情况。在不断加大房地产市场调控力度的背景下，如果出现商品房价格上涨幅度低于预期甚至下跌的情况，直接影响商品房项目的开发和房地产开发贷款的归还，并进一步影响政府储备土地的出让和土地储备贷款的归还。第二，投资和投机性购房占比不断提升，而投资和投机性购房者的贷款成数要远高于平均水平。如果未来经济发生预期外的波动，将很可能影响投资和投机性购房者的现金流，从而影响个人住房贷款的及时归还。因此，应高度警惕房地产业贷款风险。

2. 贷款投向不尽合理，存在结构性风险

2009年以来，信贷投放明显过快，贷款投向进一步向优势行业和优势客户倾斜，集中度进一步上升，蕴涵着较大的金融风险。

一是从贷款投向看，个人部门和其他四个行业的贷款集中度大幅上升。据统计，截至2009年底，上海市、江苏省、浙江省银行业金融机构（不含外资）投向个人部门、制造业、水利、环境和公共设施管理业、租赁和商务服务业以及批发和零售业的新增贷款合计数占全部新增贷款的比重分别为64.57%、84.52%、83.56%，同比分别上升1.39个、16.16个、9.77个百分点。

二是从客户投向看，贷款进一步向大客户集中。据江苏银监局统计，截至2009年底，大客户（不含农村法人金融机构和外资银行，贷款余额在5 000万元以上客户）贷款余额为19 729.45亿元，比年初增长54.09%，占全省人民币各项贷款总额的55.90%，比年初提高了6.96个百分点。另据浙江银监局统计，截至2009年底，浙江省银行业金融机构大客户贷款余额为17 368.07亿元，比1月末增加4 432.94亿元，大客户贷款集中度达45.16%，比1月末上升2.58个百分点。上海市大客户贷款占新增贷款的比重约为57%。此外，集团客户、互保关联企业的集中授信风险也进一步积聚。

3. 期限错配问题凸显，存在流动性风险

随着股票市场和房地产业的活跃，居民的资产选择行为和投资偏好发生了较为明显的改变，资金来源呈短期化，且各类存款的波动性明显增大。截至12月末，上海市人民币企业活期和储蓄活期存款增加额占全部人民币存款增量的41.1%，比2008年提高32.9个百分点。而在全年新增贷款中，中长期贷款占比约为77%，且中长期贷款主要投向政府背景的投资项目，超过50%的中长期贷款投向了包括交通运输、电力、水利、环境等在内的基础设施行业。江苏省人民币定期存款余额占人民币各项存款余额的比例为43.92%，同比下降4.91个百分点，人民币活期存款余额占人民币各项存款余额的比例为35.17%，同比上升2.56个百分点。而贷款中长期化趋势明显。12月末，人民币中长期贷款余额占江苏省人民币各项贷款总额的比重为51.55%，同比大幅上升了7.46个百分点。浙江省银行业金融机构活期存款余额占比由年初的33.46%上升到年末的35.6%，而储蓄存款的波动性明显增大，在年初季末增加较多，4月、7月、8月、10月、11月则出现负增长。另外，中长期贷款占比持续升高。江苏省银行业金融机构中长期贷款余额占比39.07%，比年初上升2.85个百分点，新增占比46.83%，比年初上升9.68个百分点。存贷款期限错配无疑将加大银行体系的流动性风险。由于普遍存在通胀预期，预计2010年存款活期化还将继续，存贷期限错配的现象有可能进一步加剧。

4. 银行效益面临减速压力，利润增长受到制约

由于利差收入仍然是国内商业银行最主要的收入来源，因此利差的变动情况是影响商业银行盈利能力的关键因素之一。截至12月末，金融机构一年期存贷款基准利差为3.06%，比2008年下半年降息前下降了27个基点。同时金融危机提高了客户尤其是优势企业的贷款议价能力，促使利差进一步收窄，利润增长受到制约。据统计，上海市、江苏省、浙江省银行业金融机构在本外币各项贷款分别增长22.92%、36.06%和32.43%的情况下，净利润总额同比分别仅增长10.13%、8.85%和0.65%。

5. 信用卡不良率上升较快，风险有所暴露

近年来，各银行机构将信用卡业务作为营销的重点，急剧膨胀的发卡规模带来了潜在的风险并已有所暴露，主要表现为：一是部分银行迫于业绩考核压力，片面追求发卡数量而忽视了对办卡人资信、还款能力的真实性审核，容易引发持卡人无法偿还欠款以及信用卡欺诈等风险。二是部分中小企业主以及其他资金紧张的持卡人可能会通过大量透支信用卡额度、套现，获取现金流，大大增加了银行信用卡风险。

三、长三角地区证券业稳健性评估

随着中央应对国际金融危机、促进经济平稳较快发展各项政策措施的有效落实，资本市场改革发展的积极效应逐步累积和显现：基础性制度建设继续加强，市场改革创新逐步深化，市场融资功能得到较好恢复，市场总体保持平稳运行。

（一）证券业运行情况

1. 证券期货机构实力不断增强，抗风险能力大幅提高

长三角地区证券期货业发展总体稳定。截至2009年底，共有法人证券公司22家，同比减少2家；基金管理公司31家，同比增加1家；法人期货经纪公司50家，同比增加1家。

截至2009年底，长三角地区法人证券公司资产总额、净资产总额、营业收入分别达6 212.12亿元、1 571.15亿元、601.74亿元，同比分别增长65.16%、29.74%和52.92%。上海市、江苏省、浙江省法人证券公司利润同比分别增长68.16%、174.67%、45.11%，净资本充足率分别为80.95%、76.04%和80.85%，净资本占负债的比重分别为31.21%、18.86%和16.84%，上述两项指标值均高于监管标准。法人期货公司业务规模稳步扩大，盈利能力不断增强。截至2009年底，上海市期货公司总资产、净资产、净利润同比分别增长119%、40.4%、493%。江苏省期货公司总资产、净资产、利润同比分别增长120%、29.47%、139.49%。浙江省期货公司实现利润总额同比增长106.69%，平均每家4 276万元，只有一家公司主业亏损，盈利面达92.31%。

2. 上市公司运作规范，整体经营状况良好

从2009年第三季度季报来看，受全球金融危机带来的国内外种种不利因素影响，长三角地区上市公司的业绩同比有所下滑。但是在国家宏观调控政策作用下，没有出现因金融危机导致企业资金链断裂经营难以为继的情况。上市公司经营状况总体呈现以下四个特点：一是上市公司整体经营业绩持续向好，业绩回升的趋势日益明显，呈现出环比递增向上的趋势。如第三季度浙江省上市公司营业收入和净利润环比分别增长20.63%和11.73%。二是上市公司经营业绩分化现象越趋明显。如江苏省一些盈利能力强、具有成长性的公司，行业优势地位越发明显，两极分化明显。以信息技术产业和房地产业为代表产业业绩回升明显；受国家积极的财政政策和加大基础设施投入影响，一些制造业上市公司也率先回暖，业绩大幅度上升。相反，涉及石油、化工、金属冶炼、纺织类上市公司受宏观经济形势的影响较大，业绩亏损的现象依然存在。三是技术、行业地位上具有领先优势的公司依旧保持强势地位，体现了较好的抗风险能力。上市公司绩优群体继续扩大。四是上市公司通过并购重组实现了行业整合和产业升级。2009年，浙江省有5家公司完成了重大资产重组。

3. 证券市场融资功能大幅增强，证券化程度不断提高

一是投资者、上市公司投融资活跃。截至2009年底，长三角地区共有境内上市公司434家，占我国全部境内上市公司总数的25.26%，同比提高了0.21个百分点，新增境内上市公司29家，占全国新增境内上市公司总数的29.29%。其中上海市新增上市公司7家，辖区上市公司资本市场直接融资980.8亿元（含H股），是2008年全年的3.2倍，仅次于2007年的1 166亿元，居历史第二位，占全国比重为17%。江苏省新增境内上市公司11家，首发融资及再融资额达265.9亿元。浙江省新增境内上市公司11家，首发融资总额69.54亿元，17家上市公司进行了增发融资，募集资金217.68亿元，1家公司发行了12.5亿元的可转债，1家公司发行了5亿元的公司债。上海市、江苏省和浙江省境内证券市场交易额同比分别提高了18%、95.54%和53.14%。二是证券化程度大幅提高。截至2009年底，长三角地区境内上市公司总市值占该地区生产总值的比重为67.48%，同比大幅上升34.68个百分点。其中上海市、江苏省、浙江省境内上市公司总市值占GDP的比重分别为195.60%、26.05%、34.31%，同比分别上升86.5个、14.77个和19.73个百分点。

（二）证券业发展中应关注的问题

1. 股市上涨的基础不牢固，市场风险上升

截至2009年底，中国上证综指和深证成指分别比2008年11月的谷底上升96.84%和112.05%，然而，在流动性宽松的环境下，股票市场上涨的基础并不牢固。首先，我国经济回升的基础还不牢固，一些深层次矛盾特别是结构性矛盾仍然突出。其次，上市公司业绩增速仍处于下降区间。第三季度季报公告显示，第三季度全部上市公司归属于母公司净利润环比增长3%，较第二季度37%的环比增速大幅回落；前三个季度全部上市公司归属于母公司净利润比上年同期减少6 701.8万元，同比下降0.85%。最后，市场估值水平偏高。据中国证监会统计，至12月末，上证综指、深圳成指平均静态市盈率分别为28.73倍和46.01倍。无论是国内纵向比较还是国际横向比较，A股估值已经偏高。

2. 大盘急速扩容，“大小非”和限售股减持压力较大

统计数据显示，2009年下半年，IPO数量共计111家，远高于2008年全年IPO总数78家。而2001—2006年每年的IPO数量均低于100家。仅2009年下半年的IPO融资规模就已居于世界前列，若再加上中国香港市场，已超过美国市场的两倍。截至12月，已发行新股的首发市盈率算术平均值达到65.58倍，创出2009年6月IPO重启以来的新高。

同时，目前“大小非”和限售股问题一直悬而未决，减持压力较大。据统计，2009年全年涉及限售股解禁的上市公司合计解禁股数为7 066.45亿股，解禁市值则为5.2万亿元左右，占A股总市值的25%。如果再加上已解禁而未流通的存量限售股，则限售股减持压力更大。如果股市继续加速扩容、高溢价发行，就会制造更多的限售股，进一步加大减持压力。

3. 创业板公司股价涨幅过大，市场风险较大

创业板为中小型高科技企业提供了新的融资渠道，为VC、PE提供了灵活的退出机制，是完善我国资本市场层次与结构、拓展资本市场深度与广度的重要举措。但从我国创业板开板以来的数据表现来看，市场显示出一定程度的非理性，其风险已经明显凸显。一是高发行价、高市盈率。从创业板首批公司股票挂牌上市，至当天收盘，该首批28家上市公司股价平均涨幅高达106.23%，平均动态市盈率高达75倍，是A股平均市盈率的3倍，也远高于美国纳斯达克市场36倍左右的平均市盈率。第二批创业板8家企业平均市盈率达83.6倍，远远超过首批28家企业的发行水平。而从创业板上市公司的业绩看，其成长性与市值并不相匹配，炒作迹象明显。二是高超募比例。首批28家上市公司拟募集资金70.77亿元，实际募集资金154.78亿元，超额募集资金83.01亿元，平均超额募集比例高达117.14%，第二批8家上市公司平均超募208%，创业板超募资金比例也远远高于主板和中小板市场。超募现象非常有可能导致资金使用低效率的发生。事实上，我国上市公司资金使用情况的调查表明，发生严重亏损或者利润大幅下滑的上市公司，70%以上是募集资金投资不当造成的。资金使用低效率的结果是资金配置的低效率、社会资源浪费，最终影响我国产业结构升级和经济的持续发展。最后，创业板高市盈率、高股价、高比例超募现象的另一个后遗症是公司高管的创业激情势必受到影响，失去把企业做大、做强、追求企业成长带来收益的动力。市场担忧，一些创业板的高管可能在公司上市后为将股票套现而辞职，而使很多创业板公司失去合适的经理人和创业伙伴，从而可能导致企业家人才从创业板市场流失。

四、长三角地区保险业稳健性评估

长三角地区保险业紧紧围绕转方式、调结构、防风险、促发展，认真应对国际金融危机，市场体系逐步完善，各项业务稳步发展，风险防范能力全面提升，保险深度和密度不断扩大，行业整体保持平稳健康发展的态势。

（一）保险业运行情况

1. 经营主体不断增加，市场体系逐步完善

截至2009年底，长三角地区省级分公司以上保险机构达227家，比上年同期增加13家。其中上海共有100家保险公司，比上年同期增加4家，总部设在上海的保险公司共有36家。其中，财产保险公司43家，人寿保险公司41家，养老险保险公司5家，健康保险公司5家，再保险公司5家，保险集团公司1家。此外，还有保险资产管理公司5家。江苏省保险业法人主体建设实现零的突破，紫金产险和韩国乐爱金保险公司法人机构在江苏南京成立，2009年末共有保险主体69家，其中，财产险公司27家、人身险公司42家。浙江省由地方国有资本发起的浙商财产保险公司获准开业，填补了财产保险总公司的空缺，美国利宝保险进驻筹建，实现了外商独资保险公司零的突破，年末共有保险经营主体56家，比上年同期增加2家。

2. 保费收入稳步提高，赔付支出增速明显减缓

2009年长三角地区保险业共实现保费收入2 218.26亿元，同比增长13.65%。其中，财产险增长较快，增长贡献度提高，累计实现保费627.6亿元，同比增长21.54%，比上年同期提高7.14个百分点；人身险仍保持了较快的增速，未出现大起大落的现象，发展的稳定性进一步增强，人身险业务累计实现保费收入1 608.66亿元，同比增长12.06%。而保险业赔款和给付支出670.37亿元，同比仅增长0.92%。

3. 资产规模稳步增长，保险深度和密度不断提高

截至2009年底，长三角地区省级分公司以上保险机构资产总额达4 968.78亿元，同比增长15.99%。保险深度为3.09%，比上年同期提高了0.11个百分点。保险密度为1 496.30元/人，同比增长12.58%，明显高于全国834.39元/人的水平。

4. 公司内部管理提高，效益好于预期

2009年，各产险公司积极开展集约化经营革新，加大对内控薄弱环节的规范力度，着力规范理赔各个环节，提高理赔服务质量，减少与消费者的合同纠纷。各寿险公司严格执行银保自律，细化各项工作措施。全年长三角地区保险公司效益得到改善。据统计，上海市、江苏省、浙江省产险公司赔付率为51.14%、55.79%、64.4%，同比分别下降24.96个、18.68个、9.7个百分点；上海市、江苏省、浙江省寿险公司退保率分别为18.86%、3.93%、5.09%，同比分别下降0.45个、0.7个、0.55个百分点。

（二）保险业发展中应关注的问题

1. 投资型产品发展较快，退保率过高

截至2009年底，长三角地区分红险和万能险两种保险产品保费收入余额为1 193.17亿元，同比大幅增长29.34%；占人身险保费收入的比重为74.17%，比上年同期大幅提高了9.91个百分点。另据调查，2009年上半年，上海法人人身险公司共实现分红寿险保费收入379.89亿元，同比增长246%，占全部人身险保费收入的70.08%。虽然分红险相对于万能险和投连险来说，投资风格较为稳健，且兼具保障功能，但是由于影响分红险红利的投资收益和经营费用不确定，若保险公司分红险与最初承诺的回报率相差较大，会影响投保人对保险公司的信心；若保险公司积极分红，又可能会影响保险公司的稳健经营。

同时，投资型保险产品的过快发展也带来了退保率过高的问题。2008年上海市投连险退保率超过了10%，由于2009年资本市场的继续波动，一些保险公司遭遇了投连险之前年度的保费退保问题，致使2009年投连险的退保率大幅提高，退保金额超过2008年。2009年分红险和万能险的退保率也有所上升，值得重点关注。

2. 个别保险公司偿付能力不足，风险不容忽视

自2008年以来，保监会加强了对保险公司偿付能力充足率的监管，并陆续对偿付能力不足的保险公司发出警告，并对偿付能力不足的保险企业在设分支机构、高管薪酬、股东分红以及资金运用等方面都有明令限制。因此，各家保险公司也说服其股东进行增资扩股以提高偿付能力。上海法人保险公司的偿付能力充足率虽然一直保持较高的水平，但是截至2009年底仍有1家公司偿付能力充足率不足。保险公司投资型保险业务规模的增长、公司盈利能力的下降以及投资风险的加剧等因素都会增加对资本的消耗，可能会导致偿付能力不足，应予以密切关注。

3. 部分中小保险公司发展困难，业务发展缓慢

中小保险公司虽然在数量上占有绝对优势，但是却面临市场份额较小、缺乏自身特点、产品同质化等不利的市场竞争局面，导致其盈利水平不高，抗风险能力较低。据调查，截至2009年底，上海市36家法人保险公司中，总资产规模超过100亿元、2009年保费收入超过50亿元的公司仅有6家，2000年之前成立的公司不足10家。部分中小寿险公司通过聘才政策扩张人力，抢占市场份额，但由于管理不善，导致部分营销团队利用新公司急于增员展业的政策，整体频频加盟新东家，通过虚假人力、虚假保费骗取聘才费用，严重扰乱了市场秩序。个别公司经营艰难，例如渤海产险总公司大幅削减管理费用和人员，导致江苏分公司日常经营停滞，理赔服务质量严重下降。

4. 经营方式粗放，市场竞争不规范

适度竞争有利于保险业的发展和服务水平的提高。但是，竞争过度会给保险市场的发展带来一系列不稳定因素：一是人员频繁流动。高级管理人才和手中掌握着一定客户资源的业务经理，成为各保险公司争夺的重点，人员的频繁跳槽，不利于保险队伍的相对稳定和续保业务的开展。二是以支付高额手续费为诱饵，变相搞商业贿赂。同业竞争不规范，严重扰乱了正常的市场秩序，给保险业自身发展和保险市场的稳健运行带来了极大的危害。三是部分保险代理人短期行为相当严重，为了达到自己的目的，利用客户对自己的信任，过分夸大产品的保障功能，对限制性条款和免除责任没有如实告知客户，误导投保人作出非理性选择，为以后客户与保险公司在理赔问题上发生纠纷埋下隐患。

五、长三角地区金融基础设施稳健性评估

（一）长三角支付体系稳健性评估

2009年，长三角地区不断扩大支付体系覆盖范围，大力提高银行卡风险及犯罪案件防控能力，进一步加强支付体系监督管理，进一步提升支付清算系统应急能力，整个支付体系运行安全、高效。

一是支付体系覆盖范围不断扩大。截至2009年底，上海市支付结算综合业务系统60家直接参与者（新增直接参与者39家）共办理业务1 656.54万笔，清算资金4.737万亿元。浙江省全省县域人均持卡1.4张，ATM在中心集镇的覆盖率达100%，在乡镇的覆盖率达73.9%。江苏省全省75%以上的农村地区金融机构加入了大、小额支付系统和同城清算系统，行内支付系统接入率达92.88%。

二是银行卡风险及犯罪案件防控能力进一步提高。2009年上海市重点区域、重点旅游线路的用卡环境得到了进一步改善，银行卡在公用事业、商业流通领域的应用已基本普及。浙江省构筑了覆盖全省的银行卡案件联合防控网络体系，同时，组织开展了信用卡恶意透支专项整治行动，协调公安机关加大了对银行卡犯罪的打击力度，全年公安机关共立案609起，涉案金额3 099万元；破案426起，挽回损失912万元。江苏省建立了联合打击银行卡犯罪的长效机制，2009年江苏省共立案查处银行卡犯罪案件803起，涉案金额4 435万元，破案685起，挽回损失1 866万元，抓获犯罪嫌疑人433名。

三是支付体系监督管理进一步加强。人民银行上海总部于5月31日圆满完成了对账系统在上海市的推广工作。截至2009年底，在人民银行上海总部开立的189个账户，已有155个账户顺利接入对账系统，接入账户的对账率达到100%。浙江省下发了《浙江省银行机构支付结算业务综合评价暂行办法》，对银行机构在支付系统管理、银行卡管理、结算账户管理等7个方面的内容按年进行综合评价并通报。同时，浙江省加强了对支票影像业务的监督管理，有效降低支票影像业务退票率。截至2009年底，全省支票影像业务退票率已降至7.6%。2009年，江苏省进一步强化对金融机构的监督管理职能，通过准入管理、业务考试、系统运行情况季度通报等方式规范金融机构支付结算行为。同时，强化对全国支票影像交换业务管理，使江苏省支票影像业务的退票率长时间保持低位，12月份江苏省提出退票率为6.06%，居全国前列。

四是支付清算系统应急能力进一步提升。2009年上海市通过开展支付清算系统风险评估，设计制作应急演练方案、脚本及操作手册，积极推进银行卡联网通用以及积极敦促商业银行、中国银联加强行内支付系统和银行卡系统安全稳定等方面的工作，显著提高了清算系统应急能力。浙江省通过本外币支付清算系统应急备份系统切换运行工作、部分地区开展了票据交换系统故障情况下通过支付系统办理同城交换业务的应急演练等，有效地检验了应急处置机制，提升了应急处置能力。江苏省重新修订完善了《中央银行会计集中核算系统危机处置预案》、《江苏省人民币银行结算账户管理系统应急预案》、《江苏省支付清算系统危机处置预案》简化版本。9月5日，在全省统一开展中央银行会计集中核算系统（ABS）应急演练工作。通过演练，证实

了应急方案的可操作性，提高了应对突发事件的协调配合和处置能力。

（二）长三角征信体系稳定性评估

2009 年，长三角地区积极探索、开拓创新中小企业和农村信用体系建设，不断提高地方性金融机构数据质量，提高征信系统服务水平和规范信用服务市场，整个征信体系覆盖面进一步拓宽，运行稳健，防范风险水平不断提高，信用环境继续改善。

一是中小企业和农村信用体系建设有了实质性推进。截至 2009 年底，上海市建立信用档案的中小企业数量及获得融资的中小企业数量稳步增加，已纳入中小企业信用档案系统的户数为 29 037 家，其中获得银行贷款的中小企业为 10 754 家。浙江省组织协调省内涉农金融机构加快推进农户信用档案电子化建设。截至 2009 年底，全省累计为 427.6 万农户建立信用档案，有 164 万农户获得了银行贷款，同比实现 26.1% 和 12.6% 的增长。

二是征信系统服务水平全面提升。截至 2009 年底，上海市累计受理各类查询 68 768 次。受理个人异议申请 96 次，受理异议回复率 100%。浙江省已开通金融机构查询用户 4.7 万个，系统日均查询量 8.5 万多次，同比分别增长 25.3% 和 42.7%。江苏省以“推进月”为抓手，进一步推动应收账款质押融资登记公示系统的使用。截至 11 月末，江苏省共审核通过 252 个常用户，同比增长 110%，常用户累计登记 11 565 笔，累计查询 11 198 笔。

三是信用服务市场发展日益规范。人民银行上海总部于 2009 年 11 月份在全国率先建立了上海市企业信用评级信息查询系统，已经与 14 家金融机构签订保密协议，受理了 31 个用户申请并为其开通了用户查询权限，从而促进商业银行加强内外部信用评级结合，确保信贷资产安全，有效防范信贷风险。浙江省征信市场已初步形成涵盖信用登记、信用评级、信用调查和信用咨询，机构齐全、服务配套、竞争有序的良好局面，其中在人民银行备案登记的信用评级机构已达 12 家。截至 2009 年底，浙江省借款企业评级、担保机构评级和银行间债券市场信用评级业务分别达到 17 079 家、159 家和 96 家。江苏省制定下发了《关于加强个人征信系统使用管理的指导意见》和《关于建立江苏省企业和个人征信系统使用管理及异议处理投诉机制的通知》，细化了征信系统查询使用、异议处理、安全管理、数据报送等环节的操作规程和管理要求，建立了省内征信投诉处理机制。

（三）长三角反洗钱体系稳健性评估

2009 年，长三角地区认真做好反洗钱现场检查和非现场监管工作，有效开展反洗钱调查和案件协查，有效防范和打击了洗钱犯罪活动，整个反洗钱体系运行稳健，机制不断健全，反洗钱监测水平不断提高。

一是认真组织实施反洗钱现场检查与行政处罚工作，推动反洗钱工作在金融领域全面展开。2009 年上海市全年反洗钱现场检查 4 家金融机构，共派出检查人员 23 人次，现场作业累计工作量 406 个工作日。浙江省共检查金融机构 92 家，对违反反洗钱法律规定的 22 家金融机构共处以罚款 267 万元。同时，充分运用和创新非现场监管手段，深化非现场监管工作，对辖内 55 家金融机构进行了重点非现场监管评估，对部分未能有效履行反洗钱义务的银行、证券期货、保险机构进行非现场监管书面质询和约见高管人员谈话，有效发挥了非现场监管作用。江苏省全年共完成了对

60家机构的现场检查工作，其中银行23家，证券公司5家，期货公司4家，保险公司28家。

二是积极开展反恐融资工作，努力提高反恐工作水平。2009年，人民银行上海总部反洗钱部门协助反恐部门开展涉恐融资行政调查6起，下发调查通知书53份，快速高效完成调查并及时反馈给反恐部门。浙江省主动加强与反恐部门联系合作，及时了解浙江省反恐工作动态，同时就金融机构提交的涉恐信息等及时通报反恐部门，加大对银行机构严格履行反恐融资义务的督促力度。提高了全省银行机构反恐融资意识，促进银行机构有效履行反恐融资义务。

三是加强资金监测，不断扩大反洗钱工作成果。2009年人民银行上海总部反洗钱部门全年接收有关合作部门的洗钱线索29个，协助有关合作部门调查案件42起，涉案总金额约24.79亿元。浙江全年共开展反洗钱调查66次，向公安、检察等执法机关移送25个重点可疑交易线索，涉及金额37.8亿元，其中立案6起，破获10起，涉案金额20.3亿元。江苏省全年共完成反洗钱调查35起，协助破获各类案件6起，涉案金额达265亿元。

六、总体评估和政策建议

（一）总体评估

在国际经济金融环境复杂多变的情况下，2009年长三角地区经济回升向好态势不断巩固，整个金融体系经受住了国际金融危机的冲击，金融市场组织体系不断完善，金融业各项业务平稳运行，规模继续壮大，资产质量不断提升，抗风险能力不断增强，金融市场和金融基础设施运行良好，金融业稳定运行的基础得到进一步夯实，金融体系的稳定性明显增强。同时也要清醒看到，国际金融危机的阴影仍然存在，世界经济复苏将经历缓慢复杂曲折的过程，贸易保护主义重新抬头，贸易摩擦明显增多，人民币升值压力加大，出口形势不容乐观，经济转型升级任务还很艰巨，这些情况会对区域金融稳定产生一定影响。

运用区域金融稳定定量评估模型，对长三角2006年至2009年的区域金融稳定状况进行了定量评估。

从量化结果来看，长三角2009年金融稳定状况综合得分为85.3分，仍属于稳定区间，但较上年继续小幅下降1.8分，比2007年减少7.2分。这一数据表明，长三角地区在国际金融危机和经济周期的影响下，部分经济金融指标下滑，金融机构经历了严峻的考验，这一情况在2009年得以完全体现。从过去四年评估结果来看（图1），长三角地区总体金融稳定状况在经过2007年小幅提升以后2008年大幅回落，2009年继续下降但回落势头得以缓解，四年大致呈现倒“U”形趋势，跟经济周期走势相一致。

分项来看，除证券业较上年得分有大幅提升、银行业基本维持上年得分以外，宏观经济、保险业和金融生态环境对区域金融稳定的贡献率都呈现了不同程度的负向关系。其中，宏观经济受金融危机和经济周期影响最为明显，得分在2008年大幅回落之后2009年继续小幅下降，两者均处于较稳定区间，有较大的提升空间；银行业在2007年开始回升以后，2008年和2009年一直保持良好的稳定状况；证券业得分在2008年大幅减少以后，2009年受资本市场回暖影响，得分也有显著回升；保险业得分在经过2007年下降以后2008年有所好转，2009年出现回落，属于稳定区间；金融生态环境得分在经过2007年大幅提高以后连续两年出现小幅下降，但金融生态环境总体改善的趋势没有改变。

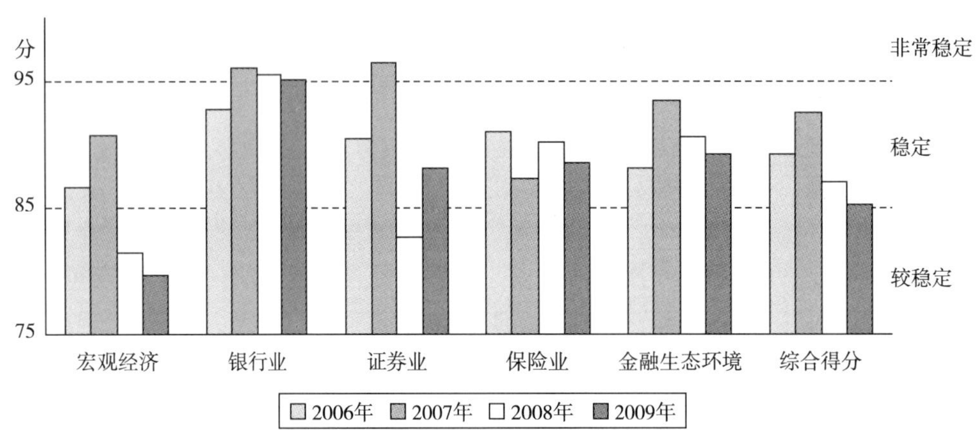

图1 2006—2009年长三角地区金融稳定情况

在选取的评价指标中（表1），全社会固定资产投资率、城镇登记失业率、房地产销售价格指数、寿险公司退保率、应收保费率、法治环境调查综合得分6项指标得到改善，但国内生产总值增长率、实际利用外资增长率、进出口总额增长率、城镇居民可支配收入增长率、农村人均纯收入增长率、居民消费价格指数、证券业资产利润率、保险业保费收入增长率、征信数据库覆盖率9项指标有所恶化，第三产业增加值增长率、社会消费品零售总额增长率、银行业核心资本充足率、不良贷款率、资产利润率、流动比率、证券业净资本充足率、净资本负债率、地方财政收入占GDP比重、银行服务密度10项指标基本持平。从三类指标的分布情况来看，改善类指标主要为保险业和部分宏观经济指标，恶化类指标主要为宏观经济指标，持平类指标主要是银行业和金融生态环境指标。

表1 2009年长三角地区评价指标及其变动情况

指标分类	变动方向	评价指标	变动情况		
			上升	稳定	下降
宏观经济	↓	国内生产总值增长率			✓
		第三产业增加值增长率		✓	
		全社会固定资产投资增长率	✓		
		社会消费品零售总额增长率		✓	
		实际利用外资增长率			✓
		进出口总额增长率			✓
		城镇居民可支配收入增长率			✓
		农村人均纯收入增长率			✓
		居民消费价格指数			✓
		城镇登记失业率	✓		
		典型城市房地产销售价格指数	✓		

续表

指标分类		变动方向	评价指标	变动情况		
				上升	稳定	下降
金融机构	银行业	→	核心资本充足率		✓	
			不良贷款率		✓	
			资产利润率		✓	
			流动比率		✓	
	证券业	↓	净资本充足率		✓	
			净资本负债率		✓	
			资产利润率	✓		
	保险业	↑	寿险公司退保率		✓	
			应收保费率	✓		
			保费收入增长率			✓
金融生态环境		↓	法治环境调查综合得分		✓	
			地方财政收入占 GDP 比重		✓	
			银行服务密度		✓	
			征信数据库覆盖率			✓

注：表中“↑”代表显著改善，“↓”代表显著恶化，“→”表示稳定。

具体来看，宏观经济得分的下降主要归因于全年长三角地区经济增长放缓、外资利用程度和进出口情况下降、居民收入增速放缓，物价水平回落幅度较大等。可以说，本轮国际金融危机对长三角地区在经济增长、进出口贸易、居民收入水平、价格水平等方面的影响在2009年充分体现出来。在金融机构方面，银行业的资产质量趋好，经营效益继续保持较稳定状态；而证券业受资本市场回暖的影响，盈利水平有所上升较大，稳健运营的基础有所增强；保险业虽然应收保费率较上年有所下降、偿付能力有所提高，但保费收入增速较上年大幅下降，总体得分较上年有所回落；在金融生态环境方面，金融基础设施逐渐完善，但征信数据库覆盖率有所下降。

2009年，长三角地区总体得分较全国平均水平略高0.2分，但同时比东部地区平均水平低1.3分。从具体各项指标来看（图2），除银行业和金融生态环境得分与东部地区平均水平较接近之外，长三角地区在宏观经济、证券业和保险业三项上较东部地区平均水平均出现了一定的劣势，有待进一步改进。

（二）政策建议

下一阶段，应继续贯彻落实科学发展观，加快推动经济发展方式转变和经济结构调整，积极推进金融业改革创新，提高风险防范水平，加强金融基础设施建设，优化金融生态环境，不断推动长三角地区经济社会又好又快发展，切实维护辖区金融稳定。

1. 准确把握宏观形势，切实保障经济平稳健康发展

一是加快产业结构调整，加快经济转型升级。加快产业结构调整步伐，借助原有的产业集群，通过产业组织优化，引导企业创新，促进产品结构优化。尽快摆脱企业劳动力密集、技术

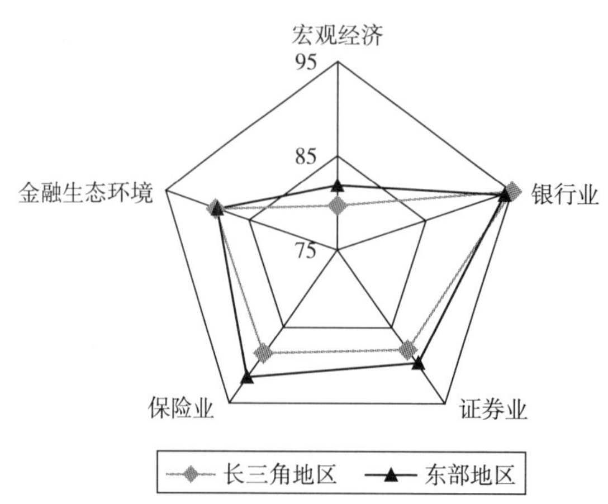

图2　2009 年长三角地区和东部地区平均水平的比较

含量不高、产品附加值低、过度依靠出口的局面，向产品附加值高、产业发展空间大的现代制造业转变，注重服务业发展和技术创新，支持中小企业发展，鼓励企业进行技术改造、自主创新、节能减排和兼并重组，坚决抑制部分行业产能过剩和重复建设。在产业结构调整中，要将一部分企业做大做强，实现市场的优胜劣汰。

二是鼓励民间投资和社会消费，增强经济增长内生动力。稳定各类在建项目的政府投资，加强对民间投资的鼓励和引导，着力激活民间投资，最大限度地开放民间投资渠道，积极调动民间资金投向政府重点发展的项目和符合国家产业政策的领域。努力拓展内需特别是农村消费需求。一方面增加财政补助规模，完善就业机制，多渠道促进城乡居民收入增长，提高居民购买能力；另一方面要扩大财政对医疗、教育、社会保障等公共服务领域的投入，建立健全保障和改善民生的长效机制，增强消费信心。

三是加快转变外贸发展方式，积极促进出口增长。长三角地区政府部门要把扩大内需与稳定外需结合起来，毫不动摇地大力发展开放型经济，实现扩大内需为主和积极利用外需共同拉动经济增长。加快转变外贸发展方式，大力优化出口产品结构，政府和企业应合力从过去单纯依靠低廉价格竞争来拉动出口增长转变为更多地依靠科技进步、研发设计、品牌质量和综合服务占领市场。鼓励有自主知识产权和自有品牌的产品扩大出口，进一步提高长三角企业和产品的出口竞争力。深度开发重点市场，积极拓展新兴市场。加大对企业出口的财政政策支持，尽量减轻企业的负担，鼓励和帮助企业在困难时期树立信心，切实促进出口增长。

2. 积极推动金融业改革创新，努力防范金融风险

一是加快银行业改革步伐，对于应对当前国际金融危机和实现长远发展意义重大。银行业金融机构应改变经营发展模式采取差异化的发展战略，加强交流合作；积极开展金融创新，提升盈利能力，改善收入结构；完善内控建设，切实提高案件防范能力。有发展潜力的城市商业银行应加快跨区域发展和相互合作，农村合作金融机构改革要进一步巩固和深化改革成果。在加强监管、防范风险的前提下，加快推进发展小额贷款公司、村镇银行、农村资金互助社等多种形式的新型农村金融组织，鼓励和支持金融机构创新农村金融产品、改进金融服务。

二是证券期货机构要提升综合竞争力。长三角证券公司应立足于本地区经济，根据实际情

况及客户和市场发展的需要，确定市场定位和发展战略，走专业化、特色化的发展道路，做精做细经纪业务、保荐承销、财务顾问业务，做强资产管理业务，争取融资融券等创新业务试点资格，在市场上逐步形成自己的核心竞争力。期货公司要明确发展定位，创新管理思路，加大研发投入尤其是金融期货业务领域的研发投入，提升服务水平，为股指期货的推出作好准备。

三是保险公司要做好“三个服务”，努力提高保险行业整体形象。首先，要服务经济发展。各保险公司要创新观念，发挥优势，在风险可控的前提下，不断创新产品和服务，拓宽领域、增强功能、优化结构、改善服务，切实提高服务经济社会发展的能力和水平。其次，要服务民生改善。各保险公司要提高政治意识、责任意识和全局意识，紧紧围绕关系民生的热点难点问题，找准自身服务的定位和切入点，在养老、医疗等方面积极主动地发挥作用。最后，要服务社会稳定。各保险公司要紧紧围绕地方发展实际，积极参与社会管理，推进公共服务创新，在协调各种利益关系、化解社会矛盾和纠纷、维护社会稳定方面作好服务，发挥更大的作用。

3. 有序推进金融服务现代化，进一步提升金融服务水平

一是加快完善长三角支付结算协调机制，形成支付结算工作合力。全面深入落实《长三角地区推广使用商业承兑汇票、促进商业信用票据化工作实施方案》，总结推广各地试点经验，扩大商业承兑汇票的使用范围，促进长三角地区商业信用票据化；总结交流各地在开展宣传工作的经验，整合各省市的宣传力量，在长三角地区共同开展范围更广、内容更实用、声势更浩大的支付结算联合宣传，提高长三角地区的支付结算意识和水平；及时协调处理三地间业务中的各类纠纷，加强业务的监督检查，促进业务的健康发展。

二是进一步完善长三角征信体系建设。重点围绕征信系统使用管理、数据应用、数据质量管理和应收账款质押登记与融资租赁登记系统的推广应用等内容，开拓创新，扎实工作，不断推进征信系统工作再上新台阶。首先，继续加强征信系统的运行管理及数据应用工作；其次，切实提高地方性金融机构数据质量；再次，着力提升金融机构征信系统使用管理水平；最后，加大应收账款质押登记与融资租赁登记系统的推广应用力度。

三是要提高反洗钱监管有效性。长三角应积极适应反洗钱工作新形势，以“讲究效率、创新手段、提升能力”为目标，进一步完善反洗钱工作体系，认真做好反洗钱现场检查和非现场监管工作，有效开展反洗钱调查和案件协查，加大反洗钱调研和宣传培训力度，初步实现反洗钱协作由工作推动向建立健全机制的转变、反洗钱现场检查由重数量向重质量的转变、反洗钱监管由合规性监管向风险监管的转变、反洗钱整体工作由日常履职向研究创新的转变。

专题2 区域金融稳定定量评估方案的拓展

定量评估技术对于推进区域金融稳定的评估和监测工作具有重要的理论意义和现实意义。在对区域金融体系脆弱性和金融风险隐患进行定性分析的基础上，积极尝试定量方法对区域金融稳定评估进行评估，有利于全面准确地判断金融形势，提示潜在的金融风险。近年来，人民银行各分支机构在维护辖区金融稳定、化解金融风险的同时，积极探索各种金融稳定评估方法，在稳定评估技术的应用上，取得了长足的进步。

自2007年开始，人民银行上海总部设计了以层次分析法为主的《区域金融稳定定量评估方案》①，并运用该方案逐年对全国30个省（直辖市和自治区）、四大区域以及长三角地区各年的区域金融稳定状况进行层次分析法的评估分析。经过三年的细化、调整和完善，方案初步发挥既定功能，较好地对各区域进行总体评估和风险提示。由于具备较强的可操作性和数据基础，该方案在人民银行大多数分支行得到了推广和运用。针对以往各地金融稳定评估工作主要集中在定性和单项指标分析上、定量评估模型简单粗糙等工作局面，该方案做了很好的补充，为各地区域性金融稳定评估工作提供了很好的数据分析的方法性支持。

从实际运用效果来看，以层次分析法为主的综合评价法能够较好地评价各年区域金融系统的稳定状况，对系统脆弱点进行评估；但该方法对潜在的系统风险点的预测和提示功能仍有不足。为此，我们引入压力测试思路，结合金融风险的传导路径分析，对原有的评估方案进行方法上的拓展。

一、拓展思路

压力测试（Stress Testing）的方法是将金融机构或者资产组合置于假象的极端市场中，然后测试金融机构或资产组合在关键市场变量突变的压力下的表现状况，看是否经受得起这种市场的突变。目前，人民银行主要使用压力测试对利率风险、信用风险和流动性风险等进行评价。如为了准确评估金融风险，通过模拟一些场景（比如利率升高200个基点、房价下跌30%等），相关指标（比如利息收入、不良贷款比率等）的变动情况，来测试金融机构的风险承受能力。总体来说，压力测试不仅可以较好地反映金融机构和金融体系的风险，还可以提示金融风险。在探索过程中发现，压力测试作为FSAP中的支持性方法可以发挥很好的预警效果。

从近年来定量评估方法的开发情况来看，压力测试在微观层面的运用已经较为成熟，较好地弥补了综合评价法“只能评估过去和现在，不能预测未来”的不足。以综合评价法为基础的区域金融稳定评估系统是一套较为全面的评估体系，指标覆盖面广，层次分析法的运用较有效地解决了复杂的指标权重确定问题，最终得出的综合评价指数能够直观清楚地了解当前的金融

① 《中国区域金融稳定报告（2008）》，中国金融出版社，2008。

稳定状况。而压力测试通过分析宏观经济变量的变动可能对金融体系稳健性带来的影响，对因宏观经济与金融部门之间具有的内在联系而产生的风险和脆弱性进行评估，较好地显示该地区金融风险的传递路径，从而达到评估金融部门潜在脆弱性的目的。

层次分析法和压力测试评估的侧重点不同，在功能上相互补充（表1）。从评估时段来看，层次分析法侧重于对已有年份区域金融稳定状况的综合分析，而压力测试倾向于提示未来潜在风险和系统性弱点。从分析指标来看，层次分析法主要针对区域金融稳定系统及其影响因素构建一个综合指标进行评价，因此该方法是针对综合指标的。而压力测试主要就利率、汇率、信贷、流动性、资产价格变动影响，对金融机构进行具体指标（如资本充足性、资产质量）的组合测试，因此该方法通常针对单项指标而言。从模型选择来看，层次分析法属于综合评价模型，通常采用指标加总或连乘等确定的汇总模型，而压力测试可以借助多种数量模型进行监测。总之，层次分析法提供了综合评价的一种方法模型，而压力测试则提供了针对系统潜在因素影响作用的一种分析思路。

表1　层次分析和压力测试的区别

	层次分析	压力测试
评估时段	已发生的时段	未发生的时段
分析指标	综合指标	单项指标及其组合
选择模型	加总或连乘的汇总模型	多种模型
侧重点	方法	思路

为此，在制订方案时，选择以层次分析和压力测试为主的综合评价法（图1）。通过模型和思路的相互补充原则——以层次分析法的综合模型为压力测试提供模型，用压力测试的分析思路为层次分析法进行扩展，实现对区域级金融系统及包括金融机构在内的影响因素的稳定状况的评估以及潜在风险的提示。

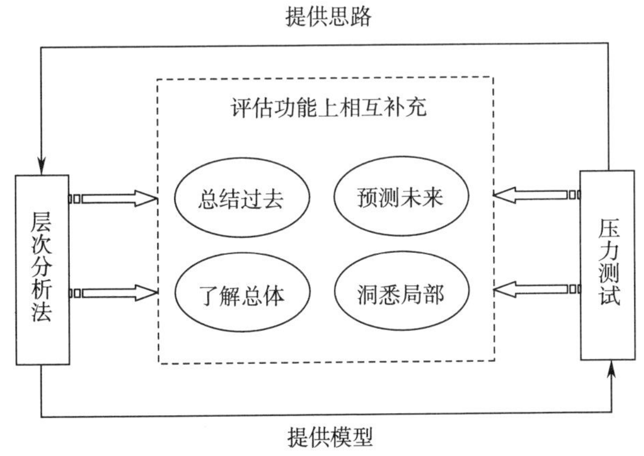

图1　层次分析法和压力测试的相互补充

二、压力测试对层次分析法的改进

在层次分析法的基础上，为增加方案的提示风险功能，引入压力测试的思路：即在当前区域金融稳定评估的基础上，引入特定情景，考察在这一特定情景下该区域金融稳定状况的变动情况。

假设区域金融稳定评估体系为 $F = (X,Y)'$，其中 $X = (x_1,x_2,\cdots,x_m)'$ 表示压力测试中指定情景的指标集，$Y = (y_1,y_2,\cdots,y_n)'$ 表示其他指标集，$W = (w_{11},\cdots,w_{1m},w_{21},\cdots,w_{2n})$ 为通过层次分析法计算得到的评估体系 F 的权重集，Z 表示区域金融稳定状况的综合得分。在引入特定情景 X^* 后（图2），其他指标也随之调整至 Y^*，由此通过层次分析法权重 W 的汇总，得到特定情景下数据集为 F^* 的综合得分 Z^*。这就实现了以层次分析法为主的综合评价在压力测试思路下的扩展。

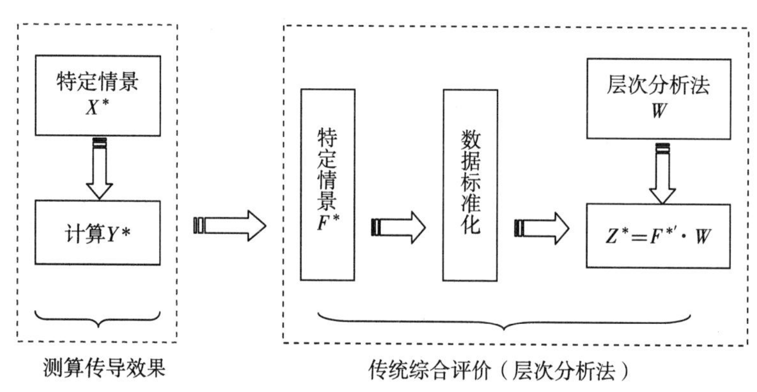

图2 压力测试对层次分析法的改进

我们对系统级压力测试采取的初步方案仍选择“自上而下”的宏观方法，利用单方程计量模型来测算宏观经济变化对金融系统的影响。该模型属于一种“非结构化”模型，只考虑金融系统受到外部宏观经济冲击的具体结果，不考虑其内部的具体传导过程。这种方法可以避免对复杂传导机制的结构研究，如金融机构间传染机制的模型研究等，节省大量的时间和资源，具有简便易行的特点。基于我国目前国情和实际拥有的数据基础，采用此种非结构化的研究方法是比较现实和实用的。实际计算中，可利用一些统计软件，如 SPSS AMOS 来运算。压力测试具体计算可以分为三个步骤：

1. 设定压力测试的情景

选择压力测试的情景，即确定宏观经济冲击的来源及其程度。国际上通常采用的主观情景详见表2。在假定的全部或部分的组合冲击下，可以获得该情景下整个区域金融系统所面对的风险状况。不同地区在选取情景时，可以按照自身的实际情况，结合历史信息来考虑不同的冲击来源和程度，或者依赖于压力测试人员以及监管当局对未来潜在风险的认识和把握。

表2　**系统级压力测试常用情景**　单位：%

宏观经济冲击变量	冲击程度
股价变化率	±30~40
房地产变化率	±30~40
利率的变化率	±5
名义汇率的变化率	±15~20
国内生产总值的变化率	-3
通货膨胀率	+10
失业率的变化率	+3

2. 建立单方程计量方程

压力测试中最重要的步骤是建立合理的计量方程来模拟宏观经济中的外来冲击对金融稳定情况的影响关系，然后利用考察变量 X^* 来测算指标体系 F^* 的新值，即 $F^* = f(X^*)$，同时结合既定情景考察各项金融稳定指标的变化程度，即 $\nabla F^* = f(X^*) - F$。

在实际应用中，可以对这些解释变量进行调整或加入新变量，并且当新的数据产生之后，要对计量模型的参数进行动态调整，以保证计量模型的鲁棒性。

3. 汇总既定情景下的综合得分

标准化新指标数据 F^*，利用层次分析法下的权重 W 加总得到区域金融稳定综合得分 Z^* 和各二级指标综合得分 Z_i^*，结合雷达图、趋势图等分析工具考察各项综合指标的变化情况。

三、压力测试的拓展实践（以长三角地区为例）

以长三角地区2003—2008年三省的年度数据为例，对综合评价方案进行压力测试的拓展。考虑到部分指标的数据缺失和多指标计算的复杂性，我们从原方案的“区域金融稳定评估指标体系”中筛选出核心评估指标（表3），运用简化指标体系（金融机构仅考虑银行业）进行压力测试。而简化指标体系对应的指标权重，通过专家汇总后简化的AHP判断矩阵计算所得，具体计算结果见表3。

表3　**区域金融稳定简化评估指标体系**

一级指标	相对权重	二级指标	相对权重	三级指标
宏观经济	0.4	经济增长	0.47	国内生产总值增长率（X_1）
		对外经济	0.13	实际利用外资增长率（X_2）
		物价水平	0.18	居民消费价格指数（X_3）
		就业情况	0.10	城镇登记失业率（X_4）
		房地产市场	0.12	典型城市房地产销售价格指数（X_5）
银行业	0.45	资本充足性	0.44	资本充足率（X_6）
		资产质量	0.28	不良贷款率（X_7）
		盈利能力	0.14	资产利润率（X_8）
		资产流动性	0.14	流动比率（X_9）
金融生态环境	0.15	地方政府财政	0.55	地方财政收入占GDP比重（X_{10}）
		市场体系完善	0.45	银行服务密度（X_{11}）

我们主要考虑宏观经济变动对金融稳定体系的冲击，为此，选择国内生产总值的变化率作为主要冲击对象。同时，为研究宏观经济指标内部的相互关系，我们采用基于最小二乘法的路径分析（Path Analysis）来研究指标的传导关系。实际计算中，我们运用 SPSS Amos V16 统计软件对三省 2003—2008 年的数据进行计算。以下为样本相关系数矩阵：

表 4　　样本相关系数矩阵

	X_1	X_2	X_3	X_4	X_5	X_6	X_7	X_8	X_9	X_{10}	X_{11}
X_1	1						*	**	**		
X_2	0.438	1									**
X_3	-0.288	0.024	1								
X_4	0.261	-0.247	-0.312	1							
X_5	-0.097	0.616	0.115	-0.205	1						
X_6	-0.119	-0.462	0.603	0.547	-0.043	1	**				
X_7	0.551*	0.609	-0.153	-0.013	0.098	-0.843**	1	**	*		
X_8	-0.717**	-0.276	0.266	-0.478	0.273	0.339	-0.785**	1	**		
X_9	-0.870**	-0.636	0.208	-0.170	-0.045	0.496	-0.821*	0.929**	1		*
X_{10}	0.507	-0.126	0.065	0.487	-0.060	0.686	0.102	-0.332	-0.183	1	
X_{11}	0.197	-0.953**	-0.323	0.564	-0.270	0.767	-0.230	-0.045	0.822*	0.309	1

注：*：Correlation is significant at the 0.05 level（2-tailed）.

**：Correlation is significant at the 0.01 level（2-tailed）.

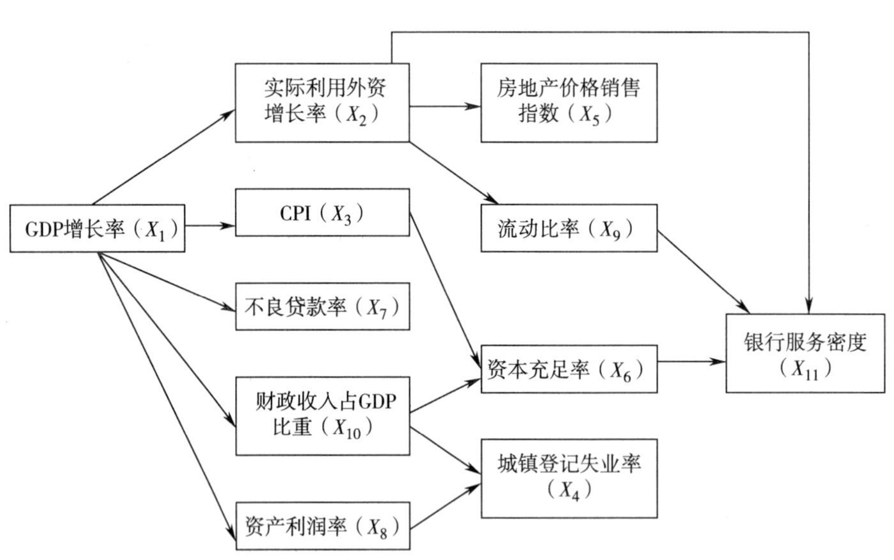

图 3　长三角地区金融稳定评估指标路径传导图

经假设和调试检验，本文各指标间的传导路径如图 3 所示。其中，GDP 增长率（X_1）作为冲击变量直接影响实际利用外资情况（X_2）、CPI（X_3）、银行业的不良贷款率（X_7）、资产利润率（X_8）以及地方财政收入情况（X_{10}）；实际利用外资情况直接影响房地产价格（X_5）、银行业流动比率（X_9）和银行服务密度（X_{11}）；*CPI*（X_3）的变动直接影响银行业的资本充足率（X_6）；地方财政收入情况（X_{11}）主要影响银行业的资本充足率(X_6)和城镇登记失业率(X_4)；资产利润率(X_8)影响城镇登记失业率(X_4)；资本充足率（X_6）和流动比率(X_9)影响银行服务密度(X_{11})。以上大部分传导路径系数均具有统计意义，部分路径兼顾经济理论意义也予以了保留。

表5 路径系数的分解报表

原因变量	结果变量	路径系数	T检验量	显著性水平
X_1	X_2	9.839*E*-2	1.291	0.238
	X_3	-1.44*E*-2	-1.501	0.146
	X_7	3.836*E*-2	6.578	0.000
	X_8	1.241*E*-2	3.949	0.001
	X_{10}	0.113	7.850	0.000
X_2	X_5	0.206	2.069	0.077
	X_9	2.328	2.782	0.027
	X_{11}	-9.414	-2.628	0.119
X_3	X_6	6.332*E*-2	5.136	0.002
X_6	X_{11}	4.920	0.138	0.503
X_8	X_4	-0.330	-1.439	0.178
X_9	X_{11}	1.157	0.480	0.579
X_{10}	X_4	-4.406*E*-2	-1.491	0.164
	X_6	0.252	2.262	0.064

表5为路径系数的总效应表。由于样本数据较少，分析路径基本没有考虑间接效应，表5中某些系数的显著性水平也不是很高。但为了保证指标传递途径的经济意义，我们对这些系数暂时予以保留。实际应用中，可以加入或调整某些新变量，从而拟合出更优的传递路径。

以某省数据为例，在引入GDP指数下降3个百分点的假设条件下，计算各项评估指标的预测范围。表6显示了该省在GDP指数下降3个百分点和5个百分点的冲击下各项指标的变动情况。

表6 假设冲击下某省金融稳定评估指标变动情况

二级指标	2008年原始数据	假设冲击1数据范围	假设冲击2数据范围
国内生产总值指数（%）	112.30	(-3) 109.30	(-5) 107.3
实际利用外资增长率（%）	14.70	-19.72~3.05	-22.22~8.01
居民消费价格指数（%）	105.40	101.68~109.75	101.67~111.81
城镇登记失业率（%）	3.25	3.06~3.92	3.01~4.10
典型城市房地产销售价格指数（%）	97.10	89.14~103.32	83.84~101.66
资本充足率（%）	9.49	6.37~14.52	6.14~16.38
不良贷款率（%）	2.68	0~5.21	0~5.38
资产利润率（%）	1.56	1.01~3.71	0.80~4.29
流动比率（%）	57.10	23.01~78.16	17.83~92.5
地方财政收入占GDP比重（%）	9.01	8.29~10.26	8.37~10.85
银行服务密度（亿元/百人）	578.34	460.68~969.78	572.18~1 134.19

注：假设冲击1为GDP指数下降3%，冲击2为GDP指数下降5%，区间估计的置信度水平为95%。

结合评估方案中的阈值设置，对上表中的指标值进行标准化处理，得到各项指标评估值如表7所示。

表7　　假设冲击下某省金融稳定评估指标评估值　　单位：分（$0 \leq Z_i \leq 1$）

二级指标	2008年评估值	假设冲击1评估值	假设冲击2评估值
国内生产总值指数	1	0.7875	0.5375
实际利用外资增长率	1	0~0.2346	0~0.6162
居民消费价格指数	0.6500	0~1	0~1
城镇登记失业率	1	0.72~1	0.6~1
典型城市房地产销售价格指数	0.2625	0~1	0~0.8325
资本充足率	1	0.7963~1	0.7675~1
不良贷款率	1	0.9790~1	0.9620~1
资产利润率	0.78	0.505~1	0.40~1
流动比率	1	0.4602~1	0.3566~1
地方财政收入占GDP比重	1	1	1
银行服务密度	0.6306	0.4345~1	0.6203~1

注：假设冲击1为GDP指数下降3%，冲击2为GDP指数下降5%，区间估计的置信度水平为95%。

从表7评估结果来看，在“GDP指数下降”的假设冲击下，实际利用外资增长率、城镇登记失业率、典型城市房地产销售价格指数评估得分、银行业服务密度以及银行业的各项指标的评估值下限都低于原始水平，存在恶化的可能。

为反映宏观经济、银行业、金融生态环境以及总体综合得分的变化情况，结合表5中的相对权数，计算该省各评估项的综合得分，结果见表8。

表8　　假设冲击下某省金融稳定评估综合得分情况　　单位：分（$0 \leq Zscore \leq 100$）

评估项	2008年评估值	假设冲击1评估值	假设冲击2评估值
综合得分	90.06	63.04~92.02	57.03~88.50
宏观经济	84.85	44.21~80.06	31.26~71.26
银行业	96.92	75.96~100	71.29~100
金融生态环境	83.38	74.46~100	82.91~100

注：假设冲击1为GDP指数下降3%，冲击2为GDP指数下降5%，区间估计的置信度水平为95%。

从最终结果来看，在“GDP指数下降3个百分点”的假设冲击下，该省金融稳定综合得分预计处于63.04和92.02之间，结合五大区间的等级评估，有进入“较不稳定”区间的可能。而且宏观经济得分有可能进入“不稳定”区间，金融生态环境也有可能进入“较不稳定”区间。

在“GDP指数下降5个百分点”的假设冲击下，该省金融稳定情况将继续恶化，综合得分预计处于57.03~88.50之间，有跌入“不稳定”区间的可能。宏观经济得分也继续减少，进入“不稳定”区间的可能性增大，银行业得分有可能进入“较不稳定”区间，但金融生态环境方面较冲击1的反应可能有所好转。总体来说，GDP指数的冲击对宏观经济和银行业的冲击较大，从而给该省金融稳定总体情况带来负面的影响。

四、结论

从方案拓展的最终效果来看，压力测试基本实现了对区域潜在金融风险的提示。当然，由于历史数据极端缺乏，考察指标较少，考察时间段较短，在进行路径分析时只能采用非结构化的计量经济模型，拟合模型相对比较简单。因此，在引入GDP变动率这一冲击变量、配合综合评价模型进行压力测试时，诸如居民消费价格指数、典型城市房地产销售价格指数的预测变动范围较大，超过了评估阈值的范围，使得最终评价结果也差强人意。此外，由于模型没有考虑外部宏观经济变量冲击对整个金融系统产生系统性风险的内部传导机制，很难在该框架下来了解系统性风险的关键节点处于什么位置，不能有针对性地采取防范措施。随着我国金融市场的进一步发展，金融监管制度的逐步完善，金融数据资料的不断完善，采用结构化模型来开展系统级压力测试是必然的内部动力和外部需求。

实际应用中，可以对原有的指标体系进行调整或扩充，并且当新的数据产生之后，对计量模型的参数进行动态调整，以保证计量模型的准确性和鲁棒性。我们在此仅抛砖引玉，为探索研究这一方法、推进系统级压力测试的实施，进行了一个粗浅的实证示范。

专题3 金融支持东北老工业基地振兴步伐加快

以2003年10月下发的《关于实施东北地区等老工业基地振兴战略的若干意见》（中发[2003] 11号）为标志，实施东北老工业基地振兴战略已经六年多了。实施振兴战略以来，东北三省体制改革、机制创新步伐加快，对外开放度提高，经济持续快速增长，就业大幅增加，社会保障体系逐步完善，形成了行政协调、产融互动、资源整合、互利共赢的区域合作机制。把项目建设作为重要载体，围绕优化结构、产业升级、自主创新、节能减排、发展战略性新兴产业，着力建设一批大项目、好项目，众多具有国际竞争力产业集群正在崛起。这六年是东北三省发展最快最好的时期之一，金融业服务质量也进入快速上升期，支持了区域经济社会又好又快发展，一个崭新的东北大地正在焕发出勃勃生机。

一、经济社会发展进入快速上升期

东北三省在老工业基地振兴政策和货币信贷政策作用下，经济持续快速发展，工农业连创佳绩。2009年，东北三省地区生产总值分别为15 065亿元、7 200亿元、8 288亿元，同比增长13.1%、13.3%和11.1%，高出全国当年增速4.4个、4.6个和2.4个百分点，是2003年的2.5倍、2.9倍和2.0倍；实施振兴战略以来，六年GDP年平均增速为13.2%、14%和11.7%。三省粮食产量占全国的比重逐年上升。2009年粮食总产量1 682亿斤，占全国粮食总产量15.8%，是2003年的1.7倍，为全国粮食供求平衡和国家粮食安全作出了重要贡献。其中，黑龙江省跃居为全国第二大产粮省、第一大商品粮基地。投资持续高速增长，结构渐趋合理。2009年，三省全社会固定资产投资完成25 363.5亿元，加权平均同比增长32.5%。社会消费需求趋旺，物价涨幅平稳。三省社会消费品零售总额12 171.7亿元，同比增长18.8%，是2003年的2.5倍。利用外资高速增长，进出口贸易额逐年增加。三省实际利用外商直接投资189.5亿美元，同比增长11.9%。辽宁省2009年战胜金融危机的影响，外商直接投资154亿美元，同比增长28.5%。城乡居民收入稳定增长，增速均高于全国平均水平。辽宁、吉林和黑龙江三省城镇居民家庭人均可支配收入分别为15 800元、14 006元和12 566元，同比增长10%、9.2%和8.5%，是2003年的2.2倍、2.0倍和1.8倍。辽宁、吉林和黑龙江三省农村居民家庭人均纯收入分别为6 000元、5 266元和5 207元，同比分别增长8%、6.8%和7.2%，是2003年的2.0倍、2.1倍和2.1倍。

实施振兴战略以来，2004—2006年三年国家安排了560个东北老工业基地调整改造项目，总投资1 835亿元，三省一大批振兴老工业基地调整改造重大项目顺利实施。鞍钢、一重、哈电、沈鼓、沈飞和大连机床等国有重点老企业的技术装备水平、生产制造能力和产品质量有了显著提高。一批国有重点企业的技术装备达到国际先进水平。装备制造业发展迅速，重大技术装备自主化成效显著。以一重、哈电、齐一、长客、大船重工、沈阳机床等为代表的骨干装备制造企业发挥自身优势，加大对引进消化吸收再创新、集成创新的支持力度，重点产品大幅拓展了市场空间，有力地支持了国内经济发展和国防建设。基础设施建设加快，新的产业聚集区逐步形成。一批关系到三省地区长远发展的铁路、公路、机场重大基础设施项目建设已完成投入使用。辽宁省五点一线沿海经济带、沈阳铁西新区、吉林省长吉图经济区、黑龙江省哈大齐工业走廊等一批产业积聚地正在规划和建设之中。沈阳铁西新区产业集聚效应初步形成，装备制造业规模以上企业总产值分别占沈阳市和辽宁省装备制造业产值的50%和12%。一批区域性规划及新兴产业正在加紧实施和培育，东北老工业基地在政策支持下振兴脚步进一步加快。以鞍钢与本钢联合重组、大连造船和新船两大船舶生产厂重组为代表的企业联合重组步伐加快，国企改革全面完成，非公经济快速发展。民营企业积极参与国企改革改组改造，加快了老工业企业的结构调整；工业调整改造升级，自主创新能力增强。资源型城市经济转型加快，试点取得初步成效。先期启动的辽宁阜新资源型城市经济转型试点工作取得阶段性成果，辽宁抚顺、本溪、盘锦等资源城市经济转型稳步推进。2005年国务院批准资源城市转型试点范围扩大到大庆、伊春、辽源和白山市，试点工作有序展开。国家累计投资近百亿元用于东北三省15个采煤沉陷区项目的治理改造。

振兴战略实施以来，三省经济社会保持持续健康快速发展的态势，但影响长远发展的一些问题依然存在。一是经济总量仍然偏低，2009年三省GDP总量占全国的9.1%；二是国际金融危机的影响依然存在，外贸进出口恢复常态还很漫长；三是经济结构性矛盾突出，增长内生动力不足，资源型城市转型持续发展缺少政策保障；四是自主创新能力不强，转变经济发展方式和节能减排任重道远；五是农民持续增收难度加大，就业形势依然严峻。

二、金融支持老工业基地振兴的工作力度不断加大

金融是现代经济的核心。经济决定金融，金融反作用于经济。经济的持续健康发展，为金融业提供了更广阔的发展空间，金融的稳健运行，为经济的持续健康发展提供重要的核心支撑。实施老工业基地战略以来，东北三省金融系统认真贯彻落实各项货币政策，采取多种有效措施，积极配合产业政策，金融系统不断加大对地方经济的支持力度，制定了若干项加大支持老工业基地振兴的货币信贷工作指导意见，不断加强金融产品创新，千方百计为企业拓宽融资渠道，各项贷款连连攀升，支持力度不断加大。

人民银行沈阳分行、长春中心支行、哈尔滨中心支行解放思想、务实创新，紧紧抓住和利用好这一难得的战略机遇期，充分发挥金融在支持东北老工业基地振兴的核心作用。制定了《金融支持东北老工业基地振兴的政策指导意见》和《金融支持东北老工业基地振兴的外汇政策指导意见》等近30项金融支持措施，支持和促进东北地区外向型经济发展；充分发挥再贷款、再贴现等货币政策工具作用，正确引导信贷投放，支持东北老工业基地调整改造；进一步提高金融服务水平，创新金融服务品种，提高支持东北老工业基地调整改造；创造良好社会信用环境，打造诚信东北；积极推动金融改革，支持地方中小金融机构重组改制，提高抗风险能力和支持东北老工业基地的力度，三省在城市商业银行和城市信用社基础上组建了盛京银行、大连银行、锦州银行、吉林银行、长春银行、龙江银行、哈尔滨银行，并且多家外资金融机构和区

域股份制商业银行分支机构纷纷落户东北；推动农村信用社改革，全力做好农村信用社改革所需资金扶持工作，共有200家农村信用社获得票据兑付资金227亿元，累计发放支农再贷款近1 000亿元，减轻了农村信用社历史包袱，增强了资金实力，加大了对“三农”的支持力度；积极扶持新型金融机构发展，东北三省共批准设立了31家村镇银行，贷款余额25.8亿元。批准设立小额贷款公司258家，贷款余额53.7亿元。

实施东北振兴战略以来，东北三省金融机构通过打包等灵活措施，累计剥离、核销不良贷款3 000多亿元，切实减轻了企业和金融机构的负担，金融支持老工业基地振兴的作用得以充分发挥。坚持“区别对待、有保有压”的原则，积极支持符合国家产业政策的产业发展。加大对交通、水利、电力、生态环保、基础设施、民生、“三农”、科技创新、结构调整等重大项目的贷款支持；组织银团贷款，重点支持汽车、石化、医药、食品、电子信息、旅游等重点产业，支持企业兼并重组、技术进步、结构调整和资源优化配置，通过开办票据、商品、发票融资和保理、国际国内信用社等业务，提供有效金融服务，缓解了企业流动资金紧张状况，保证现有生产能力的发挥；鼓励金融机构积极开展分期贷款、仓单质押贷款、应收账款质押贷款、出口退税质押贷款、信用保单融资等信贷创新产品，切实缓解了中小企业融资难的问题；国家外汇管理局《关于进一步支持东北老工业基地振兴外汇政策的批复》扩大了境外投资企业用汇自主权，创造宽松的政策环境，有力地支持了东北三省老工业基地企业“走出去”发展。便利企业对外贸易活动。改进出口收结汇联网检查管理，简化手段，允许部分企业先结汇后检查，将预收货款中结售汇比例提高至30%，缓解出口企业资金周转困难。鼓励银行开展贸易融资，将2009年度金融机构短期外债在2008年基础上提高12%，要求新增指标全部用于支持企业进出口融资。允许企业集团外汇资金不区分经常和资本项目进行集中管理，打包使用，提高外汇资金使用效率。简化服务外包企业，外汇收支审核程序，对符合条件的服务外包企业给予账户开立、资金兑付等政策便利，并提供更多避险工具；加强金融生态环境建设，建立和完善金融生态环境评估和信息报送制度。大力推进信用体系建设，扩大征信系统影响力，非银行信息采集范围逐步扩大，信用产品领域不断延伸，为地方政府、银行机构、金融机构、中小企业及农户间搭建合作平台，为老工业基地振兴提供全方位的信用支持和服务。

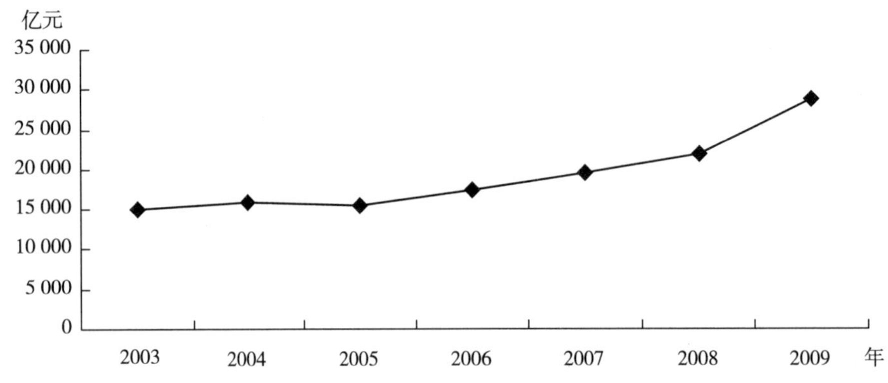

数据来源：东北三省人民银行分支机构。

图1 东北三省贷款增长走势图

三、紧紧抓住国家进一步加快推进老工业基地振兴政策出台的最佳时期

2009 年 9 月 9 日，国务院下发了《国务院关于进一步实施东北地区等老工业基地振兴战略的若干意见》。辽宁、吉林、黑龙江三省已制定了实施意见，勾画了进一步加快推进老工业基地振兴的宏伟蓝图。抢抓机遇，乘势而上，辽宁省政府提出，经济增长要保持不低于振兴以来的平均增速，在战胜金融危机中逆势而上，实现了保增长、保民生、保稳定。三大区域发展战略取得重大突破，2009 年 7 月 1 日，国务院常务会议通过了《辽宁沿海经济带发展规划》（辽宁沿海经济带包括大连、营口、丹东、盘锦、锦州和葫芦岛沿海六市），标志着辽宁沿海经济带开发、开放上升为国家战略。吉林省已制定长吉图开发开放先导区建设规划纲要实施意见，推进与俄、朝、韩、日、蒙等邻近国家通道建设，推动长吉图开发开放尽快取得新进展。长吉图开发开放的一个战略目标是成为东北亚经济技术合作的重要平台，计划在图们江区域实现“借港出海”的目标。到 2020 年，将这一区域建设成为东北地区对外开放的“新门户”。黑龙江省政府提出建设“八大经济区域”和“十大工程”战略部署，分别制定了发展规划。哈大齐工业走廊已列为国家扶持的重点企业集聚区；松嫩两大平原农业综合开发试验区建设推动了粮食产量再上新台阶，打造千亿斤粮食产能工程即将成为现实，东北亚区经济贸易开发区发展向纵深推进。大庆、伊春等资源型城市加快发展，资源精深加工和非油、非煤、非林等替代产业，可持续发展能力将进一步增强。

2010 年，在国家制定的新一轮加快东北振兴的支持政策下，辽宁沿海经济带开发开放上升为国家战略，将以此为契机实现辽宁的全面振兴，尽快进入东部沿海发达省份行列；长吉图开发开放先导区是迄今唯一国家批准的沿边开发开放区域，吉林省全面启动长吉图开发开放先导区建设，着力打造吉林振兴发展新引擎；黑龙江省以哈大齐工业走廊列为国家扶持的重点产业集聚区、大庆高新区国家新型园区成为东北三省唯一的国家创新型科技园区为突破口，把转变经济发展方式作为经济社会发展的总体目标，全面推进“八大经济区”和“十大工程建设”，2010 年重点推进 300 个大项目建设，建成投产 60 项，加快建设 100 项，开工建设 100 项，抓紧谋划 40 项，总投资 13 408 亿元，加快建设千亿斤粮食产能工程，维护国家粮食安全。

China Regional Financial Stability Report
(2010)

Chapter 1 Overview

In 2009, confronted with international financial crisis, China's regional economies withstood severe test. Facing extremely complex domestic and international situations, all regions① in China strictly implemented the measures introduced by the CPC central committee and the State Council, expanding the domestic demand and promoting steady and rapid economic development. All regions resolutely implemented and enhanced the package plan to cope with the international financial crisis based on their own conditions. The overall target of keeping economic growth, ensuring people's livelihood and maintaining social stability had been achieved. In 2009, as the regional economy revitalization plan was introduced, the overall situations of regional economies tended to recover; regional economies maintained stable and positive factors in the economic operation continuously increased. However in this very period of time, difficulties and problems still existed in the running of regional economies.

1.1 Overall regional finance kept stable

Major economic indicators kept rising since the second quarter in 2009, resulting from the increasing positive factors in regional economies in China and the macro – economic control policies.

1.1.1 National strategies supported regional developments

In 2009, the Central government introduced several development plans for regional economies, which surpassed the total sum of the past four years, including regional revitalization planning of Pearl River Delta Area, West Coast Economic Zone of the Taiwan Straits, Coastal Areas in Jiangsu Province, Guanzhong – Tianshui Economic Area, Yellow River Delta Efficient Eco – economic Zone, Hainan International Tourism Island、Coastal Economic Development Belt in Liaoning, etc.. Such mode in which national strategies supported regional economic development, thereby promoted the economic growth worked out well. In 2009, the growth of

① Eastern region (10): Beijing, Tianjin, Hebei, Shanghai, Jiangsu, Zhejiang, Fujian, Shandong, Guangdong and Hainan. Central region (6): Shanxi, Anhui, Jiangxi, Henan, Hubei and Hunan. Western region (12): Guangxi, Chongqing, Sichuan, Guizhou, Yunnan, Tibet, Shaanxi, Gansu, Qinghai, Ningxia, Xinjiang and Inner Mongolia. Northeastern region (3): Heilongjiang, Jilin, Liaoning. Hong Kong, Macau and Taiwan excluded.

GDPs of 25 provinces and districts exceeded 10% , and the GDPs of 14 provinces were over trillions. Plans for under – developed areas primarily changed the long lasting situation of ever – enlarging gap among Eastern region, Central region and Western region. The growth of Central, Western and Northeastern region started to surpass that of Eastern region, and the coordination of regional development was strengthened greatly.

In the beginning of 2010, the regional planning for Cyclic Economy Pilot Area in Qinghai Province Qaidam and the Northeastern Tourism development plan were introduced. The special regional planning promoted the development of circular economy, service industry, and new energy industry in the low carbon economy background on the industry perspective. China would keep researching on national development strategies for promoting key areas on the nation level, and would draw up regional Development Planning and policy documents. Yangtze River Delta Development Planning, Integrative Development of Urban Circle around Beijing – Tianjin – Hebei, Chengdu – Chongqing Economic Zone Development Plan, and Ecological Conservation and Economic Transition in Da and Xiao Hinggan Mountains、Danjiangkou Reservoir and its Upstream Cities Development Planning would hopefully be carried out soon.

1.1.2 Regional economics kept steady and rapid development

In 2009, China experienced greater difficulties in its economic development than in any previous year since the beginning of the new century. In the face of a complicated, volatile international and national economic situation, every region kept steady and rapid economic growth as the key task of the economic work according to their own conditions. They also introduced series of policies and measures for industrial revitalization, innovation of science and technology, investment expansion, consumption stimulation and export stablization. Thus regional economies ceased dropping down, and the economic growth was better than expected while maintaining the trend of going up. Respectively speaking for regions, Eastern region was speeding up the transition of labor intensive industry and normal manufacturing industry to get ready for the upgrade of Industrial Structure. Though the growth of economy was slowing down, the structure adjustment and industry upgrade was speeding up. Regional economies in Central and Western region increased faster than Eastern. The Central region was accelerating the construction of Economic Circle and was undertaking technology, capital and industry transfer from coastal areas. Western regions accelerated development process and worked hard to achieve a leap – over in economy. Northeastern region became another regional economic growth pole.

1.1.3 Overall regional finance steadily grew stronger

In 2009, regional banking sector ran stably, with asset scale expanding and asset quality maintaining stable. Basic institutional construction for futures markets was improved; business of securities companies developed in an all - around way; futures trading companies developed in a good situation; fund industry increased its competitiveness. Insurance premium in all regions exceeded one trillion yuan for the first time; total assets of insurance companies kept increasing, the profit situation improved, and insurance capital investments got higher profit.

Total assets of banking financial institutions in most regions in China had a rise over 20%; net profit after - tax of financial banking sector was RMB 668.423 billion yuan, up 14.58% year - on - year; balance of deposits of foreign and domestic currencies of banking financial institution reached RMB 61.20 trillion yuan, up 27.70% year - on - year; balance of loans of domestic and foreign currencies reached RMB 42.56 trillion yuan, up 32.83% year - on - year; non - performing loans were RMB 506.678 billion yuan, down RMB 56.804 billion yuan year - on - year, non - performing loan ratio was 1.59%, down 0.8 percentage points. The number of commercial banks with capital adequacy ratio of 8% turned to 204, up 43 year - on - year.

The number of listed companies and the size of market capitalization grew substantially. By the end of 2009, there were totally 1 718 listed companies in Shanghai and Shenzhen markets, 93 more than previous year. Total market capitalization was RMB 24.39 trillion yuan, up 100.99% year - on - year; negotiable market capitalization was RMB 15.13 trillion yuan, up 234.54% year - on - year. Growth Enterprise Market was launched on 30th Oct. 2009, which had 36 listed companied by the end of 2009, with a total market capitalization of RMB 161.008 billion yuan and negotiable market capitalization of RMB 29.897 billion yuan. By the end of 2009, 106 securities companies in all regions had a total asset of RMB 2.03 trillion yuan, net assets RMB 483.877 billion yuan, net capital RMB 383.182 billion yuan, up 70.19%, 34.98% and 32.73% year - on - year respectively. The net income amounted RMB 93.271 billion yuan; 104 companies realized a profit, which accounted for 98.11% of the whole sector. 60 fund management companies held RMB 3.1 trillion yuan of various types of assets, up 40% year - on - year. 118 funds were issued, raising RMB 378.2 billion yuan.

There were 138 insurance companies in all regions by the end of 2009, 8 more than previous year. Insurance companies in all regions had a total asset of RMB 4.06 trillion yuan, a rise of 21.59% compared to that in the beginning of the year. Insurance fund utilization balance was RMB 3.7 billion yuan, up 8.8% compared to that in the beginning of the year. The insurance companies realized RMB 1.1138 trillion yuan of insurance premium, up 13.8% year - on - year.① Regional insurance premium structure was optimized. Insurance premium in West-

① Source: all data in this paragraph from the People's Bank of China, China Banking Regulatory Committee, China Securities Regulatory Committee and China Insurance Regulatory Committee.

ern region increased more rapidly than in Eastern region, and kept adding up on the proportion to national insurance premium, while the Eastern region went down on the proportion.

1.1.4 Regional financial reform and development were promoted greatly

Agricultural Bank of China Ltd. was officially established; modern corparate governance structure was built. Internal reform and the transforming of the operational mechanism were accelerated steadily. Financial division reforming pilot for rural areas, farmers and agriculture (RFA) was deepening gradually. China Development Bank sped up the pace of commercialization, intensifing risk management and internal control, and expanding commercial business. CDB Capital was established. Policy – oriented financial institution carried on with the reform; People's Bank of China and related units and departments set up working group for the reform of Export – Import Bank of China and China Export & Credit Insurance Corporation to research and study the overall program of how to carry out the reform project.

The reform of small and medium size financial institutions went further on in all regions. Commercial banks expanded their capital, sped up the implementation of cross region strategies and prepared for initial public offering actively. Foreign financial institutions quickened to set up branches in Eastern regions, which were up to 199 in the Yangtze River Delta, 17 more than previous year. Two foreign – funded banks in Shanghai issued RMB financial bonds in HK market. Regional Postal Savings Banks furthered the reform of secondary network. Rural financial reforming achieved new results. By the end of 2009, 2005 county – based rural credit cooperatives, 43 rural commercial Banks and 195 Cooperative Banks were set up in China. New type rural finance institutions were advocated greatly. Pilot rural mutual fund communities made significant progress. Rural credit cooperatives, capital was enhanced; the quality of assets was improved, and the intensity of supporting agriculture was increased.

1.1.5 Regional finance market was active

More entities participated in domestic and foreign financial market, institutional investors became diversified. Regional small and medium financing institutions entered varied financial markets as a new type of institution. In 2009, regional finance market was active. Issuing size of bond market sped up. In 2009, bonds issued in all regions rose up to RMB 4.9 trillion yuan, up 64.3% year – on – year, Central Bank Bills excluded. Among the bonds issued, treasury bond, subordinated debt, medium – term notes and corporate bonds all had a rise of 100% year – on – year, which supplied strong financial support for stabilizing and promoting regional economies. Debts publishing innovation sped up greatly. To make up for the capital needs in state projects supporting capital, Finance Ministry issued a total of RMB 200 billion municipal bonds for regional governments for the first time in the whole year. In November 2009, collective notes of Small and Medium Enterprises (SME) were issued successfully, and opened up a new financing channel for SME. Innovative products such as option – embedded mid – term notes and USD min – term notes were issued, which satisfied variety needs of raising capital in the market.

The influence of the capital market furthered. In 2009, total trading volume in Shanghai and Shenzhen stock markets were RMB 53.6 trillion yuan, the amount of stock financing was RMB 505.57 billion yuan, among which, Shanghai Stock Exchange took up RMB 34.7 trillion yuan in total trading value, RMB 334.3 billion yuan in stock financing, ranking third and fifth around the world. Total market capitalization of Shanghai Stock Exchange was RMB 18.5 trillion yuan, ranking sixth in the world. Commodity futures market developed healthily and normatively. Annual turnover of Shanghai Futures Exchange was RMB 73.8 trillion yuan, trading volume 870 millions, both ranking first in China. Turnovers of natural rubber and copper were both ranking top in the world. Gold business in regional banking institutions developed rapidly, with products enriched. Among all the gold business, the most active one was gold in personal account.

1.1.6 Regional finance sped up innovation

Innovation of regional finance system was active, and the system was getting sound. Shanghai was promoting the establishment of international financial center; and pilot program of RMB cross – border settlement had achieved good results. Tianjin developed equity investment fund actively, where the first shipping industry investment fund① in China was listed and operated. Regional financial institutes such as rural banks, city commercial banks, financial companies and operation centers also developed rapidly. Consumer finance companies were allowed to be established; Beijing Bank Consumer Finance Company – the first of its type in China was officially established.

Business innovation of regional finance institutes achieved positive results. Wealth management products flourished, non – bank financial institutions introduced various businesses. Bridging loans, intellectual property – backed loans and SME credit insurance policy financing were carried out gradually as new forms of credit operation business. Funds and securities firms both launched new business mode for special clients, specialized accounts for money management named "specific customer asset management business" ("one – to – many") and also small sets of financial products. Risk prevention and control measures of stock index futures

① Shipping industry investment fund is a permanent fund with a total size of RMB 20 billion, and first raised RMB 2.85 billion. By the end of 2009, 355 Equity Investment fund and Venture Capitals were registered in Tianjin, subscribed RMB 60 billion, which made some influence.

trading were established and preparation for listing stock index futures were ready. Insurance fund investing sources were broadened; pilot commercial bank investment in insurance companies was on the try.

Cross – industry financial cooperation was enhanced; overlapped financial products developed quickly. Cross – industry and cross – market financial products and services were exploited. Local financial holding companies were gradually forming. Equity investment of regional small and medium financial institutions was active. National joint stock banks purchased stocks or merged intercity city commercial banks. The impact of regional finance on promoting structure adjustment and developing economies was strengthened.

1.1.7 Infrastructural construction of regional finance was pushed ahead steadily

Efficient infrastructure of finance was the key guarantee for maintaining stability in regional finance system. On 28th Nov., 2009, Shanghai Clearing House was set up in Shanghai, which provides clearing services for currency transactions and trading of financial derivative products, so as to raise efficiency, reduce costs and prevent systemic risks. In June, 2009, a new local currency trading system for inter – bank market was introduced officially. In Octobter., 2009, the standard contract for rediscount of bank acceptance bill and commercial acceptance bill was spread nationally. E – commercial draft system functioned, which marked the beginning of electronic era in China's commercial bills business.

Payment service in rural areas was improved significantly. The ability to guard against bankcard risks and criminal cases was enhanced. Financial services for Expo were in full implement, with financial services upgraded. Credit business in commercial banks increased quickly. Credit registries system showed its power gradually. SME and credit cooperative in rural areas sped up system constructing; data sources and service targets kept expanding; and public credit awareness was significantly improved.

1.2 Aspects that need to be concerned in maintaining the stability of regional finance

In 2009, under the continuous influence of international financial crisis, the growth of major economies fluctuated intensively. In face of severe domestic economic situation, CPC Central Committee and State Council implemented positive financial policies and moderately easy monetary policy and the package economic stimulating plan. Regional economies achieved recovery and finance developed steadily. Situation got more complicated in 2010, with uncertainties and instability increasing in regional finance. Maintaining sound regional finance became more difficult, and bigger challenge was waiting for the risk prevention.

1.2.1 Overall regional economies went up again, difficulties and problems in regional economic development increased

With the effect of growth ensuring policies, main index in regional economies went up since the second quarter. Domestic investment and consuming rose quickly; enterprises profit situation was improved. But regional economies were still facing problems and conflicts in maintaining steady economy growth. First, influence from uncertainties in external environment existed. International economy recovery was based on a fragile basis; risks from financial sector had not been eliminated. Developed economies were experiencing tough job market and weak consumption; real economies were having difficulties going up again. Emerging economies had unstable development base. Economic stimulating policies were facing difficult decisions to exit. Second, industrial isomorphism of regional economies and disorderly competition were popular. Regional market integration, public infrastructure and information resource building and sharing were hard to achieve. Pressures for environmental protection and industry transforming were expanding. Third, some industries and enterprises still had difficulties in manufacturing. Fourth, price surying pressure and inflation expectation were enlarging. Since the fourth quarter of 2009, year - on - year CPI change reversed from negative to positive, while year - on - year PPI reduction narrowed. Bulk commodities in international market rose quickly in price, credit maintained at high level; inflation expectation was increased.

1.2.2 Regional economic development sped up, pressures on transforming regional economic development patterns increased

More than ten revitalizing plans were made in 2009. Regional economy development sped up; division of industrial labor based on regional advantages was getting obvious; coordination between regions was enhanced. Problems such as overcapacity and repeated construction were reflected; transforming economy development patterns was under pressure. Firstly, willingness of private investment was weak, intrinsic motivation for economic growth was not enough. In 2009, driven by the package economy stimulating policy, growth of investment in fixed assets in all regions rose rapidly. Investment in fixed assets in Eastern, Central, Western and Northeastern regions had a year - on - year rise of 24.01%, 36.18%, 40.07% and 31.56%, respectively. But the government - lead investment could not drive private investments, willingness of private investments were not strong. Secondly, further expanding of domestic demands was facing limits. In 2009, due to increased income of urban and rural residents, along with policies such as home appliances going to the countryside, appliances old to new and etc., resident consumption was promoted. Willingness to consume was regained. But in 2010, effects from stimulating domestic consumption and investment policy may weaken. Insufficient effective demand could not be changed fundamentally. It was hard to promote resident consumption. Thirdly, situations of utilizing foreign capital and exporting in export – oriented economy regions were not optimistic. International trade protectionism caused more conflicts in trades, and RMB was under appreciation pressure. Export volume of Eastern, Central, Western and Northeastern all dropped, by 14. 57% , 29. 22% , 22. 94% and 26. 64% year – on – year respectively.

1. 2. 3 Banking system flushed with liquidity; regional asset price rose rapidly

Moderately easy monetary policy was carried out firmly since 2009, open – market operation was launched flexibly, and liquidity in banking system was maintained, which supplied strong monetary support to reverse the dropping of regional economies in a short time. At the same time, excess liquidity brought certain pressure. In the latter half of 2009, monetization was enhanced; asset prices went up quickly in all regions. First, stock market rose dramatically. In the end of 2009, Shanghai Composite Index closed at 3 277. 14, a rise of 79. 98% from the end of 2008. Composite Component Index of Shenzhen closed at 13 699. 97, a rise of 111. 24% from the end of 2008, which ranked the front in the world. Too fast growth of stock prices and severe adjustment would harm market confidence, and would have adverse impact on carrying out national macro control flexibly and specifically. Second, real estate prices kept rising since March, 2009. Real estate prices index of 70 large and medium cities rose accumulatively by 8. 2% from March to December; price in Beijing rose by 9% , Tianjin 8. 5% , Shanghai 7. 6% , and Shenzhen 19. 5%. Volatility in real estate market brought huge risks to real economy and the stability of finance.

1. 2. 4 Credit supply supported regional economy development; regional banking institution credit quality should be concerned

Banking financial institutions in all regions implemented national macro control policies actively, combining market needs and self – developing situation, expanded support to important fields and weak points in national economy as RFA, SME, West Development, Environmental Protection and Post – disaster Reconstruction; fully supported regional economy to grow fast and steadily. Credit scale expanded rapidly with problems such as excessive total amount, irrational structure struction and rising credit risks, which deserved concerning. First, loan structure needs improving. Proportions of new medium and long term RMB loans were 66. 85% in Eastern, 64. 62% Central, 75. 26% Western and 67. 57% Northeastern. New loans mainly went into personal sectors and three industries[①], mostly to real estate development and infrastructure construction such as transporting, electric power, water project and environment and etc.. Concentration of credit kept going up. Second, rapidly expanding loans through local financing platform had potential risks. Unified management was lacked; some local financing platform had excessive liabilities; debt repayment had many uncertainties. Third, local financial institutions still lend big loans to overcapacity industries such as building materials, chemical industries and steel industries. Fourth, real estate loans grew rapidly in all regions, future price fluctuation would cause risks for real estate loans, which was worth attention.

1.2.5 Public financing structure kept improving; weakness in the development of financial sectors should be concerned

Width and depth kept expanding in financial market, which broadened financing channels for enterprises in all regions. Domestic capital market ranked second in history with a funding of RMB 577.9 billion yuan. Nine enterprises went public offering in the main board, 90 in the SMEs board and Growth Enterprises Market, and 150 listed companies implemented refinancing. Bond issuance kept expanding in 2009. Debt financing products included corporation bond, short-term financing bills, medium-term notes, asset-backed certificates, debenture, convertible debt and bonds with attached warrant and etc.. In 2009, direct financing of non-financial enterprises was RMB 1 663.769 billion yuan, up 78.2% year on year.

Reforms in financial sector in all regions achieved remarkable results, public financing structure was improved; financial sector grew quickly, but we still needed to objectively evaluate financial sector's development, weakness and risks in industry development. In 2009, credit developed rapidly. Loan structure was irrational. Rebound pressure from non-performing Loans got increased. Banking institutions slowed down in profit growth, income from intermediary service still had low proportion. Profit growth and profit structure improvement were under pressure. With credit expanding rapidly, overall banking capital adequacy dropped, some institutions even got close to the bottom line of 8%. Supplement of capital is desperately needed. Securities industry in all regions still maintained in a situation of being small, loosened, and weak. Domestic securities companies had small capital scale, and was weak in defending risks. It was under great pressure facing financing innovation and international competition. There were many securities operation agencies and all had similar operation ways, singular business structure, and lacked diversified revenue model, therefore, homogenized competition was prominent. Insurance funds were used in expanding size and investing channel was gradually

① Three industries: 1. water resources, environment and public facilities management; 2. Manufacture; 3. Transportation, warehousing and postal services.

broadening. As a result, risks of using insurance funds were expanding. Capital markets developed quickly, insurance companies developed various investment - oriented insurance products. Insurance industry used to mainly rely on underwriting profit, and when underwriting became less profitable or even took a loss, it depended on invest - income pattern unhealthily. Concentration of insurance market was high in China, some medium and small insurance companies developed with difficulties, severe competition and unfair competition existed. A few companies were facing problems such as insolvency.

Chapter 2 Running Situation of Regional Economies

The year 2009 has been the most difficult year for China's economy since the new century. Confronted with international financial crisis and complicated national and international economic situation, every region firmly carried out policies by the CPC Central Committee and State Council to expand domestic needs, and maintain steady and rapid economic growth based on their own conditions. All regions also practiced positive financial policies and moderately easy monetary policy, and took maintaining steady and rapid economic growth as the primary task, at the same time introduced policies to enforce RFA, industry promoting, technology innovation, stimulating consumption, keeping export stable to cope with international financial crisis, thus reversed the situation in which economy decreased significantly. Economies were in going up again which was consolidated continuously. Economic growth was better than expected.

2.1 Basic situation of regional economies

2.1.1 Regional economies kept growing steadily, the situation of economy stabilizing and improving was enforced

GDPs in Eastern, Central, Western and Northeastern region were RMB 19.47 trillion yuan, RMB 7.01 trillion yuan, RMB 6.69 trillion yuan and RMB 3.06 trillion yuan, up 10.74%, 11.66%, 13.55% and 12.56% respectively. The proportion to National GDP changed from 54.07:19.48:17.82:8.63 in 2008 to 53.74:19.36:18.46:8.44 in 2009. (Table 1) Economic aggregates gap among regions kept reducing and regional coordination enhanced.

Table 1 GDP and its growth rate by region

Item	East		Central		West		Northeast	
	2008	2009	2008	2009	2008	2009	2008	2009
GDP (RMB 100 million yuan)	176 717.75	194 670.87	63 678.78	70 137.35	58 256.32	66 866.70	28 195.66	30 556.78
Proportion to whole country (%)	54.07	53.74	19.48	19.36	17.82	18.46	8.63	8.44
Growth rate (%)	11.37	10.74	12.18	11.66	12.77	13.55	11.09	12.56

Source: Statistics Bureau of Municipality.

In 2009, some provinces excluded, all provinces (Autonomous Regions and Municipalities) had a double - digit growth in GDP, and Inner Mongolian Autonomous Region had a rise of 16.9% and was again the top of the list. GDPs of 17 provinces (Autonomous Regions and Municipality) rose by more than 12%, among which 4 for eastern region, 4 for central region, 7 for western region, and 2 for northeastern region (Figure 1).

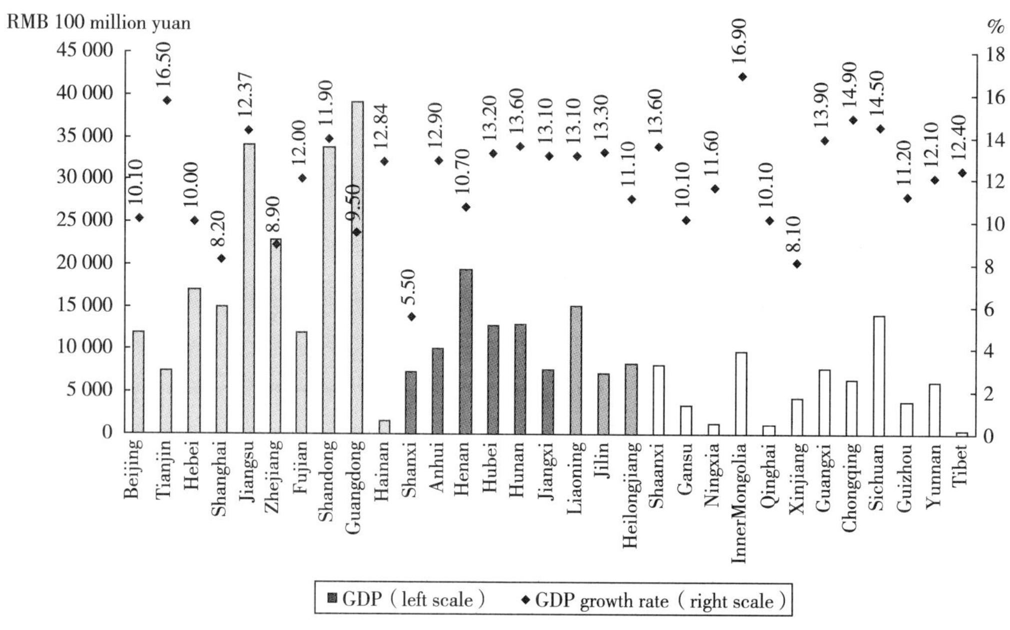

Source: Statistics Bureau of Municipality.

Figure 1 GDP and its growth rate by province (autonomous region, municipality), 2009

2.1.2 Three industries developed harmoniously, industrial construction kept optimizing

Three industries developed harmoniously in 2009. The growth of value added of Primary industry, Secondary industry and Tertiary industry rose by 4.2%, 9.5% and 8.9%; respectively 10.6%, 46.8% and 42.6% in proportion to GDP. The overall structure of three industries was still "secondary, tertiary, primary". The construction of three industries in Eastern region was 6.59:49.57:43.85; Central region 13.87:50.44:35.70; Western region 13.86:47.24:38.90 and Northeastern region 11.62:49.85:38.53. In Beijing, Shanghai, Guizhou and Tibet, the industry structure was "tertiary, secondary, primary"; in Hainan, the structure was tertiary, primary Seconding; in other provinces and districts, the structure was "secondary, tertiary, primary" (Figure 2).

Primary industry kept developing steadily; security function of agriculture serving economy development was enhanced. Eastern region realized an added value growth of RMB 1 282.274 billion yuan; Central region reached RMB 972.607 billion yuan; Western region reached RMB 919.846 billion yuan; Northeastern region reached RMB 354.97 billion yuan; up 4.15%, 4.72%, 4.55% and 3.71% respectively year-on-year. Secondary industry was obviously

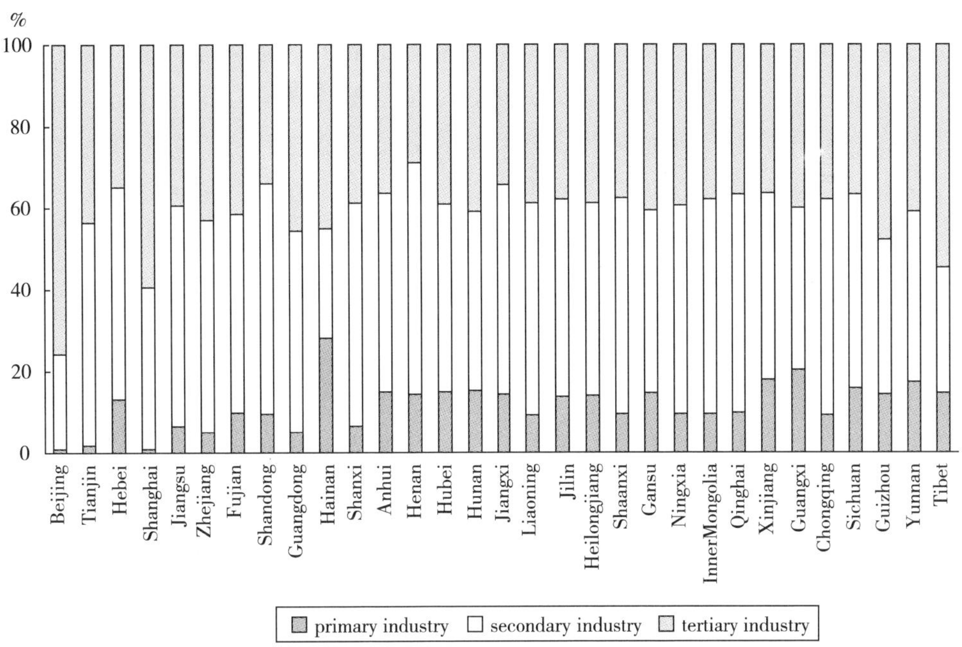

Source: Statistics Bureau of Municipality.

Figure 2 Industrial structure by province (autonomous region, municipality), 2009

affected by the international financial crisis, but stroke back since the first quarter, and kept going up. Eastern region realized an added value growth of RMB 9 648.929 billion yuan, Central region RMB 3 537.454 billion yuan, Western region RMB 3 134.697 billion yuan and Northeastern region RMB 1 523.406 billion yuan; respectively up 10.15%, 13.63%, 16.51% and 15.07% year-on-year. Tertiary industry kept the same level as before the international financial crisis, and greatly attributed to the growth of economy. Eastern region realized an added value growth of RMB 8 535.884 billion yuan, Central region RMB 2 503.674 billion yuan, Western region RMB 2 580.832 billion yuan and Northeastern region RMB 1 177.302 billion yuan; rosing by 12.48%, 11.15%, 12.92% and 11.67% respectively year-on-year. Three industries developed harmoniously, promoted the economic growth together, and industrial structure was optimized.

2.1.3 Regional fiscal revenue and expenditure went up steadily, social security system was improved

In 2009, regional fiscal revenue went up again monthly, and expenditure inclined to government investment, the rural area and people's livelihood. Fiscal revenue reduced obviously because of the sliding down economy in the first half of the year; while positive financial policies made expenditure increase greatly; economy went up again and went on steadily in the later half of the year, revenue rose instead of decreasing, and went up greatly. Annual regional fiscal revenue of Eastern, Central, Western and Northeastern region were respectively RMB 1 878. 408 billion yuan, RMB 503. 674 billion yuan, RMB 618. 533 billion yuan and RMB 296. 362 billion yuan, the year on year rise being 12. 28% , 14. 37% , 20. 01% and 16. 41% . Regional fiscal expenditure was RMB 2 503. 710 billion yuan; RMB 1 240. 719 billion yuan, RMB 1 769. 336 billion yuan and RMB 625. 530 billion yuan, year on year rise was 19. 01% , 25. 80% , 27. 30% and 23. 8% respectively (Figure 3).

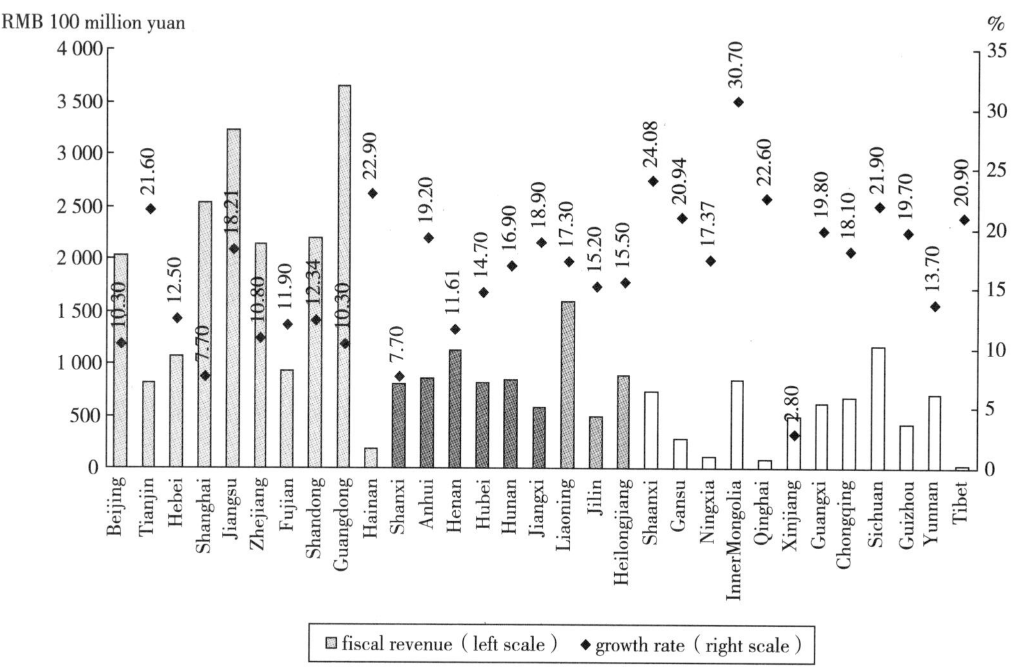

Source: Statistics Bureau of Municipality.

Figure 3 Fiscal revenue and its growth rate by province (autonomous region, municipality), 2009

2. 1. 4 Regional enterprise revenue kept growing, people's livelihood kept improving

In 2009, industrial enterprises kept growing, economic effects were good. Above – scale industrial enterprises realized profit RMB 1 768. 072 billion yuan, RMB 506. 474 billion yuan, RMB 525. 810 billion yuan, and RMB 226. 985 billion yuan in Eastern, Western, Central and Northeastern regions; up 22. 47% , 14. 84% , 7. 00% and –0. 09% respectively.

Income of urban residents grew smoothly and steadily, employment kept steady. Urban per capita disposable income was RMB 17 175 yuan, up 8. 8% year on year; price factor excluded, actual growth was 9. 8% , up 1. 4 percentage points than previous year. Rural per capita annual net income was RMB 5 153 yuan, 8. 2% more than previous year; price factor excluded, actual growth was 8. 5% , up 0. 6 percentage point than previous year. Data from National Buread of

Statistics of China showed that net increase of urban employed workers was 9. 1 million; rural migrant workers at the end of the year was 149 million, 1. 7 million more than the first quarter.

2. 1. 5 Regional domestic needs went up greatly; import and export trade went up gradually

In 2009, policies from central government such as expanding domestic needs and promoting steady and rapid economy development were implemented over time. Market confidence recovered gradually. Investment and consumption accelerated quarter by quarter. Public investment in fixed assets were RMB 9. 67 trillion yuan, RMB 5. 06 trillion yuan, RMB 5. 13 trillion yuan and RMB 2. 54 trillion yuan respectively in Eastern, Central, Western and Northeastern region, a rise of 24. 01%, 36. 18%, 40. 07% and 31. 56%, up 4. 76, 4. 40, 11. 75 and 2. 13 percentage points than the previous year (Figure 4, Table 2).

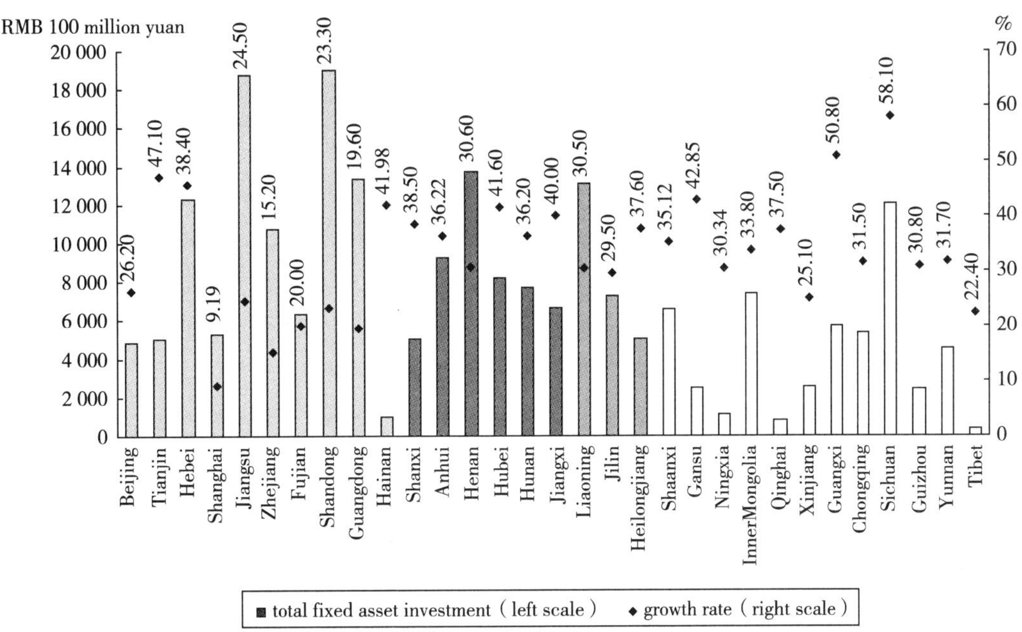

Source: Statistics Bureau of Municipality.

Figure 4 Fixed asset investment and its growth rate by province (autonomous region, municipality), 2009

Table 2 Social fixed asset investment by region

Item	East		Central		West		Northeast	
	2008	2009	2008	2009	2008	2009	2008	2009
Total fixed asset investment (RMB 100 million yuan)	77 923. 88	96 704. 08	37 108. 61	50 550. 96	36 941. 16	51 257. 96	19 293. 80	25 363. 50
Proportion to whole country (%)	45. 50	43. 20	21. 67	22. 58	21. 57	22. 90	11. 27	11. 33
Proportion to GDP (%)	44. 10	49. 68	58. 27	72. 07	63. 41	76. 66	68. 43	83. 00
Growth rate (%)	19. 25	24. 01	31. 78	36. 18	28. 33	40. 07	29. 43	31. 56

Source: Statistics Bureau of Municipality.

Total retail sales of public consumers were respectively RMB 7. 11 trillion yuan, RMB 2. 64 trillion yuan, RMB 2. 30 trillion yuan and RMB 1. 22 trillion yuan in Eastern, Central, Western and Northeastern region, up 17. 27%, 19. 14%, 19. 19% and 18. 67% year on year. (Figure 5) Policies of home appliances, autos and motors going to the countryside and old – to – new movement got remarkable results. Of per capita expenditure for consumption, home appliances, autos, clothing, medical health and gold and silver jewelry had significant growth comparing to that of 2008.

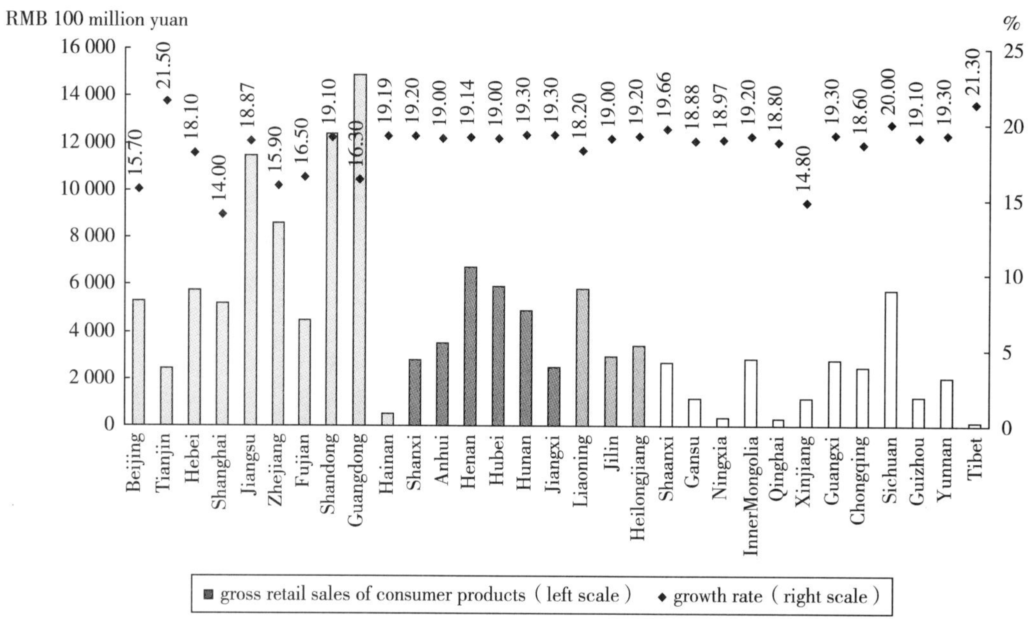

Source: Statistics Bureau of Municipality.

Figure 5 Gross retail sales of consumer products and its growth rate by province (autonomous region, municipality), 2009

Policies adjusting export tax rebate, supporting key enterprises and commodities exporting, and increasing support for business credit insurance came up in time. The current situation of foreign trade in all regions improved gradually, import and export went up quarter by quarter, and the descending was slowing down. With international economy rebounding, export in China got better since August, 2009; in November and December, 2009, export and import increased, ending the negative growth. In September, 2009, Fujian province first realized a positive growth. Annual total foreign trade of Eastern, Western, Central and Northeastern region were USD 1 950. 954 billion, USD 77. 677 billion, USD 91. 471 billion and USD 90. 892 billion; total imports were USD 995. 793 billion, USD 35. 769 billion, USD 44. 656 billion and USD 44. 240 billion; total exports were USD 955. 160 billion, USD 41. 907 billion, USD 46. 814 billion and USD 46. 653 billion (Figure 6).

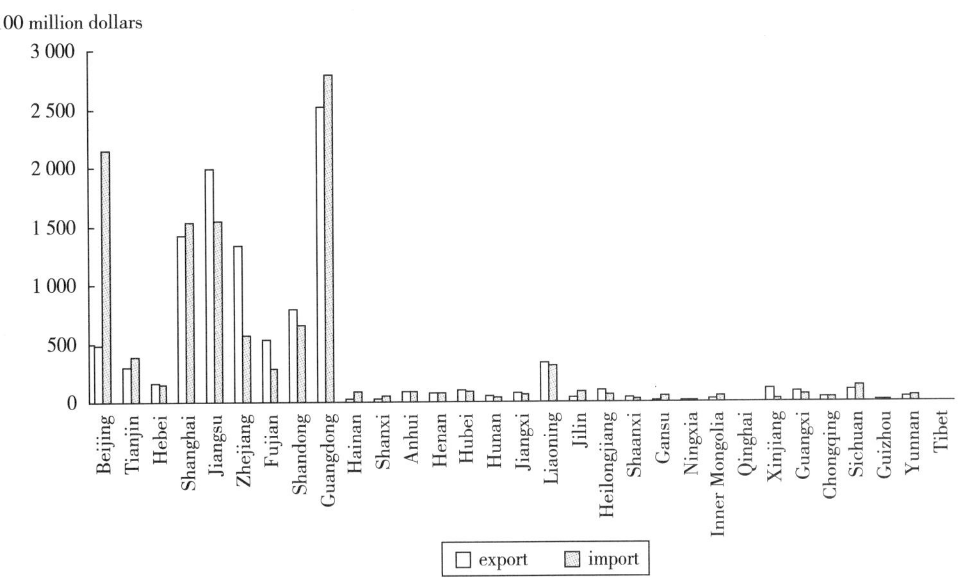

Source: Statistics Bureau of Municipality.

Figure 6 Export and Import by province (autonomous region, municipality), 2009

2.2 Coordination in regional economic development was enhanced; regional features were getting obvious

Regional economies were inevitably affected by international financial crisis. But with the package plan from central government, every region carried out revitalizing policies and the policy to keep growth, livelihood and stability firmly to run macro control, and successfully rescued economy from decreasing rapidly, got national economies recovered, and at the same time enhanced coordination in regional economic development.

2.2.1 Structure adjusting and industry upgrading kept speeding up in Eastern region

Though regional economy developed relatively slow in Eastern part, with common efforts by government and enterprises, industrial upgrading and shifting promoted gradually. Since the crisis began, some labor – intensive industries and high – energy – consuming industries were relocated or eliminated. Enterprises focused on innovation of technology and management. Meanwhile, they paid more attention to digging domestic market and reduced reliance on external economies. For instance, Zhejiang Province sped up improving traditional industries, who at the same time, innovated themselves; and it grabbed the chance developing new industries such as PV energy, which became the key growth point in competitive new industries and new economies. By introducing "Implementing Advice on Speeding up High – tech Industrialization", Shanghai made clear the breakthrough of advanced manufacturing industries. The document suggested eliminating laggards, seizing the high ends in traditional producing industries with accelerating industrialization of new high technologies; leading industrialization and informatisation of advanced producing industries, thus leading modern services to grow.

2.2.2 Regional economies kept growing rapidly in Central and Western regions

Growth in Central and Western regions generally exceeded that of Eastern regions. Data from National Bureau of Statistics of China showed that, in 2009 the growth of GDPs in 17 provinces was over 12%, including 4 in Central region, 7 in Western region; Inner Mongolia ranked top by the growth of 16.9%. Regional economies went up in adversity, first, because of supportive policies to the area; secondly, Central and Western regions were in the early and middle state of industrialization, and basic industries such as heavy industry and equipment manufacturing industry together with infrastructural construction promoted the growth of industry strongly in Central and Western regions; thirdly, the inclination to agricultural policies from the central government accelerated agriculture development in Central and Western regions; fourthly, domestically – oriented economy in most provinces in these regions suffered little impact in the international financial crisis.

2.2.3 Northeastern region became an important regional economic growth pole

Since the revitalizing strategies for Northeast traditional industry base were carried out in 2003, Northeastern regional economy grew rapidly and became an important regional economic growth pole besides Pearl River delta and Yangtze River delta. In 2009, the base withstood negative factors such as deteriorating international economy and the slowing down of domestic economy, main economic indicators such as growth ratio of regional GDP, actual used foreign investment and public investment in fixed assets were ranking top in China. RMB loans from financial institutions in Northeastern regions were added up to RMB 2.87 trillion yuan, a rise of 31.31% year on year. With the strong support of financial departments in 3 provinces, GDPs in Northeastern regions added up to RMB 3.06 trillion yuan, a rise of 12.56% year on year. Economic operation went up again steadily.

2.2.4 Region developing strategies encouraged China's economy to grow steadily

China has a long – term task in adjusting economic structure, which is to adjust regional economic structure, build a new pattern of complementing advances, communicating positively and developing harmoniously. Four main boards were established gradually since the West Development a decade ago. Regional policies became an important part of package policy coping with financial crisis in 2009. Regional economies got closer; coordination got various, regional developing policies got effective. Various regional developing strategies even national strategies came out, internal integration and external competitive cooperation inside regions, especially intensive policies for so - called "post - developed areas" were introduced, which became the great drive for development of China's economy.

The reform and opening up policy kept on in Eastern regions, developing plans for Yangtze Rive delta and Pearl River delta were carried out. Opinions on opening and developing the cross - coast economic zone, coastal areas in Jiangsu Province, Yellow River delta and "Two Centers" in Shanghai were published. GDPs of Shandong Province and Jiangsu Province ranked among top three in China. Concerning those two provinces, "Yellow River Delta Efficient Ecological Economy Zone" and "Coastal Economy Opening and Developing Plan in Jiangsu Province" were upgraded to national strategies and helped the two provinces to develop. As for policy for Haixi national economic zone in Fujian province in coastal areas of Southeastern region, it was introduced in 2008, but achieved remarkable results in 2009.

Central economy began to take off. Planning for Speeding up Central Regions' Development was published. Relevant departments wrote planning for demonstrating areas for industry shifting in cities along Wanjiang and for developing Danjiangkou Reservoir and its upstream cities. They also supported the Central regions to build three bases which are grain production base, raw material for energy base and modern facilities producing and high - tech base. At the same time they supported to build the integrated transport hub.

Western Development Drive kept on proceeding. In 2009, 18 infrastructural constructions were in the process, with investment of RMB 468. 9 billion yuan. Policies for economic and social development got improved. *Developing Plan for Guanzhong - Tianshui Economic Zone* and *Overall Plan for Circular Economy in Gansu Province* were introduced, which created good developing environment for Shaanxi Province and Gansu Province.

Benefiting from China - ASEAN Free Trade Area, Beibu bay national economy developing zone in Guangxi Province developed greatly in 2009. Chengdu - Chongqing region development plan was basically molded; and developing plan for Tibet and Xinjiang would be published in 2010.

Northeastern region was on its way to develop. The State Council published *Implementation Advice on Further Developing Old Industrial Bases in Northeastern Region.* It stated that these bases should leap over and develop distinctive competencies and competitive advantages, thus contribute to national economy. The development agreement for cooperation between Northeast China and Russia Far East and East Siberian Border Region was signed with Heilongjiang province as the implementation body; Jilin Province was to carry out the plan for "Changchun - Jilin city – Tumen" Open – up and Cooperative District; Dalian was appointed as the head for Coastal economic zone in Liaoning Province. All these actions were upgraded to national strategies.

2.3 Aspects in the development of regional economies that should be concerned

2.3.1 Regional economies went up again, but developing basis was unstable

In 2009, regional economies in China went up again, but the basis was not firm enough to maintain the growth of economy. First, external needs were decreasing because international economy was slowing down; and this affected most regional economies. Most developed countries' economies were declining, world trade was shrinking, and consumption was therefore weakened. Decreasing external needs lead to reducing orders for export enterprises; some exporting products had greatly fluctuating prices. Trading volume of all regions with major trading partners dropped down; relevant exporting enterprises' operation benefit was influenced. At the same time international trade protectionism caused trading conflicts which affected exporting enterprises; Second, the basis for industrial enterprises' sustained development was unstable, which relied heavily on nation's policies. On one hand, foreign trade prospect of exporting enterprises was far from being satisfactory; on the other hand, industrial structure adjusting and regulation work for overcapacity industries limited loans to go to eight industries. Some regional pillar industries were affected. If these industries kept on depressing, stability of regional economic growth and financial economic environment would be affected in aspects of employment, employees' income, relevant industries' producing and social life.

2.3.2 Regional investments in fixed assets kept growing rapidly, but it should be noted that development of economy relied too much on investment

Regional investments in fixed assets kept growing rapidly these years. And it was obvious that growth of investment was faster than that of economy and consumption. What needs attention is that, the growth of investment was faster than that of GDP, and the situation existed for many years. It made the proportion of the investment in fixed assets to GDP keep growing. The proportion of Eastern, Central, Western and Northeastern regions were 49.68%, 72.07%, 76.66% and 83.00%, respectively 5.58, 13.8, 13.25 and 14.57 percentage points more than that of the previous year.

The situation hasn't been changed where the growth of economy depends on investment, and it affected the stability and continuity of economic growth. First, there were many factors which limited the growth of investment, such as investment projects reserve, investment recovery period, sustainability of investment with fiscal credit funds, growth in domestic and international market demand and overcapacity. Once the situation reversed, economic growth would be driven down. Second, private investment needed to be activated urgently. Private investment dropped in 2009, as seen in the structure of investment in fixed assets. If it could not be fully activated in time, economic growth would lose the back – up force, and it would be hard to maintain the growth. But on one hand, private investment was not enthusiastic about industries allowed for investment; on the other hand, private investors could not get enough investment fund, thus its growth was limited. Third, a significant feature of regional investment in fixed assets was that annual investment on infrastructure was big. Most infrastructure investment projects were funded throagh government financing platform, they had financial guarantee from government. The rapidy growing investment would bring great pressure to fiscal expenditure of local governments and would drag down the solvency, which would affect loan projects repaid by fiscal allocation.

2.3.3 Price index rallied along with upward pressures

In 2009, the CPI and PPI stayed at low level, but with a rising pace on prices and pressures on price stability. Although inflation risks would not be significant in short term, an early warning should be given to factors boosting inflation expectations. First, market liquidity continued to be lax which could lead to price hike to some extend and boost inflation expectations. By the year end, M_2 reached RMB 60.6 trillion yuan, an increase of 27.7% year on year or 10 percentage points higher than the previous year. The outstanding RMB lending totalled RMB 40 trillion yuan, an increase of 31.7% year on year or 13 percentage points more than the previous year. It exceeded the year – beginning figare by RMB 9.6 trillion yuan, an increase of RMB 4.7 trillion yuan year on year. Easing liquidity conditions boosted asset prices such as stocks and real estate, hiked inflation expectations and furthermore accelerated the ascending of other consumer products' price. Second, rising reserves of foreign exchange and expectation on U.S. Dollar depreciation would contribute to the inflation expectations. For one thing, the growth of foreign exchange enlarged pressures on the issuance of basic currency and lifted inflation expectations. For another, the depreciation of U.S. Dollar boosted prices of global commodities and inflation expectations. CRB index, a price indicator of global commodities, was expected to keep an accelerating momentum. Therefore, in the context of boosting demands and soaring prices, an imported inflation could be realized through the price hike of commodities.

2. 3. 4 Regional economic coordination progressed noticeably, but along with some uncertainty

Although China's regional economic coordination progressed in some way, uncoordinated structure along with some remarkable conflicts and problems existing in regional economic development did not change substantially.

First, the trends of enlarging absolute gaps among different regions did not change substantially. Although gaps among regions were narrowed in term of GDP and GDP per capita, absolute gaps among regions still had been enlarging. For instance, GDP per capita of Shanghai, the highest among all province, was 7. 75 times of Guizhou province, which was the lowest one in 2009. Mathew Effect produced in the context of market economy had presented significant challenges for narrowing regional gaps and the difficulty encountered in the process of narrowing gaps among regions had been enlarging.

Second, regional cooperation still encountered some obstacles. Regional economic cooperation had become the mainstream of economic development, economic cooperation and coordination catering to regional development were continuously carried out and becoming more diversified in term of development pattern, however, economic integration in some critical fields was still to be implemented effectively, which manifested the shortage of institutional foundation and effective operation mechanism in regional cooperation. Substantial effects of regional coordination needed to be exerted in progress. Moreover, out - of - order development and homogenized competition still existed. Currently, all the regions showed proactive attitudes to developing economy, which injected more fuels for regional development. However, development patterns focusing on their own regions would cause out - of - order development and homogenized competition along with severe output surplus.

Third, the conflicts between regional development and ecological environment were highlighted. Accelerating the development of resource - rich regions needs to be supported by developing and utilizing resources, which is also a primary method to make full use of the comparative advantages of resource - rich regions. However, excessive dependence on resource development will present a severe challenge on ecological protection and sustainable development. Resource - rich regions need to avoid falling into comparative advantage trap. Rich resources offer a comparative advantage for their home regions, but an excessive dependence on these resources easily leads to a homogenized industrial structure. With the consumption of natural resources, economic development would encounter more constraints and easily fall into comparative advantage trap. Therefore, resource - rich regions need to upgrade their industrial structures and form a diversified industrial structure along with economic development. They also need to convert their static comparative advantages in natural resources or products into dynamic comparative advantages of resources or marketing and boost a sustainable, rapid and healthy economic growth.

Fourth, the difference in the objective of different interest parties resulted in the situation where regional policies were below the expectations of boosting regional coordination. Well designed regional policies could resolve the problem of regional gaps, but in practice, the driving forces of developing their own regions keep regional policies from being fully implemented and presented challenges to improve regional coordination and development. In addition, large gaps existed in public services of different regions. With enlarging gaps in regional economic development, the difference between urban and rural area was expanded which could lead to unjust spectrum of opportunities encountered by local citizens.

Chapter 3 Financial Stability Status by Sector

In the year of 2009, facing the shocks of the international financial crisis, with the policy support of the State Council and the financial supervision and regulation department, banking sector in all the regions maintained steady operation, the asset scale continued to grow and the asset quality kept stable. The fundamental institutional construction of securities and futures market consummated unceasingly, the business of securities institutions expanded, the futures companies developed well, and the overall competitiveness of fund industry was enhanced. The whole year premium in all the regions had been amounted to RMB 1 trillion yuan for the first time; the asset scale of the insurance institutions continued to grow, the profitability improved, the yield of insurance funds increased.

3.1 Banking sector

Banking sector in all regions maintained steady growth; while insuring a high level of asset quality, the profits' steady growth was achieved. The overall strength of the banking sector was an all time high, a number of core indicators such as asset scale, asset quality, profit capability and the risk prevention capability got enhanced steadily. Those factors were effectively safeguarded the financial stable in all regions.

3.1.1 Overview of banking sector's development in regional economy

3.1.1.1 Banking sector developed quickly and asset size continued to enlarge

In 2009, the operating scale of banking sector in all the regions continued to expand. The total asset of banking sector in eastern region reached RMB 42.63 trillion yuan, an increase of 27.35% year on year and accounting for 59.56% of their total in China; the total liability of banking sector stood at RMB 41.49 trillion yuan, an increase of 27.85% year on year and accounting for 59.48% of their total in China. The total asset of banking sector in central region reached RMB 10.88 trillion yuan, an increase of 25.22% year on year and accounting for 15.20% of their total in China; the total liability of banking sector in central region stood at RMB 10.63 trillion yuan, a year on year increase of 25.63% and accounting for 15.24% of their total in China. The total asset of banking sector in western region reached RMB 12.49 trillion yuan, a year on year increase of 31.18% and accounting for 17.44% of their total in China; the total liability of banking sector in western region stood at RMB 12. 19 trillion yuan, increasing 41. 89% year on year and accounting for 17. 48% of their total in China. The total asset of banking sector in northeastern region reached RMB 5. 58 trillion yuan, a year on year increase of 27. 63% and accounting for 7. 79% of their total in China; the total liability of banking sector in northeastern region stood at RMB 5. 44 trillion yuan, increasing 27. 72% year on year and accounting for 7. 80% of their total in China (Figure 7).

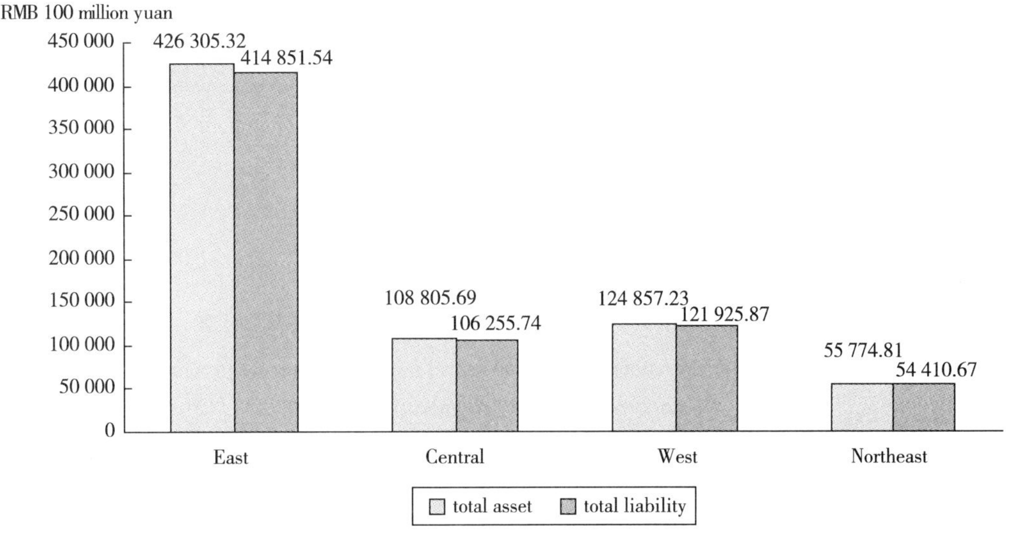

Source: People's Bank of China (PBC).

Figure 7 Banking institution's assets and liabilities by region, 2009

Geographic ally speaking, although eastern region's percentage of banking assets in the whole country dropped slightly, it still accounted for 50% of that of the nationwide, including the headquarters of the biggest four state – owned commercial banks, joint – stock commercial banks and most foreign – founded banks. In 2009, the asset size of banking sector in western region grew fastest in all the four regions of the country and its percentage in banking sector nationwide increased by 0. 46 percentage points year on year. The asset size of banking sector rose more than 20% in most provinces. Hainan, Tianjing and Chongqing ranked top three, achieving year – to – year increases of 71. 00%, 40. 83% and 38. 21% respectively in the asset scale (Figure 8).

3. 1. 1. 2 The NPLs and NPL Ratio of banking sector in all regions both dropped and risk prevention capability enhanced

The capital quality of banking sector in all regions changed for the better continually, and the NPLs dropped year by year. Commercial bank's capital quality is at the international forefront, the leverage is in the safety zone. By the end of 2009, outstanding NPLs in eastern, cen-

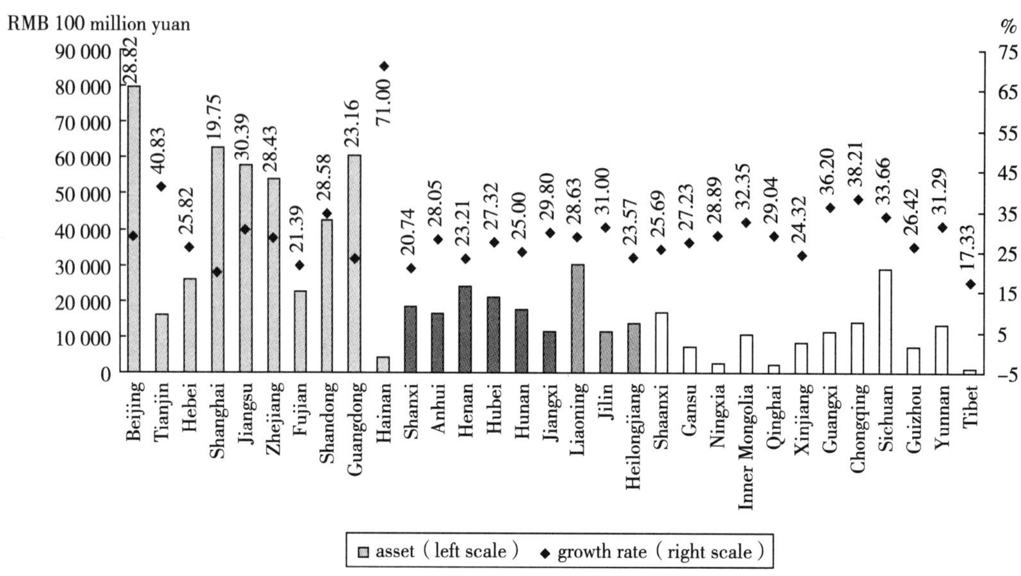

Source: People's Bank of China (PBC).

Figure 8 Banking institutions' assets and its growth rate by province (autonomous region, municipality), 2009

tral, western and northeastern area reached RMB 509. 42 billion yuan, RMB 358. 84 billion yuan, RMB 271. 43 billion yuan and RMB 214. 36 billion yuan, and NPL ratios were 2. 19%, 6. 09%, 3. 78% and 7. 48% respectively. The outstanding NPLs in western region reduced most in all the four regions from RMB 326. 37 billion yuan to RMB 271. 43 billion yuan, and the NPL ratio dropped by 2. 49 percentage points (Table 3). Commercial bank's provision coverage ratio reached 155. 02%, up 38. 57 percentage points over a year earlier.

Table 3 Non-performing loan by region

Item	East		Central		West		Northeast	
	2008	2009	2008	2009	2008	2009	2008	2009
Non – performing loan (RMB 100 million yuan)	5 518. 13	5 094. 24	3 945. 60	3 588. 46	3 263. 72	2 714. 31	2 261. 96	2 143. 62
Non – performing loan rate (%)	3. 14	2. 19	8. 97	6. 09	6. 27	3. 78	10. 36	7. 48

Source: PBC.

3. 1. 1. 3 Overall liquidity level of banking sector in all the regions remained sufficient and profitability continued to be improved

Since the year of 2009, the People's Bank of China implemented the moderately easy monetary policy, carried out open market operation flexibly, and the liquidity level of banking system remained sufficient. By the end of 2009, the excess reserve ratio of banking institutions was 3. 13%; the big four state – owned commercial banks was 1. 72%, the joint – stock commercial banks was 3. 13% , the rural credit cooperatives was 8. 78%. The liquidity ratio of the small and medium financial institutions such as city commercial banks and rural commercial banks maintained above 50%.

In 2009, the profits of banking institutions in all the regions continued to grow and profitability still improved. The book profits of banking institutions in eastern, central, western and northeastern regions reached RMB 420. 889 billion, RMB 105. 715 billion yuan, RMB 138. 313 billion yuan and RMB 45. 719 billion yuan (Figure 9). The average ROE and ROA of the banking institutions reached 17. 61% and 1. 02% respectively. But the profit growth had slowed down, the proportion of the intermediary business of banking sector in all the regions was still low, profit growth and the improvement of profit structure confronted larger pressure. With the quick expansion of loans, asset quality and the capital adequacy of banking sector began to come down, some commercial banks' capital adequacy ratio dropped just above the regulatory requirement of 8% , the requisition for capital supplement was urgently.

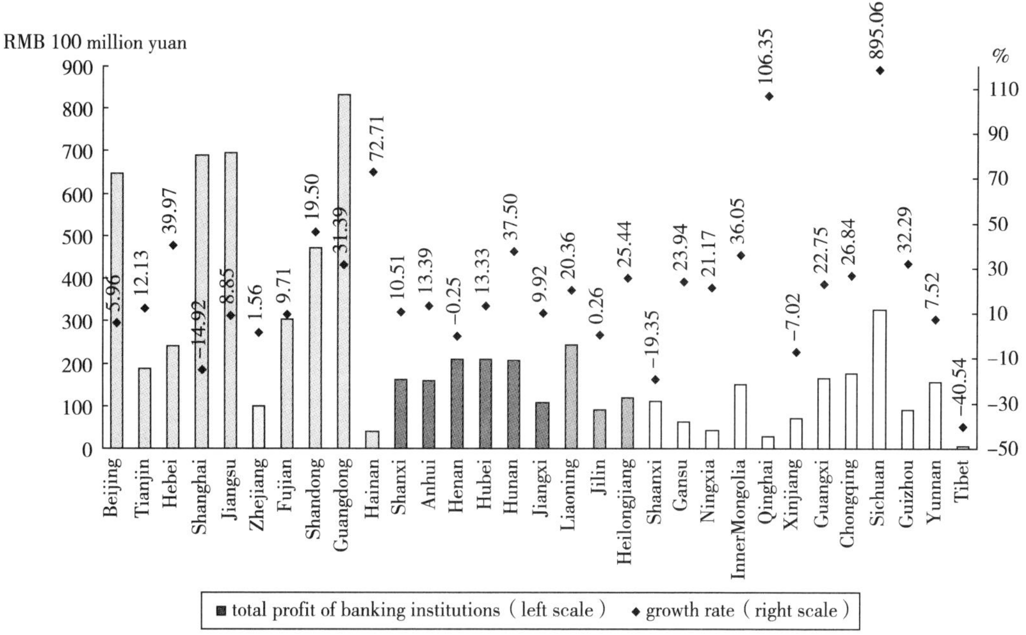

Source: PBC.

Figure 9 Total profit of banking institution and its growth rate by province (autonomous region, municipality), 2009

3. 1. 1. 4 The trend for higher percentage of demand deposit was significant, medium and long term loan raised more

In 2009, deposit balance of commercial banks in eastern, central, western and northeastern regions amounted to RMB 33. 62 trillion yuan, RMB 8. 82 trillion yuan, RMB 10. 19 trillion yuan and RMB 4. 29 trillion yuan, increasing by 28. 36% , 26. 59% , 30. 32% and 25. 69% respectively. Deposits of non – financial corporations increased significantly faster than household deposits. Due to recovering economy and active capital market, residences' investment fund for production and operation increased, the growth of household deposits thus slowed down, and the trend for higher percentage of demand deposit was obviously.

The swift growth of loan scale powerfully promoted the domestic economic recovery. By the end of 2009, the balance of RMB loan of banking institutions in eastern, central, western and northeastern regions totaled RMB 23. 31 trillion yuan, RMB 5. 89 trillion yuan, RMB 7. 18 trillion yuan and RMB 2. 87 trillion yuan, increasing year on year by 32. 66% , 33. 94% , 37. 88% and 31. 31% respectively (Figure 10) , the effect of financial industry backing regional coordinated development was significant.

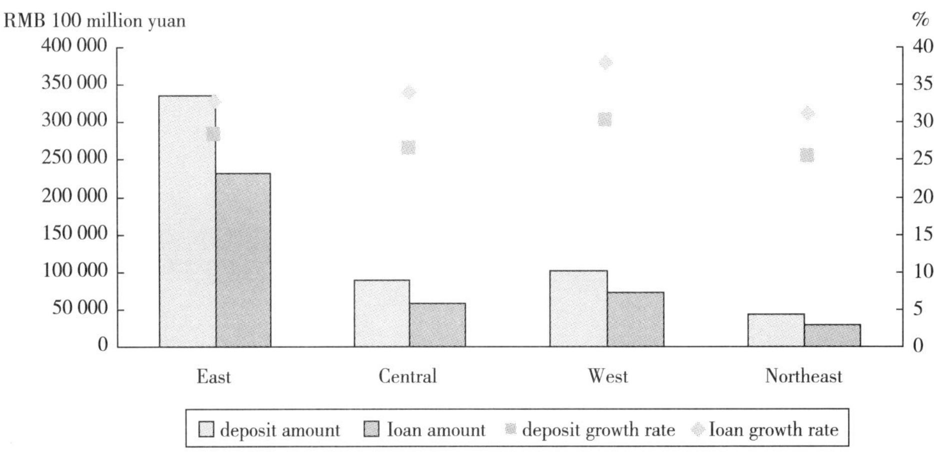

Source: PBC.

Figure 10 Deposits, loans and growth rate by region, 2009

In the total new RMB lending of 2009, more than sixty percent was medium and long term loans, becaming the main power of stimulating investment in fixed assets. By the end of 2009, the outstanding medium and long term loan of eastern, central, western and northeastern reigons reached RMB 12. 59 trillion yuan, RMB 3. 15 trillion yuan, RMB 4. 62 trillion yuan and RMB 1. 51 trillion yuan, an increase of 43. 90% , 44. 22% , 48. 59% and 43. 84% (Table 4). New medium and long term loan in eastern, central, western and northeastern region accounted for 66. 85% , 64. 62% , 75. 26% and 67. 57% of total new RMB lending in 2009. The medium and long term loans were mainly invested in infrastructure industry (such as transportation, warehousing and postal service industry, electricity, gas and water production and supply industry, water conservation, environment and public utility management industry) , rental and business services industry, real estate and manufacturing industry.

Table 4 Banking institutions' medium and long-term loan by region

Item	East		Central		West		Northeast	
	2008	2009	2008	2009	2008	2009	2008	2009
Medium and long term loan (100 million yuan)	87 497.20	125 905.94	21 874.13	31 546.27	31 108.17	46 224.15	10 507.72	15 113.93
Growth rate (%)	10.57	43.90	18.40	44.22	21.29	48.59	14.51	43.84
Medium and long term loan rate (%)	49.78	54.00	49.72	53.54	59.73	64.37	48.13	52.72

Source: PBC.

3.1.1.5 The reform of banking sector continued to advance and strategic transformation further deepened

In 2009, the four big and listed state – owned commercial banks, Industrial and Commercial Bank of China, Bank of China, China Construction Bank and Bank of Communications, deepened their reforme, business and service performance continued to be improved, strategic transformation had deep development. Agricultural Bank of China Ltd. was formally established, trial reform of ARF – related financial divisionalization proceed gradually. China Development Capital Co., Ltd. started business officially. The reform of policy financial institutions continued to promote.

The reform of the small and medium financial institutions in all the regions further advanced. With the restructuring, listing and cross – region development, some originally local commercial banks such as Bank of Beijing, Bank of Shanghai, and Bank of Nanjing began to implement strategic transformation according to their market position. The city commercial banks in all the regions were injected capital, sped up the implementation of cross – region operating strategy, and proactively prepared for initial public offerings (IPO). Foreign financial institutions accelerated setting up branch offices in the eastern area. The number of foreign bank branches only in Yangtze River Delta reached 199, a year – on – year increase of 17. Two foreign banks in Shanghai successfully issued RMB – denominated financial bonds in Hong Kong market. Postal Savings Banks reformed type · Ⅱ network. The rural financial reform made new progress. By the end of 2009, the county – based legal entity rural credit cooperatives totaled 2 054; rural commercial banks and rural cooperative banks in all the regions reached 43 and 195 respectively.

The banking institution in all the regions changed the situation where corporate business acted as the absolute dominance, proactively operated wealth management and private banking business. The non – spread income of banking sector in all the regions accounted for more proportion in total revenue, sources of intermediary business income became increasingly diversified. In 2009, revenue from new services such as cash management, asset custody, corporate annuity, financial consultancy and traditional services like domestic and international settlement, acceptance, and guarantee commitments grew rapidly. Along with the capital market rebounding, residents' investment willingness rose again, the sale of financing products and the funds increased year - on - year, which also contributed greatly to the intermediary business growth.

3. 1. 1. 6 Financial products innovation advanced steadily and the financial cross - sector cooperation enhanced

Innovation of financial organizations in all the regions made positive progress. According to economic development characteristics and the actual needs of customers, by positive effective service and product innovation, banking institutions better met the financial services demand under the new situation, alleviated the financing difficulty brought up by the economic downturn. Bank financing products developed quickly, the business of non - bank financial institutions richened day by day. A number of new credit businesses such as bridge loans, intellectual property backed loans, SME financing through credit insurance policy developed gradually.

The financial products linking different categories developed rapidly · Financial organization developed cross - sector, cross - market financial products and services. Commercial banks setting up fund management companies were smoothly promoted; commercial banks seting up leasing companies and the equity investment in trust companies also made significant progress. Comprehensive operation step out substantively. The bank of Communications obtained approves to purchase China Bolife Insurance's 51% stocks, and became the first banking institution that had insurance licenses. Through its wholly owned subsidiary, Bank of China Insurance Co. , Bank of China was also approved to hold stakes in Heng An Standard Life.

3. 1. 1. 7 The financial service for SMEs (the small and medium enterprises) became specialized and financial support for agriculture development was reinforced

The banking institution in all the regions actively particapated in the business of SMEs financing, increased the SMEs credit by combining their own advantages. Large state - owned commercial banks such as Industrial and Commercial Bank of China, Bank of China and China Construction Bank all established SMEs business centers, actively promoted the specialized operating mode of the SMEs "credit factory". Joint - stock commercial banks advanced professional management of SMEs credit through products innovation, and innovated SMEs financial service pattern. By the end of 2009, loan provided by 17 main commercial banks' SMEs business centers accounted for more than 60% of their total SMEs loan. Local micro - financal institutions such as rural credit cooperatives, rural cooperative banks and urban cooperative banks took the SMEs loan as strategic priority; the loan for SMEs in those institutions accounted for 30% to 40% of their total lending, with the highest ratio reaching 60%. By the end of 2009, the outstanding SMEs loan of banking sector in all the regions reached RMB 10. 9 trillion yuan, with an increase of 13. 5%.

Rural finance service continued to improve. Agricultural Bank of China and rural credit cooperatives have played a major role in supporting agriculture. Up to the end of September 2009, the Agricultural bank had issued 29. 67 million Farmer's Benefit Cards, with outstanding loan of RMB 56. 8 billion yuan. The outstanding loan of argo – related financial department reached 1. 18 trillion yuan, accounted for 29. 40% of the bank's total lending. The outstanding loan of rural credit cooperatives accounted for 12% of the total loan of the banking sector in all the regions, among which the outstanding agricultural loan was 2. 1 trillion yuan, accounted for 44% of the rural credit cooperatives' total lending.

New types of rural financial organizations developed quickly. By the end of 2009, 172 new types of rural financial institutions were set up, including 148 village and town banks, 8 small – loan companies, and 16 rural mutual cooperatives. These new rural financial institutions were mainly distributed in the counties where agricultural proportion was higher, central and western regions, the counties where the financial organ and network coverage was lower, national and provincial poverty alleviation key counties and the counties where SMEs were active. A number of rural finance and taxation supportive policies had been published, which encouraged the strengthening of the financial services for the agricultural industry chain, the farmer specialized cooperatives, the peasant worker returning to his native village and working, the "home appliances going to the countryside" and so on. Through a variety of ways of setting the simple operating business network, providing fixed time and point service, or the flowing service, gradually the entire coverage of villages and towns was realized.

3. 1. 2 Noteworthy issues in the development of banking sector in regional economy

3. 1. 2. 1 Credit growth was excessively quick and credit structure wasn't very reasonable

In 2009, new loans denominated in RMB reached 9. 59 trillion yuan, an increase of 4. 68 trillion yuan over a year earlier, creating the historical highest level. The swift growth of loan scale powerfully promoted the domestic economic recovery, but also brought about such problems as excessive total scale, unreasonable structure and so on. First, local government investment occupied too much in the entire investment; the lending of banking institutions mainly concentrated on the local government – led infrastructure construction as railway, highway and airport construction and real estate industry. Second, banking sector continued to concentrate the credit portfolio on large clients and industries with competitive edge. In 2009, the bank institutions in all the regions competed to increase credit loans to large projects and big enterprises, the phenomenon of large clients over – credited was more prominent, and efficiency of credit funds should be improved. Third, the phenomenon of deposit and loan's term structure mismatch was aggravated. While savings deposits in banking institutions was diverted and the debt showed short – term tendency, the percentage of medium and long term loans in total lending portfolio continued to rise, and its concentration degree further enhanced. The medium and long term loans were easily influenced by macro economic fluctuation and enterprise operating cycle, causing more uncerntainties in the commercial banks' medium and long term credit risk. At the same time, asset and liability's serious term mismatch may result in banking institution's insufficient structural liquidity, which deserved attention.

3.1.2.2 Potential credit risk of banking sector in all the regions rose and the pressure from NPLs rebound was increasing

In 2009, new loans denominated in RMB reached 9.59 trillion yuan, among which, the proportion of financing platform company loan and real estate loan were above 30%, the percentage of large client loan, medium and long term loan was above 50% and 60% respectively, showing that the loan concentration ratio climbed. There was other funds injected in the form of wealth management, trust etc., and some credit funds that hadn't entered the real economy. With normalization of the overall economic environment and the acceleration of structural adjustment, the possibility of above fund facing substantive risk and loss enlarged obviously. Three aspects need to be paid attention to:

First, the risk of local authority financing platform corporate's loan. In 2009, all levels of financing platform loan provided by banking sector grew fast, among which the proportion of city and county level financing platform was much high. Many projects invested by local authority financing platform didn't directly generate or only produce small economic benefits, so repayments was not guaranteed. The loan had to be repaid by the local government's future fiscal revenue. The financing platform corporate in all the regions had similar risk characteristics of high debt ratio, heavy reliance on bank loans, and high proportion of credit loans. The loan of local financing platform continued to grow excessively quickly, insufficient local fiscal payment ability would cause big credit risk, thus threatening the security and stability of local financial system.

Second, the bigger pace of industry restructuring would increase the pressure from NPLs rebound. In 2009, the investment to some over capacity production industries including iron and steel, cement and coal chemical industry still kept swift growth; the banking institutions in all the regions all had a greater amount of credit in the ten biggest surplus production industries. In the process of speeding up economic structure readjustment, eliminating and limiting backward and surplus production, if banking funds continued to flow to the above industries, the risk of credit quality decling would increase.

Third, the credit card's non – performing ratio rose quickly. In recent years, banking institutions all took credit card service as the key marketing point, the risk caused by rapid expansion of the issued card scale already appeared. Under the performance assesement pressure, some banks one - sidedly pursued the issued card scale, and neglected the applicant's credit and repayments ability, leading to the risk of cardholders unable to repay, credit card fraudulence and so on. Some SMEs owners and other cardholders lacking funds may overdraft credit limits and cash out to gain cash flow, greatly increasing the risk of credit cards. The credit card's non - performing ratio in some areas had obviously gone up.

3. 1. 2. 3 Rapid rise in asset prices affected the banking business

From the perspective of real estate prices, since March 2009 to December, 70 big and media - sized cities' real estate price index accumulatively increased 8. 2%. Affected by market changes, the real estate loan in all the regions grew quickly. In 2009, the real estate loan flowed to property development, industrial park construction as well as urban construction reached 2 trillion yuan, accounted for 21. 9% of total new lending at the same time. By the end of 2009, the outstanding real estate loan offered by banking institutions in all the regions was 7. 40 trillion yuan, an increase of 39. 62%. The proportion of the real estate loan in the balance of the loans continued to rise and reached 17. 39% by the end of 2009. The growth rate of individual housing loan rose to its highest level since 2007. The outstanding individual housing loan was 4. 55 trillion yuan, an increase of 50. 86%. Real estate price rose fast in 2009, and the real estate credit concentration ratio was also high, and the outstanding NPLs of commercial used building development began to rose. Individual housing loan's disorderly competition is quite prominent, which also had a high relevance with the house price fluctuation. The potential impact of future price fluctuations on real estate credit is worth to be noted.

From the perspective of stock market, in the whole year of 2009, Shanghai composite index and Shenzhen component index in China's A share market rose by 79% and 111% over a year earlier respectively, ranking first in the whole world. With the stock market rebounding, the acceleration of new funds issued drove intermediate business of banking institutions like fund agency and custody business to rise; at the same time various types of market - related wealth management products grew rapidly. Households sector reduced time deposits to gain more investment income; the trend of the higher percentage of demand deposits in total saving deposit was obvious, which would affect the stability of banking institutions funds sources. Affected by IPO acceleration and secondboard market opening, the interbank deposits volatility increased.

3. 1. 2. 4 Risk management and control of banking institutions

Under specific policy background, large amount of credit had been granted by banking institutions in all the regions, but many banks' credit management ability hadn't synchronously strengthened. some commercial banks' risk management didn't reach the standard. The phenomenon of emphasis on lending and ignoring management was prominent, and banks neglected to track and monitor the actual use of loans. Lack effective means to monitor funds after credit, it is difficult to track the group customer's fund due to its complex financial relations, and the situation of credit fund's actual use inconsistent with contract existed objectively. The "blind area" existed in the continuous monitoring of Commercial banks' credit funds. Generally speaking, banks easily understood and mastered the initial flow directions of credit funds; after the capital flowed to other banks, the monitoring became more difficult, which brought about the challenge for the bank's risk management.

3. 1. 2. 5 Risk brought about by the rapid growth of banking institutions' wealth management products

In recent years, the bank financing market developed rapidly, with more diversified products. In 2009, the wealth management products launched by commercial banks in all the regions reached 7 315, 3 695 or 50. 51% of which was credit wealth management products. The banking wealth management products outstanding reached 3. 7 trillion yuan, in which the proportion of credit asset was above 50%. Under moderately easy monetary policy background, balance – sheet loan was transferred outside the sheet through trust financial products, which allowed the banking institutions to avoided the control on credit scale, and led to difficulty in mastering their actual credit scale. Simultaneously, the compliance regulation pressure of credit funds' flow direction was increasing. With prices of stock and real estate market going upward, the likelihood of credit fand flowing to non – real economy increased. Some wealth management fund flew to infrastructure projects, which achieved the bank loan' capital ratio requirement by alleviating capital gap. Medium and long term loan was splitted into several short – term wealth management products to solve the payment problem of due products; ultimately when following products release couldn't be sustained the bank would use its principal fund to substitute the trust company's repurchase. The cooperation between bank and trust seemingly sold the credit asset to trust companies, which avoided the relevant regulation, but the actual responsibility of later stage management and risk exposure was still borne by the banking organization.

3. 2 Securities sector in regional economy

In 2009, experienced in baptism from international financial crisis and succeeded in economic recovery, capital market stopped falling down. The number of companies listed and the scale of market capitalization increased tremendously; the strength of futures companies and their ability to serve the real ecomomy were boosted up significantly; market financing function promoted further, and the whole market kept running stably. The Growth Enterprise Market (GEM) was launched successfully and the construction of multilayered capital market system achieved new progress. Legal infrastructure of securities and futures was improved continuously and efforts to investigate and prosecute illegal activities were strengthened. Market innovation was deepened. Positive effect of capital market reformation had been cumulated and appeared gradually.

3. 2. 1 Overview of securities sector development in regional economy

3. 2. 1. 1 Capital market rebounded and the amount of investor accounts rose distinctly

In 2009, driven by positive fiscal policy centering on economic stimulus plan of RMB 4 trillion yuan and moderately easy monetary policy, Shanghai composite index and Shenzhen component index swung and grow. Both indicators sharply rose in the first half of the year, after climbing to the top in August, adjusted and then swung up. Shanghai composite index closed the year at 3 277. 14 points, up by 79. 98% year on year (Figure 11); Shenzhen component index closed at 13 699. 97 points, up by 111. 24%. The annual turn over of Shanghai and Shenzhen stock markets reached RMB 53. 6 trillion yuan, up by 100. 66% year on year; the average daily market turnover reached RMB 218. 51 billion yuan, up by 101. 2% year on year. Stock price escalated, trades became active, the number of both market participants and institution investors increased. By the end of 2009, the amount of investor accounts reached approximately 171. 50 million, up by 38. 71% year on year, of which 594. 4 thousand were institution accounts, 170. 90 million were individual accounts, up by 16. 66% and 38. 80% respectively. The accounts of eastern, central, western and northeastern regions reached about 60. 84 million, 14. 18 million, 16. 32 million and 8. 47 million, up by 31. 00%, 1. 58%, 14. 31% and 96. 97% respectively. The turnovers of eastern, central western and northeastern stock markets totaled RMB 86. 07 trillion yuan, RMB 13. 13 trillion yuan, RMB 11. 71 trillion yuan and RMB 5. 85 trillion yuan, up by 70. 39%, 89. 25%, 80. 07% and 60. 46% respectively.

Bonds and futures market kept on growing. In 2009, 165 corporate bonds were issued, raising RMB 421. 433 billion yuan, up by 78. 05% year on year. Futures market displayed an overall upward trend. Futures prices of major resource and chemical commodities, such as precious metal, fuel and oil, rubber, polyethylene and PTA, increased by over 30% that at the beginning of the year. The annual turnover of market totaled RMB 130. 51 trillion yuan, up by 81. 48% year on year.

3. 2. 1. 2 Profits of regional securities institutions increased tremendously, and anti – risk capability promoted significantly

By the end of 2009, the number of securities institutions in eastern, central, western and northeastern regions reached 53, 12, 18 and 6 respectively; the number of futures brokerage

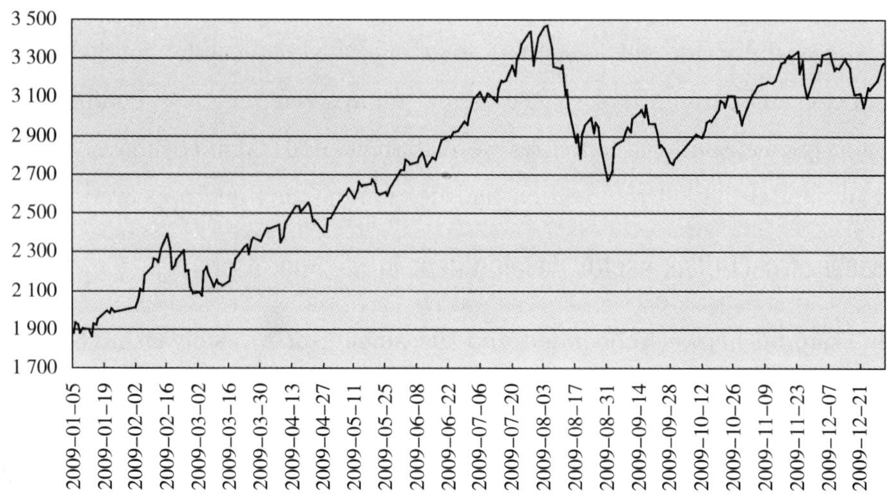

Source: Wind.

Figure 11 Shanghai composite index in 2009

companies reached 100, 20, 19 and 15 respectively; the number of fund management companies in eastern and western regions reached 42 and 3 respectively (Table 5).

Table 5 Number of securities institutions by region

Item	East		Central		West		Northeast	
	2008	2009	2008	2009	2008	2009	2008	2009
Securities company	53	53	12	12	18	18	6	6
Fund management company	41	42	0	0	3	3	0	0
Futures brokerage company	100	100	21	20	19	19	18	15

Source: CSRC.

Thanks to the recovery of market and the flourish of turnovers, overall scale and profit level of regional securities and futures institutions rose dramatically. In 2009, total assets of securities institutions in eastern, central, western and northeastern regions reached about RMB 1.19 trillion yuan, RMB 175.72 billion yuan, RMB 151.23 billion yuan and RMB 45.40 billion yuan, up by 66.97%, 87.43%, 70.84% and 106.67% respectively. Revenues of securities companies increased remarkably. The annual revenue of eastern, central, western and northeastern regions reached RMB 119.14 billion yuan, RMB 17.35 billion yuan, RMB 18.14 billion yuan and RMB 4.54 billion yuan, up by 59.97%, 57.94%, 82.46% and 111.16% respectively. Asset scale and revenue of securities companies in northeastern region experienced the largest increase in all regions (Figure 12).

3.2.1.3 Financing function of stock market strengthened further

The sufficient display of capital market financing function is the booster rocket to the lead-

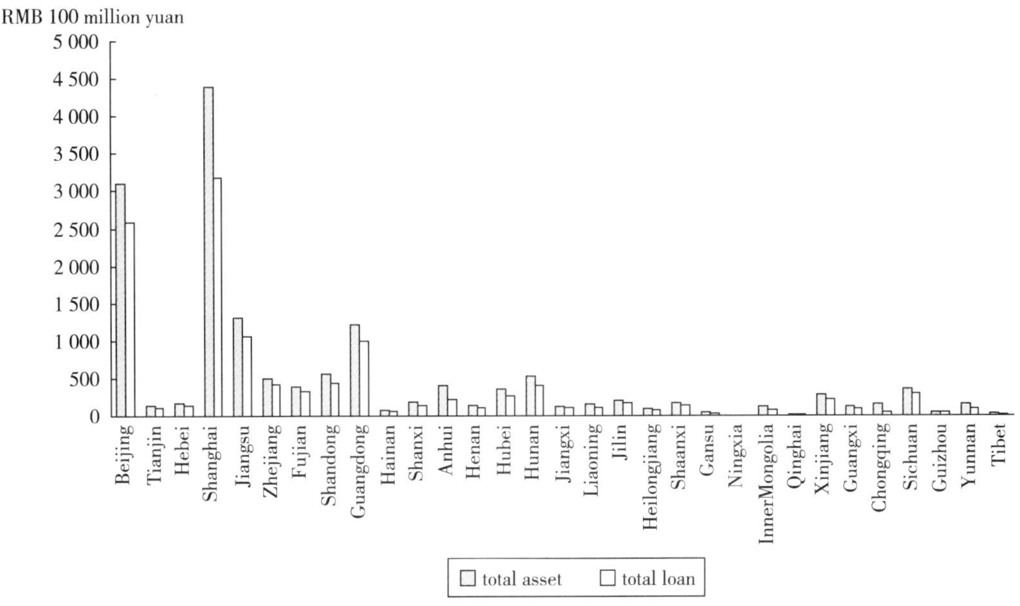

Source: CSRC.

Figure 12 Total assets and loans of securities institution by province (autonomous region, municipality), 2009

ing recovery of economy. In 2009, listed companies totally financed RMB 505. 57 billion yuan, up by 45. 46% year on year. 99 companies raised RMB 187. 9 billion yuan from IPO, up by 81. 06% year on year, which takes up 37. 17% of overall amounts through stock financing; the scale of refinancing reached RMB 317. 7 billion yuan, up by 30. 18% year on year. 135 listed companies financed RMB 303. 28 billion yuan (including directional added capital subscription) by offering additional shares. With respect to industry structure, 17 listed companies in real estate sector financed totally RMB 48. 31 billion yuan by offering additional shares, which was the largest financing scale of all sectors. Except additional shares, 10 listed companies financed about totally RMB 10. 60 billion yuan by refinancing.

3. 2. 1. 4 Scale of listed companies in all regions expanded and the whole operating condition rebounded steadily

In 2009, both the number and the market value scale rose greatly. Since 2004, a great number of enterprises with good quality or medium and small sized enterprise with good foreground and higher technology made IPO in main board. The number of listed companies increased rapidly. By the end of 2009, Shanghai and Shenzhen stock markets had 1 718 listed companies (including 108 of B shares), increased by 114 year on year; total market capitalization amounted to RMB 24. 39 trillion yuan, circulated market capitalization reached RMB 15. 13 trillion yuan, up by 100. 99% and 234. 54% respectively. In view of regional structure (Figure 13), eastern region with fast speed of economic development centralized 59. 98% of all the listed companies, among which 228 were from Guangdong province, accounting for 13.3% of all. The number of listed companies in Shanghai, Zhejiang, Jiangsu and Beijing exceeded 100.

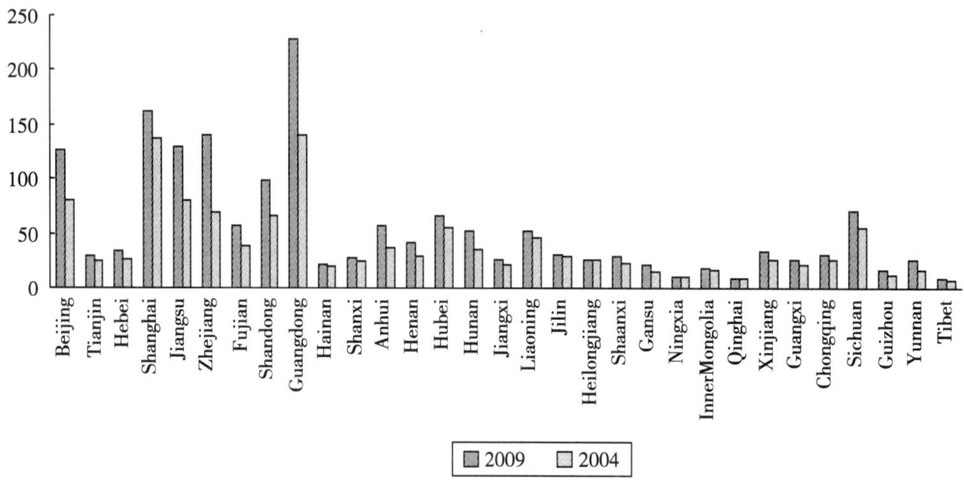

Source: Wind.

Figure 13 Number of securities institutions by region

Inspired by national macroeconomic policies, listed companies in all regions resisted the disadvantage impacts from global financial crisis. Since the third quarter, the overall profit level of listed companies realized rebounding and the upward trend became evident gradually. Information technology industry, real estate sector and some fiscal supported listed companies in manufacturing industry led to recovery, which made tremendous achievements. However, affected by macroeconomic situation, listed companies in petroleum, chemical, metal smelting and spin industry were still faced with losses.

3.2.1.5 GEM was brought out steadily and multilayer capital market system construction achieved new breakthrough

In Oct. 30th, 2009, the first 28 stocks in GEM were listed in Shenzhen stock exchanges. The formal establishment of GEM symbolized that construction of multilayer capital market system in our country had made an important breakthrough. By the end of 2009, there had been 36 listed companies of GEM, the total market capitalization of which reached RMB 161.01billion yuan, and the circulated market capitalization reached about RMB 29.90 billion yuan. As far as regional distribution was concerned, eastern region assembled two thirds of listed companies in GEM and raised to total of RMB 14.97 billion yuan from IPO, accounting for 72.85% of all. Beijing, Zhejiang and Guangdong province, which ranked top three of all provinces and became main convergence regions of listed companies in GEM, had 8, 5 and 4 listed companies respectively, totally accounting for 47.22% of all listed companies (Table 6). As far as industry structure was concerned, listed companies in GEM mostly distributed in fields like industry, information technology, medical and health care and optional consumption (Figure 14).

Table 6 Regional distribution of listed companies in GEM, 2009

Item		Eastern	Central	Western	Northeastern
Scale	Number	24	5	6	1
	Proportion of whole country (%)	66.67	13.89	16.67	2.78
Raising funds from IPO	Amount (million Yuan)	14 967.72	2 784.14	2 040.20	616.90
	Proportion of whole country (%)	72.85	13.55	9.93	3.00
Actual raising funds from IPO	Amount (million Yuan)	14 112.36	2 577.76	1 893.34	575.90
	Proportion of whole country (%)	73.66	13.45	9.88	3.01

Source: Wind.

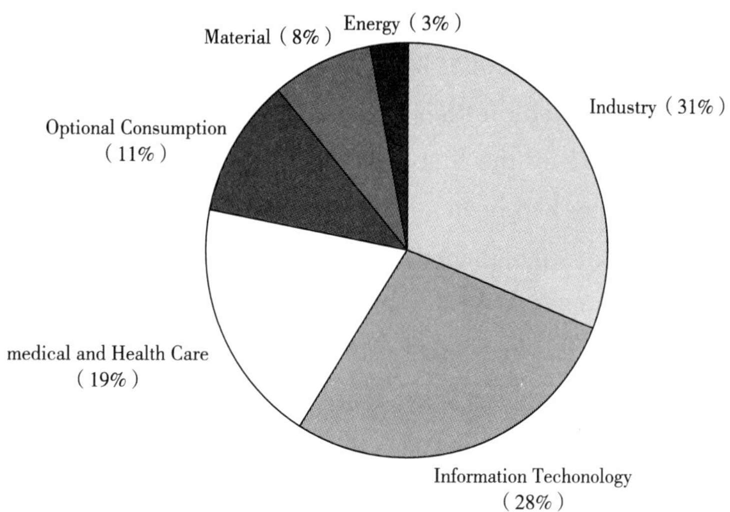

Source: Wind.

Figure 14 Industry structure of listed companies in GEM

The establishment of GEM is not only good to consummating multilayer capital market system of our country, but also significant to carrying out independent innovation strategy, accelerating the upgrade of industry and adjustment of macroeconomic structure. GEM supplies direct financing channel and risk sharing mechanism to innovative and private medium and small sized enterprises, and accelerates the rapid development of new industry, which became new growth point after crisis. It also provides flexible exit mechanism to venture capital and sector funds, which drives the development of equity investment funds and the consummation of capital system. Meanwhile, the fortune effect of GEM is propitious to pull folk investment and resident consumption, which is also helpful to adjustment of economic structure.

3.2.1.6 Construction of legal infrastructure of securities and futures was consummated continuously and effort to investigate and prosecute illegal activities was strengthened

In 2009, supervision departments took measures to reinforce the monitoring of market, keeping away and disposing market risk. Supervision departments intensified compliance management of securities institutions, confirmed legal regulation about infidelity dealing by finance in dustry's employees such as rat trading, constituted and modified related regulations and criterions, and consummated legal infrastructure of securities and futures. *Regulation on Administration and supervision of GEM and IPO was published*, which perfected construction of multilayer capital market system and infrastructure of new stock issue. Regulation on fund appraisal and sale cost management was also released, leading markets to long term investment, and intensifing efforts to standardize fund market. With advancing monitoring to futures company's net capital and margin deposit, carrying out the system of the chief risk officer of futures company and implementing the policy of *one participant and one controlling stake*, futures companies developed steadily and rapidly. Besides, futures companies put classified monitoring into practice and fulfilled classified appraisal for the first time.

Law - based administration had been steadily pushed forward and efforts to investigate and prosecute illegal activities were strengthened. Supervision, police, censorate and judicatory departments constituted working team to beat crimes on securities and futures, which had penalized a number of illegal market crimes. Supervision and judicatory departments established co - working mechanism, disposed major sensitive cases appropriately and investigated an array of cases with high market attention and great social influence, such as rat trading of Rong Tong Fund, inner trading of Gao Chun Porcelain.

3.2.2 Noteworthy issues in the development of securities sector in regional economy

3.2.2.1 Profit model of securities institutions in all regions is single and business structure needs to be optimized

Most of securities institutions in all regions are still dependent on brokerage business, which greatly rely on outer environment and have weak anti risk capability. In 2009, 106 securities companies kept a high level of profit, which netted about RMB 93.27 billion yuan, up by 88.74% year - on - year, and annual revenue reached about RMB 205.04 billion yuan. As the sources of revenues were concerned, owing to the tremendous rise of stock market, revenue from self - support businesses accounted for 14.1% of all, greatly increased by 6.4 percentages than that of the last year; revenues from other sources, such as asset management and interests, maintained steady and the proportions did not change significantly; brokerage business was still the main source of revenue, which accounted for 76.1% of all. Although this proportion was slightly lower than that of the last year, the profit model that securities institutions in all regions mainly rely on brokerage business was still not changed.

Securities companies did little exploratory work on businesses with core competitiveness and higher added value, which were easily affected by fluctuation of outer market environment, and this single model becomes a big obstacle to promote securities companies' competitiveness. Accompanied by the increase of regional securities institutions, competition inside the cirde became severe. Some regions even witnessed that securities companies did illegal sales and out - throat competition in order to scramble for clients and decrease labor costs. Therefore, it is necessary to standardize brokerage business, to anduct securities institutions to healthy competitions by adopting innovative service mode and offering diversified, specialized and high added value service, and to punish the institutions which raid the market or do vicious competition. With the promotions in a succession of new business and new products, such as margin requirement and stock index futures, the revenue structure of securities companies should be further diversified.

3.2.2.2 Compliance management of funds companies in all regions need to be further reinforced

In recent years, funds companies in all regions have developed rapidly, with funds scale increased dramatically and funds products' innovations flourished. However, compared to mature market, institution investors of our country are facing with problems such as small asset scale, disequilibrium of development, single organizational mode, infantile investment idea, weak risk consciousness and lack of innovation. Accompanied by rapid development, some funds companies still prefer scale rather than management, which is likely to lead to funds holders' loss and weaken the industry's fairness and credit. In 2009, several fund companies encountered the fail of new stock subscription and the mistake of funds bonus sharing owing to system problem or disoperation, and a few of funds companies even discovered that funds managers took part in rat trading. Therefore, it is necessary to intensify inner management of funds companies, keep underlying operation risk away, and promote the whole industry's honest and fair operation with innovative development. According to the particularities of funds companies management, the companies should explore and establish inner mechanism that ranks holder's profit first, set up management construction to stick up for holder's profit efficiently, and assure the benefit of the investors. The related departments should implement the system on fund manager's enrollment; perfect the mechanism of funds investment monitoring; carry out inspection both to funds management companies and sales institutions; severely strike rat trading, unfair dealing and profit tunneling dealing, and enhance the industry's fairness and credit.

3.2.2.3 GEM has certain risks and market mechanism needs to be consummated

Although GEM had a good beginning, based on the data represented, it still has certain market risks. Firstly, issue price and price earning ratio were too high, and speculation problem became serious. From first listing in GEM to closure on that day, the average marking up stock price of first 28 listed companies' reached 106.23%; the average dynamic price earning ratio reached 75 times, which was 3 times as much as it was in A - share market and exceeded 36 times as it was in NASDAQ. The average price earning ratio of second series of 8 enterprises reached 83.6 times that exceeded the level of first listed companies. However, as far as performance was concerned, the growth of listed companies in GEM did not correspond with their market value. The problem of speculations deteriorated. High price earning ratio resulted from those speculations exhausted enterprises' growing performance in future, which is inappropriate to its healthy development. Secondly, the market witnessed the phenomenon of over - financing. 36 enterprises totally financed about RMB 20.41 billion yuan, among which about RMB 12.08 billion yuan was over - financed, accounting for 144.89% of the amount in original financing plan. If those substantial over - financing fund is inappropriately used, it will result in the waste of fund or even peculation. Accordingly, we should keep on perfecting market mechanism of GEM and promote its standard and healthy development.

3.2.2.4 Illegal securities activities became more active and market supervision need to be further strengthened

Accompanied by the recovery of market and flourish of business, illegal securities activities in some regions became more active. Illegal agencies, illegal issues, illegal investment consultations, illegal consigned wealth management, illegal futures activities and illegal funds activities came forth now and then, which disturbed the financial order seriously. Illegal securities activities had traits such as large amount of money, extensive coverage area, various criminal modes, immaterialized criminal means and networking. Those crimes were easily concealed and hard to be dealt with, which were harmful to social stability. In 2009, illegal securities activities presented a new trend that illegal securities and futures investment consultations became the most prevalent means. In name only some illegal institutions were the investment consulting institutions, the property right company or the asset management company, and they cheated investors and made a loss on investors by the means of telephone and internet. Take Ningbo city for instance, in 2009, the city witnessed totally 237 links to illegal securities and futures investment consulting website, 31 cases of illegal investment consulting by QQ and blog, 23 cases of exotic illegal investment consulting websites. Since current laws and codes still have the problems of indefinite desoription and absence of supervision, investors in some places are weak in law consciousness and rational investment conceptions, and the market illegal securities and futures activities become more serious. Therefore, in order to keep securities markets' safety and stable running in all regions and protect investors' benefits, it is necessary to consummate the long term mechanism of united law execution, promote work on keeping away from illegal securities activities, and further reinforce publicity and education to investors.

3.2.2.5 The appropriate investor's management should be strengthened in all regions

Under the circumstance that progress was made in the development of business and the innovation of products, the appropriate investor's management to innovative products and business needs to be further enhanced. The appropriate investor's management is that considering well product's traits and risk characters of investment business, and setting up different admittance requirements in light of investors' different business experience to realize the object of selling proper products to corresponding investors. In 2009, preparations for margin requirement experimental units of securities companies were carried out orderly, preparations for stock index futures business of futures companies were promoted steadily, and special client's asset management businesses 'One Client to Multiple Agents' and ETF funds of funds companies were promoted successfully. Compared to traditional business and products in capital market, the innovative ones are complex to operate and have higher risks. Therefore, in order to ensure that product's risk corresponds to investor's ability to identify and bear risks, it is essential to strengthen the appropriate investor's management. Currently, investors in capital market of our country are mainly composed of medium and small sized retail investors with weak risk consciousness, risk endurance and irrational investment. This situation has become one of the obstacles to market innovation. Moreover, the appropriate investor's management is still in the primary stage. Once management is out of control, market risk would result in the loss to medium and small sized investors and securities institutions, and would disturb financial stability and social stability. Accordingly, the related departments should focus on securities institutions' process of appropriate investor's management; conduct investors' to rational participation in new products and new business; particularly, protect medium and small investors' legal rights, and intensify the educations such as risk identification and rational investment, investment information disposal, endurance and maintenance of rights and interests, and etc..

3.3 Insurance sector in regional economy

In 2009, insurance sector sincerely implemented the policies dealing with international financial crisis called for by the CPC Central committee and the State Council. Remarkable achievement was made in all the aspects of insurance sector. Business operation grew stronger than expected. With the hard economic environment in 2009, the premium exceeded RMB 1 trillion yuan for the first time, increased by 13.8%. The total assets exceeded RMB 4 trillion yuan. The profitability improved further, reaching RMB 53.06 billion yuan. Property insurance companies turned in to profit. The return on insurance fund investment was 6.41%, increasing by 4.5% than that in last year. Operation quality improved remarkably. The comprehensive cost rate of property insurance companies, receivable premium ratio, and proportion of regular premium accounted for the new premium in life insurance and surrender ratio were the best since 2007.

3.3.1 Insurance sector in regional economy

3.3.1.1 The number of market participants and the total asset in regional economy kept on increasing

In 2009, insurance sector in regional economy underwent steady and comparatively fast development. By the end of 2009, the number of the branches of insurance institutions in eastern, central, western and northeastern regions had reached 617, 209, 282 and 125, up 44, 8, 6and 8 year on year respectively. The number of market participants kept on increasing. The total asset of insurance institutions in eastern, central, western and northeastern regions had amounted to about RMB 1 272.85 billion yuan, RMB 383.79 billion yuan, RMB 347.39 billion yuan, and RMB 200.47 billion yuan, increasing 19.98%, 22.99%, 24.53% and 16.03% year on year respectively. Among them, the total asset of property insurance institutions in eastern, central, western and northeastern regions had amounted to about RMB 139.22 billion yuan, RMB 28.41 billion yuan, RMB 34.82 billion yuan, and RMB 19.68 billion yuan, increasing −0.57%, 3.07%, 1.21% and −0.98% respectively year on year. The total asset of life insurance institutions in eastern, central, western and northeastern regions had amounted to about RMB 1 104.49 billion yuan, RMB 355.38 billion yuan, RMB 311.10 billion yuan, and RMB 180.80billion yuan, increasing 21.46%, 24.92%, 27.21% and 19.76% respectively year on year. The total asset of domestic insurance institutions in eastern, central, western and northeastern regions had amounted to about RMB 1 150.58 billion yuan, RMB 382.97 billion yuan, RMB 345.26 billion yuan, and RMB 191.01 billion yuan, increasing 19.79%, 22.91%, 24.36% and15.83% respectively year on year. The total asset of foreign-funded insurance institutions in eastern, central, western and northeastern regions had amounted to about RMB 122.26 billion yuan, RMB 0.82 billion yuan, RMB 2.13 billion yuan, and RMB 9.46 billion yuan, increasing 21.84%, 82.13%, 59.85% and 20.32% respectively year on year (Table 7). The function of insurance sector in regional economic development had been increasingly promoted.

Table 7 Insurance assets by region Unit: RMB 100 million yuan

Item	East		Central		West		Northeast	
	2008	2009	2008	2009	2008	2009	2008	2009
Total assets	10 608. 58	12 728. 46	3 120. 46	3 837. 90	2 789. 68	3 473. 90	1 727. 74	2 004. 73
Growth rate (%)	14. 73	19. 98	29. 63	22. 99	54. 61	24. 53	121. 38	16. 03
Assets of property insurance	1 400. 22	1 392. 21	275. 67	284. 13	344. 05	348. 21	218. 19	196. 81
Assets of life insurance	9 093. 59	11 044. 90	2 844. 78	3 553. 77	2 445. 62	3 110. 96	1 509. 69	1 807. 94
Assets of domestic insurance institutions	9 605. 10	11 505. 82	3 115. 95	3 829. 68	2 776. 33	3 452. 56	1 649. 09	1 910. 10
Assets of foreign insurance institutions	1 003. 48	1 222. 64	4. 51	8. 22	13. 35	21. 34	78. 65	94. 63

Source: CIRC.

3. 3. 1. 2 Premium income grew steadily and structural adjustment made positive progress

In 2009, insurance operations in regional economy expanded rapidly. The premium income of insurance sector from eastern, central, western and northeastern regions totaled about RMB 578. 45 billion yuan, RMB 211. 99 billion yuan, RMB 201. 11 billion yuan and 88. 11billion yuan, up 8. 86%, 12. 92%, 16. 12% and 16. 91% year on year respectively. The growth rate of premium from western and northeastern regions, the fastest ones among all the regions, greatly surpassed that of the eastern region. The rapid development of insurance sector in central, western and northeastern regions meant significant for improving the inconsistent development existing between difference regions. The percentage of the premium from central, western and northeastern regions of China increased by 0. 23, 0. 73 and 0. 37 percentage point year on year respectively, and the same indicator in eastern region dropped 1. 34 over a year earlier. The difference among regions shrunk in 2009. From revenue structure, the property insurance rose notably. The premium of property insurance from eastern, central, western and northeastern regions totaled about RMB152. 52 billion yuan, RMB 44. 43 billion yuan, RMB 58. 01 billion yuan and RMB 23. 14 billion yuan, increasing by 13. 78%, 25. 05%, 24. 94% and 24. 30% year on year respectively and the proportion of property insurance accounting for total premium grew remarkably. Agricultural insurance, credit insurance and project insurance increased by 21%, 91. 3% and 31. 6% year on year respectively. Non – life investment insurance business fund amounted to RMB 50. 64 billion yuan, dropped by RMB 42. 65 billion yuan year on year. Structural adjustment made positive progress. Life insurance business resumed to growth, and the standard premium increased by 19. 5%. The proportion of regular premium accounting for the new business reached 25. 2%, up 5. 4 percent year on year. The proportion of 10 – year and above regular premium accounting for the new business increased 1. 7 percentage point.

The premium of life insurance from eastern, central, western and northeastern regions totaled about RMB 427. 73billion yuan, RMB 167. 56 billion yuan, RMB 142. 98 billion yuan and RMB 64. 80 billion yuan, increasing by 7. 65% , 10. 09% , 12. 93% and 14. 50% year on year respectively. With the rapid development of capital market, the participating life insurance business in all the regions grew rapidly, and the proportion of the premium income accounting for the life insurance premiums increased remarkably. In 2009, the participating life insurance premium from eastern, central, western and northeastern regions reached about RMB 263. 87 billion yuan, RMB 117. 78 billion yuan, RMB 91. 23 billion yuan and RMB 39. 15 billion yuan, increasing by 44. 05% , 33. 13% , 45. 31% and 37. 46% year on year respectively and representing 61. 69% , 70. 29% , 63. 81% and 60. 41% of the total premium of all the regions respectively (Table 8).

Table 8 Premium income of insurance companies by category and region

Item	East		Central		West		Northeast	
	2008	2009	2008	2009	2008	2009	2008	2009
Life insurance premium (RMB 100 million yuan)	3 973. 33	4 277. 26	1 522. 04	1 675. 55	1 266. 08	1 429. 75	565. 97	648. 02
Growth rate (%)	38. 71	7. 65	64. 91	10. 09	56. 70	12. 93	55. 84	14. 50
Proportion of all premium (%)	74. 78	73. 94	81. 07	79. 04	73. 10	71. 09	75. 09	73. 54
Property insurance premium (RMB 100 million yuan)	1 340. 41	1 525. 17	355. 30	444. 32	464. 28	580. 06	186. 19	231. 44
Growth rate (%)	14. 55	13. 78	22. 14	25. 05	21. 38	24. 94	30. 15	24. 30
Proportion of all premium (%)	25. 23	26. 37	18. 93	20. 96	26. 81	28. 84	24. 70	26. 27

Source: CIRC.

3. 3. 1. 3 Payment of claims in all the regions grew slightly and the indemnity function had been strengthening

In 2009, the payment of claims by insurance sector of eastern, central, western and northeastern regions reached about RMB 163. 39 billion yuan, RMB 54. 35 billion yuan, RMB 54. 36 billion yuan and RMB 26. 23 billion yuan, increasing by 1. 20% , 2. 91% , 7. 83% and 4. 40% year on year respectively. The payment of claims by property insurance grew steadily. The payment of claims by property insurance of eastern, central, western and northeastern regions reached about RMB 81. 72 billion yuan, RMB 24. 75 billion yuan, RMB 30. 02 billion yuan and RMB 12. 74 billion yuan, increasing by 1. 87% , 5. 97% , 10. 43% and 17. 17% year on year respectively. Among them, the payment of claims by auto insurance of four regions reached about RMB 56. 24 billion yuan, RMB 19. 29 billion yuan, RMB 22. 30 billion yuan and RMB 8. 98 billion yuan, increasing by 16. 39% , 15. 04% , 32. 51% and 18. 58% year on year respectively. The payment of claims by agricultural insurance of four regions reached about

RMB 1. 78 billion yuan, RMB 2. 06 billion yuan, RMB 3. 27 billion yuan and RMB 2. 23 billion yuan, increasing by 61. 14% , 38. 52% , 51. 48% and 29. 90% year on year respectively. Insurance sector played an active role in compensation to agriculture. The payment of claims by life insurance kept steady. The payment of claims by life insurance of eastern, central, western and northeastern regions reached about RMB 81. 67 billion yuan, RMB 29. 60 billion yuan, RMB 24. 30 billion yuan and RMB 13. 44 billion yuan, increasing by 0. 53% , 0. 48% , 4. 63% and -5. 68% year on year respectively (Table 9).

Table 9 Expenditure on insurance claims and payments by category and region

Item	East		Central		West		Northeast	
	2008	2009	2008	2009	2008	2009	2008	2009
Expenditure on claims and payments (RMB 100 million yuan)	1 614. 62	1 633. 93	528. 16	543. 52	504. 13	543. 62	251. 24	262. 29
Growth rate (%)	29. 33	1. 20	36. 40	2. 91	24. 41	7. 83	24. 41	4. 40
Proportion of whole country (%)	55. 71	54. 77	18. 22	18. 22	17. 39	18. 22	8. 67	8. 79
Life insurance (RMB 100 million yuan)	812. 43	816. 74	294. 63	296. 03	232. 25	243. 00	142. 51	134. 42
Growth rate (%)	22. 64	0. 53	27. 93	0. 48	17. 12	4. 63	10. 15	-5. 68
Proportion of whole Expenditure (%)	50. 32	49. 99	55. 78	54. 47	46. 07	44. 70	56. 72	51. 25
Property insurance (RMB 100 million yuan)	802. 20	817. 18	233. 54	247. 49	271. 87	300. 23	108. 72	127. 39
Growth rate (%)	36. 86	1. 87	48. 87	5. 97	42. 30	10. 43	49. 83	17. 17
Proportion of whole Expenditure (%)	49. 68	50. 01	44. 22	45. 53	53. 93	55. 23	43. 27	48. 57

Source: CIRC.

3. 3. 1. 4 The insurance institutions had good performance in terms of operating efficiency and solvency adequacy ratio

In 2009, the profit of insurance companies in four regions totaled RMB 53. 06 billion yuan. Property insurance companies adjusted profit model actively, developed from focusing on scale to efficiency, strengthened cost control, budget management and other key management, and made significant effects. Property insurance companies returned to profit totally and achieved a profit of RMB 3. 51 billion yuan, and the comprehensive cost rate decreased. In addition, with auto insurance business implemented policy on premium measure since early 2009, the problem about receivable premiums in property insurance industry was under effective control. Life insurance companies achieved a profit of RMB 43. 46 billion yuan, and business value improved significantly. The return on insurance fund investment by insurance sector was RMB 214. 17 billion yuan and the return ratio reached 6. 41% , up 4. 5 percentage points year on year. Insurance Fund reached RMB 3. 7 trillion yuan. From 2008, CIRC has enhanced the supervision on the solvency of insurance companies. Clear restrictions have been put on the companies with insufficient solvency in opening branches, senior manager's salary, shareholder dividend, and operation of fund. The solvency of insurance companies in all the regions was keeping at a high level. By the end of 2009, there were 8 insurance companies classified as inadequate which contained 5 property insurance companies and 3 life insurance companies, dropping 5 from early 2009. These companies primarily were small and medium companies which set up late and were no access to profit, and the key solvency indicator had been improved significantly from early 2009.

3. 3. 1. 5 Insurance penetration and insurance density of all the regions increased steadily with business expansion deepened

In 2009, while insurance penetration of eastern region kept steady, the insurance penetration of central, western and northeastern regions amounted to 3. 02%, 3. 01% and 2. 88%, up 0. 07, 0. 03 and 0. 21 percentage point year on year respectively. The insurance density of eastern, central, western and northeastern regions reached RMB 1 264. 46 yuan per capita, RMB 572. 95 yuan per capita, RMB 547. 90 yuan per capita and RMB 809. 50 yuan per capita, growing by RMB 156. 25 yuan, RMB 63. 06 yuan, RMB 73. 72yuan and RMB 116. 39 yuan. In regional economy, insurance business expansion had been deepened, the coverage of insurance sector had been extended, and the capability severing harmonious society had been enhanced. All the regions continued to expand the insurance coverage of agriculture, countryside, peasant, and promoted steadily the development of policy agricultural insurance, exploring the agricultural insurance operation mechanism and development mode with local characteristics. Crop farming insurance covered gradually main grain – producing areas in the whole country. In 2009, premium income of agricultural insurance reached RMB 13. 39 billion yuan, and provided risk protection RMB 381. 2 billion yuan, up 59% year on year. The number of the farm household covered by insurance reached RMB 133 million, up 48% year on year. All the regions implemented earnestly the proposals of accelerating economic development on finance by the State Council, and invested mainly on infrastructure projects as transportation, communications, energy, and promoted actively new auto loan insurance, micro – credit guarantee insurance, and technology insurance experiments. All the regions participated actively in regional old – age security system and social medical security system, and promoted the development of liability insurance in medical treatment, transport, education, environmental protection and so on. The pilot projects to environmental pollution liability insurance in eight provinces and medical liability insurance in 16 provinces started. Meanwhile, the regions had also taken in line with international practice to support the export enterprises, and developed export credit insurance. Short – term export credit insurance premium reached 90 billion U. S. dollars. Export finance insurance for large complete sets of equipment reached 42. 1 billion U. S. dollars.

3.3.1.6 Insurance sector reform was promoted

Starting from 2009, CIRC has been following the main line of "Prevent Risk, Adjust Structure and Stabilize Growth", actively and reliably promoting insurance reform and innovation. The new insurance law was effective on October 1st 2009. It increased the extent to protect the interests of insurant, extended the operation of insurance companies, broadened the investment channel of insurance fund, and strengthened the measure of insurance supervision. The CIRC strengthened the building of supervision system, sorted through regulation, and amended 9 regulations including *insurance company supervised regulation*, *the supervised regulation of information disclosure about new life insurance*, etc.. At the same time, The CIRC perfected the mechanism of early warning and risk monitoring, built the track and report system to key regions, key companies and key operation, implemented the risk dynamic monitoring and pressure test, strengthened classified supervision and solvency supervision, and required the companies with insufficient solvency to take measures to solve the problem. On Apri 17th, CIRC issued 5 documents involving using of insurance fund, which regulated that the insurance fund can invest in local government bonds, mid – term bills and non – assured corporate bonds. Experiments on commercial banks' investing in insurance companies had been carried out. On November 26th, CIRC issued *the pilot commercial banks investing in insurance company equity management approach*, which regulated that the experimental scheme should be reported by the supervisory authorities to the State Council and be approved by the State Council, and that one commercial bank can only invest in one insurance company. Such regulations were the starting point of share holding of commercial banks on insurance companies. At the end of 2009, the experiment of Bank of Communications' shareholding on Shanghai based China Life – CMG Life Assurance Co., Ltd. started.

3.3.2 Specific issues on regional insurance development

3.3.2.1 Concerns about the problem that the extensive growth mode changed slowly and was lagging

In recent years, regional insurance sector took an active exploration and efforts in the aspect of changing growth mode, but, in general, the extensive growth mode had not been fundamentally changed. First, intensive developing ability was not strong. Some companies achieved extensive expansion through rapid addition of institutions and setting up shops, and did not pay enough attention to internal management, cost accounting, technology investment and personnel training. The overall operating costs were high. Second, product structure was single. The company's record products were more than 11 thousand, but the products accepted by the market were less. Viewed from property insurance, auto insurance accounted for over 70%, and all kinds of liability insurance, engineering insurance, home property insurance and credit guarantee insurance had not been effectively developed. Viewed from the life insurance, long – term regular insurance and security functional business developed slowly, and did not play the role of risk protection and long – term savings well. Third, irrational price competition was prominent. Lack of product and service innovation and single competition measure, some companies tended to struggle for insurance premiums by taking a substantial increase in commission charge and unlisted payment, which not only disturbed the normal market order, but also hid some illegal activities. Fourth, integrity management was not strong. Misleading sales, difficult claims, fraud and other problems remained outstanding. Viewed from the situation from the past few years, misleading sales and claims disputes accounted for 65% of the handled case. Extensive growth mode of insurance was a prominent issue in regional insurance market, and a key factor to restrict the sector's long – term healthy development. Only growth mode gets a major breakthrough, can insurance sector in all the regions overcome contradictions and difficulties to achieve scientific development.

3.3.2.2 Focus on the solvency risk of specific insurance companies

Currently, insurance sector in all the regions is still developing rapidly. Depending on capital mainly, some companies' solvency may be inadequate. From 2008, CIRC has enhanced the supervision on the solvency of insurance companies. Clear restrictions have been put on the companies with insufficient solvency in many aspects. Warnings have been given to these companies. The CIRC requires the companies to take measures as supplementing capital to solve the problem. Although the solvency adequacy rate of insurance companies in all the regions was keeping at a relatively high level, the solvency adequacy rate of a few companies was bad. Factors as growth of investment insurance business, decrease in companies' profitability and enlargement of investment risk, can increase consumption of capital, and might lead to the insufficient solvency of insurance companies. Insurance companies should continue to improve corporate governance structure, build up effective internal risk control system, fully adjust business structure and consolidate the profitability.

3.3.2.3 Focus on the risk existing in asset management

At present, insurance fund is not only permitted to be invested in bank deposits, bonds, securities, funds and some other traditional products, but also can be indirectly invested in infrastructure construction projects via entrusted institutions. The new insurance law further regulated that the insurance fund can be invested in real property and the investment channel of insurance fund has been broadened. On April 7th, the five documents regarding to the using of insurance fund announced by the CIRC regulated that the insurance fund can be invested in local government bonds, mid – term bills, and non – assured corporate bonds. With the expansion of investment channel of insurance fund, on one hand, insurance business quality needs to be improved, and investment risk relating to insurance fund's use increases. On the other hand, under the situation that the new investment channel lacks related implementation details, investment returns of insurance fund still come from fixed return investment and equity investment. Considering the domestic reality that deposit interest rate and return on bonds are not high, and certain risk still lies in the capital market, using insurance fund is a challenge. In 2009, new premiums and mature investment fund were plenty. Adding up past unused fund, the number totaled over RMB 1. 5trillion yuan. The investment pressure increased. Liquidity risk, credit risk and operation risk must be noticed.

3. 3. 2. 4 Concerns about corporate management risk and internal control risk

Management and internal control risk were likely to exist in all areas of old and new insurance companies. For some older companies, branches were excessive and extensive, so operation and management mode was easy to solidify; the problem of diminishing internal control executive power was rather prominent. For some new companies, tending to expand business scale and account for share as an important objective, talent reserve and management system could not keep up to branches' growth, and weak management and internal control issues were prominent. If these issues can not be effectively solved, it is easy to result in illegal activities including premiums being diverted or illegal financed and faking compensation by using corporate management leak, which will bring business risk to companies.

3. 3. 2. 5 Concerns about the risk of offshore financial risks cross – border transmission and integrated management

While the insurance market kept opening up, the risk of international financial and insurance market was making a deep influence on domestic insurance sector gradually. Under the circumstance that Global economic and financial developments is unclear, the international financial market turbulence may transmit the risk to the domestic insurance market by foreign business institutions in China, Chinese insurance companies' overseas investment and re – insurance. Currently there are some insurance companies involving in integrated management, and some banks also have invested in insurance companies. In the circumstance of comprehensive management, business and risk structure tend to be complex, related transactions increase, and the possibility of cross transmission risk increase. If the internal mechanism of risk isolation and firewall is imperfect, there may be a great risk.

Chapter 4 Region – classified Financial Stable Status

During the recent years, economies and industrial structures in all the regions have made positive changes. The regional economic relative disparities have been narrowed, regional economic development strategy has achieved certain results, and regional financial development has become more coordinated. However, because of natural characteristic differences, there are different features across regions in economic development, industrial structure, the asset quality of the financial institution, financial infrastructure and financial environment, etc. Thus it is important to strengthen the analysis and assessment on differentiated financial running features and potential risks across regions, and adopt corresponding measures in regards to the practical situation of the regional characteristics and financial development.

4.1 Eastern Region

The eastern region is the most developed region in China, including three most economically active Metropolitan circles including Beijing, Tianjin and Hebei province, the Yangtze River Delta area, Pearl River Delta area. In 2009, eastern region had actively implemented the package plan dealing with international financial crisis and promoted steady and rapid economic development called for by the CPC Central committee and the State Council. Regional economy had a sustained recovery, industrial structure optimized and accelerated upgrading, and industries developed in phase. Foreign investment situation was good, exports recovered, and fiscal income and household income increased. Maintaining steady economic growth created a favorable external environment for financial stability in the eastern region. Function of financial system continued to be improved in the eastern region, financial innovation made new progress, and the financial industry had good benefit. Assets of banking sector grew rapidly; non – performing loan and non – performing loan rate dropped down together, profitability increased steadily, the provision coverage improved continuously, and capability of risk prevention and control continued to improve. The securities sector returned to all – round development, and profitable mode's diversification occurred. Futures companies developed, and the overall competitiveness of fund companies improved further. Total assets of insurance corporation institutions continued to grow and profitability improved. Return on investment of insurance funds increased. Comprehensive cost rate of property insurance companies reduced significantly. Overall insurance sector operated steadily. Financial infrastructure was improved. The financial system kept stable collectively.

4. 1. 1 The growth momentum turned from the external to internal and domestic demand played a prominent role to support economic development

Eastern region was a leading edge of China's financial reform and innovation and an area highly depending on the external. Export has been a major force to promote economic growth in the eastern region. In 2009, by dual impact of the international financial crisis and the new trade protectionism, the eastern region's imports and exports both fell. The annual import and export trade amounted to 1. 95 trillion U. S. dollars, down 13. 48% year on year. Imports amounted to about 995. 79 billion U. S. dollars, down 12. 09%; exports totaled 955. 16 billion U. S. dollars, down 14. 57%. Although the import and export's decline became gradually narrow and it recovered significantly, in general the foreign economy of eastern region was low, foreign trade situation was grim, and these will put pressure on economic development in 2010.

Facing with declining foreign trade, investment and consumption became an important driving force of economic rebound. By the double impact of the policy implementation of expanding domestic demand and keeping growth called for by the CPC Central committee and market confidence's recovery, investment and consumption of eastern region grew markedly, and played a further stronger supporting role in economic growth. The fixed asset investment in eastern region totaled RMB 9. 67 trillion yuan, up 24. 01% year on year, 4. 76 percentage points over the previous year. To maintain high growth, investment became the main force to promote eastern economic growth and increase domestic demand. With Steady and rapid growth in consumer markets, retail sales of consumption products in the eastern region totaled RMB 7. 11 trillion yuan, up 17. 27% year on year.

Although final consumption's contribution to economic growth was rising year after year in eastern region, it was still much lower than the investment. Consumption growth rate was 6. 74 percentage points lower than investment growth rate, and it increased the difficulty of economic restructuring. In the situation of weaker external demand, the investment – led growth pattern over – relying on large and long term capital investment easily leads to overheating in some sectors and business fluctuation and is not conducive to change economic development mode and improve the economic structure in the eastern region. It also easily leads to that fund's sources and use of financial institutions do not match and bring liquidity's potential risks to financial institutions. Therefore, we need to speed up the transformation of economic growth urgently and achieve coordinated development of investment, consumption and exports.

4.1.2 Industrial structure upgraded and access to new breakthroughs

In 2009, the eastern region developed the tertiary industry vigorously and industrial structure has been further adjusted and optimized. Three industrial structure turned to 6.59:49.57:43.85in 2009 from 6.92:51.35:41.73 in 2008 and the tertiary industry's contribution to the GDP was rising. Economic structure showed positive changes in keeping growth, and new and key industries accelerated to develop. In 2009, the growth rate of key industry in Beijing including key scientific research, technical service and geological prospecting, residents' services and other services, information transmission, computer services and software industry, finance, wholesale and retail trade was higher than the average growth rate of the tertiary industry. The total output value of six key developing industries including electronic information products manufacturing, automobile manufacturing, petrochemical and fine chemical manufacturing, quality steel manufacturing, equipment manufacturing, and biological medicine industry grew 7.3% over the previous year, accounting for 64.3% of total industrial output value of the industrial enterprises above designated size in Shanghai; the output of high-tech industries increased 8.2% over the previous year, accounting for 23.3% of total industrial output value of the industrial enterprises above designated size in Shanghai. In Jiangsu Province, the output of new energy, new medicine, new materials and environmental protection industry by 66%, 30%, 22% and 21% respectively; high-tech industry output value increased by 19.5%, accounting for 30% of total industrial output of the industrial enterprises above designated size. The tertiary industry, new and key industries' rapid growth has played an important role to maintain economic stability in the eastern region.

4.1.3 Local financial system was perfected and regional financial cooperation deepened

Financial system construction was perfected in eastern region, and the number of financial institutions increased. By the end of 2009, there were 1 506 domestic banks including corporation bank and secondary branch, increased by 54 year on year, and 486 foreign banking institutions, an increase of 48 over the same period of the previous year. The number of corporate banks reached 1 095, an increase of 23 over the same period of the previous year. There were 53 corporate securities institutions, 42 funds management companies, 100 futures brokerage firms, and 617 insurance companies including corporate insurance companies and provincial-level branches.

The construction of Shanghai international financial center and Yangtze River Delta area's coordinated financial development was improved. In 2009, Shanghai realized about RMB 181.79 billion yuan worth of added value in financial industry, an increase of 25.6%. By the end of 2009, Shanghai housed 787 financial institutions which included 132 banking institutions, 93 securities institutions, 307 insurance institutions. Financial institutions accelerated clustering. 98 financial institutions made their début in 2009, including 9 banking corporations, 16 insurance corporations. The number of foreign financial institutions operating in Shanghai reached 170, among which 11 were new comers in 2009. Since the end of 2007 when *the Framework agreement on promoting financial coordinated development in Delta and supporting regional economic integration* was signed, financial cooperation in Yangtze River Delta has made remarkable achievements: setting up united conference system to promote Yangtze River Delta's financial coordination, planning for the cooperation on commercial paper, financial stability, AML, foreign exchange inspection. Bank bill transferred successfully through small amount payment system in three Eastern provinces and Shanghai in China. Commercial paper and bank bill were transferred into discount text in Yangtze River Delta area and commercial paper was transferred into discount text. The experiment of crediting check was tested. Application of financial IC card in Yangtze River Delta area was promoted. An environment for applying bank card was constructed. Three sessions of Yangtze River Delta Financial Forum and a series of financing meetings on varied topics were held.

The financial integration started officially in the Pearl River Delta. To implement the *Program for Reform and Development of the Pearl River Delta* (2008 – 2020) and promote financial integration in the Pearl River Delta, nine cities including Shenzhen, Dongguan, Huizhou, Guangzhou, Foshan, Zhaoqing, Zhuhai, Zhongshan and Jiangmen signed three memorandums of financial cooperation, and provided specific measures to optimize allocation of financial resources and improve financial services and initiatives, and launched officially the financial integration in the Pearl River Delta. This work aims to facilitate financial resources flowing in the three cities, optimize the allocation and build a new integration pattern that financial planning is coordinated, financial infrastructure is built and shared together and financial industry is developed together. In accordance with the principle of "easy and crude things first , hard and refined things later ", the work aims to focus on the real demand for financial services to the Pearl River Delta regional economic integration, consider financial service integration in the Pearl River Delta area by the overall framework of the "Program for Reform and Development of the Pearl River Delta", reduce the cost of financial transactions in the Pearl River Delta area and improve the efficiency of financial services to support economic development through the promotion of financial integration.

4.1.4 Financial innovation deepened, concern about the possible impact on financial institutions' business

In 2009, inter – bank bond market innovation and product innovation continued to be introduced, the market maker system was further improved, financial derivatives trading system deepened, the special asset management portfolio of fund companies and securities companies entered inter – bank market, and the main body of issuing bonds expanded steadily in the eastern region. Non – financial enterprises in Beijing issued short – term financing bonds and medium – term notes which totaled RMB 723. 1 billion yuan, accounting for 62. 81% of the whole country. Seven enterprises in Shunyi District issued RMB 265 million yuan of SMEs aggregated collection notes in the inter – bank bond market, which added new channels of financing for SMEs.

Banking institutions satisfied the financial service needs in the new situation through positive and effective service and product innovation in eastern region, according to local economic development characteristics and the actual needs of customers. Company's business and retail business innovated together, and new business accelerated to replace the traditional business; business approval mechanisms and processes became more compact. First, the logistics trade financing innovated actively; the amount of financing grew rapidly, and accounts receivable impawn loans increased significantly. Second, personal credit products continued to be enriched, and consumer loans and credit card loans grew rapidly. Third, the effectiveness of innovation in rural financial instruments was significant, the products including forest – right mortgage, maritime right mortgage, chattel mortgage; county steel asset mortgage and small enterprise drawback impawn occurred and developed. New financial products and financial instruments were emerging and provided kinds of investment and hedging tools for financial institutions, but also opened up new modes of financing for non – financial enterprises. On the other hand, financial innovation, especially the expansion of debt financing instruments made significant substitution in the financial institutions' credit business. Financial institutions should pay close attention to the development of financial innovation, turn pressure into motivation, adjust business structure in time, vigorously develop intermediary business, and change management mechanism as soon as possible.

In order to further enrich and improve the local financial organizational system and provide better financial services for the economic entities, especially the country and SMEs, the establishment of new types of financial institutions or quasi – financial institutions in eastern region sped up. For example, in 2009, Guangdong province started to set up small loan company's pilot. By the end of 2009, Guangdong Province approved the establishment of 83 small loan companies, among which 56 companies have officially opened. Loan balance reached about RMB 2. 95 billion yuan, and total loans amounted to RMB 5. 151 billion yuan. In addition, all registered corporate guarantee institutions amounted to 1 490, registered capital totaling about RMB 70 billion yuan. The rapid development of these new institutions further enriched the local financial organizational system, and strongly supported the needs of rural areas and SMEs.

4.1.5 Focus on the possible risk caused by the rapid development of investment insurance

The proportion of investment insurance accounting for life insurance was always higher. Comparing with 2008, the premium of investment - linked insurance and universal insurance fell down, but the proportion of investment insurance accounting for life insurance was still over 70% in eastern region, due to the rapid increase of participating life insurance. In 2009, premium of participating life insurance reached about RMB 263.87 billion yuan, increasing by 44.05% year on year and accounting for 61.69% of life insurance premium in eastern region. In contrast with investment - linked insurance and universal insurance, although participating life insurance has steady investment style and security in nature, rapid growth of participating life insurance will put a payment strain on insurance companies, which maybe influences the liquidity of insurance companies and their soundness. Participating life insurance replaced investment - linked insurance and universal insurance as the main tool to adjust the structure, which did not change the situation that investment insurance was the main power to increase. Insurance companies should further adjust their business structures, enlarge the proportion of health insurance business, and strengthening asset - liability management for researching and preventing potential risks. Rapid growth of investment insurance in recent years brought high surrender ratio to insurance companies. In 2009, some insurance companies suffered surrender problems before, which led surrender ratio of investment - linked insurance to increase markedly in 2009 and surrender amount to exceed that of 2008. Surrender ratio of universal insurance increased slightly too. With the recovery of capital market, insurance applicants maybe surrender to lock their return or stop their loss. Insurance companies should focus on surrender problem of investment insurance business, and carry out contingency plan to prevent surrenders. Meanwhile, attention should be focused on strengthening education to insurance applicants, which makes them understand the difference between investment insurance business and other insurance business, and avoids following the others blindly.

4.1.6 RMB cross - border trade settlement experimental units promoted positively

In current situation with international financial crisis, developing RMB cross - border trade settlement has great significance to promote the development of economic and trade relations between China and neighboring countries and regions, to avoid exchange rate risk, to improve trade conditions, and to maintain steady growth in foreign trade. On April 8th 2009, State council decided making experiments about RMB cross - border trade settlement in five cities as Shanghai, Guangzhou, Shenzhen, Zhuhai and Dongguan. In July 2009, five cities in eastern region started making experiments. By efforts of all aspects, RMB cross – border trade settlement pilots in eastern region promoted positively. The Shanghai headquarters of PBC made the statute of *The Interim Measures for Territory RMB Bank Settlement Accounts of Foreign institutions in Shanghai*, which clearly defined RMB bank settlement accounts' opening conditions, opening information, handling procedures, applying scope, and other contents for Foreign institutions in China, filling the policy gaps relating to foreign institutions opening Territory RMB accounts, and carried out an experiment on opening RMB bank settlement account due to foreign institutions cross – border trade RMB settlement's need. Since RMB cross – border trade settlement pilot started, the amount accumulated over RMB 70 billion yuan in Shanghai. Guangzhou branch of PBC communicated forwardly with some institutions such as Hong Kong Monetary Authority and Macao Monetary Authority and reached broad consensus on cooperation. At present, the regions of experimental units have already succeeded in handling RMB cross – border trade settlement business with Vietnam, Brazil, Russia, Germany and other countries besides in Hong Kong and Macao regions. By the end of 2009, four pilot regions in Guangdong had 254 RMB cross – border trade settlement businesses, total value reached RMB 1. 374 billion yuan.

4. 1. 7 Quantitative assessment

The financial stability status of eastern region in 2006 – 2009 was assessed by applying regional financial stability quantitative model①. Regarding to the result of quantitative assessment, the score for financial stability of the eastern region in 2009 was 86. 6, fitted in the Stable interval②, 1. 1 points less compared to that of the last year. The score indicated that under the shock of international financial crisis, the financial stability system in eastern provinces or municipality cities endured certain shock, but remained a favorable overall status. Referring to the results of the past four years (Figure 15), the overall financial stability tendency of the eastern region generally maintained within certain interval, and fluctuated by small margins synchronizing the economy cycle. Among them, the score for macro economy dropped year after year since 2007, and the decline extent decreased compared to that of the last year. The score for banking sector maintained at relatively high level and fluctuated by small margins. Affected by capital market's recovery, after a big fallback in 2008, the score for securities sector rose.

① Considering the change of macroeconomic surrounding, we adjusted the weight of model by adopting Delphi method and Analytic Hierarchy Process, added the growth rate of import & export volume, and utilized this model to make an overall assessment to the four areas in China and the Yangtze River Delta area. To keep results in each year comparable, we rectified scores for last three years in light of the adjusted models correspondingly.

② The quantitative assessment classifies the results into five intervals: very stable (≥95), stable (85 – 95), relatively stable (75 – 85), relatively unstable (60 – 75) and unstable (<60).

The scores for insurance sector and financial ecological environment had been increasing steadily by years.

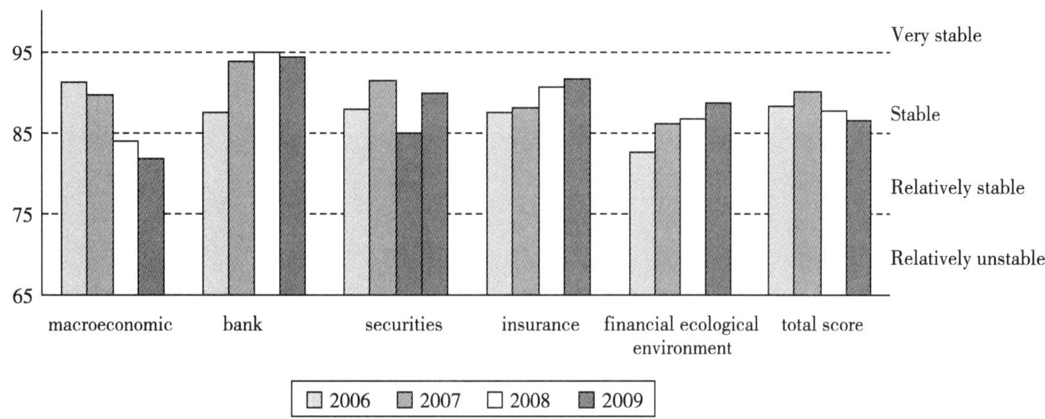

Figure 15 Financial stability of the eastern region, 2006 - 2009

Referring to the changes in specific indicators, there are 7 indicators improved comparing to that of the last year, including 3 macroeconomic indicators, 1 securities indicator, 1 insurance indicator, and 2 financial environment indicators; there are 9 indicators worse than that of the last year, including 6 macroeconomic indicators, 1 banking indicator and 2 insurance indicators; 9 indicators are at the same level as that of the last year, including 2 macroeconomic indicators, 3 banking indicators, 2 securities indicators and 2 financial environment indicators. Specifically, from in the aspect of macro economy, although investment growth rate increased remarkably and total price level fell back, economic growth rate continued to fall back, imports and exports volume and utilization of foreign capital continued to decrease, growth rate of households income dropped down slightly, real estate price rose significantly, and the pressure on overall economy recovery remained. Because of tight liquidity, the score for banking sector declined. The profitability of securities sector rose sharply, and the foundation for prudential operation was weakened. In the aspect of insurance sector, premium receivable rate fell down, the solvency of insurance institutions had been improved, but growth rate of premium dropped down, and surrender rate rebounded slightly. The score for financial environment was better than that of the last year, due to the better legislation environment and plenty of local government revenue.

Table 10 Assessment indicators and changes for eastern regions in 2009

Sector		Change	Assessment Indicator	Change		
				Improved	Stable	Worse
Macro economy		↓	Growth rate of GDP			√
			Growth rate of tertiary industry added value	√		
			Growth rate of social fixed assets investment	√		
			Growth rate of gross retail sales of consumer products		√	
			Growth rate of real utilization of foreign capital			√
			Growth rate of total amount of export and import			√
			Growth rate of disposable income of urban households			√
			Growth rate of per capita net income of rural households			√
			Consumer price index	√		
			Registered unemployment rate in urban area		√	
			Sales price index of real estate in typical cities (%)			√
Financial Institutions	Banking	↓	Core capital adequacy rate		√	
			Non – performing loan rate		√	
			Profit to assets ratio		√	
			Liquidity ratio			√
	Securities	↑	Net capital adequacy rate		√	
			Net capital loan ratio		√	
			Profit to assets ratio (%)	√		
	Insurance	↑	Surrender rate in life insurance companies			√
			Premiums receivable rate	√		
			Growth rate of premium income			√
Financial Ecological Environment		↑	Comprehensive score of legal environment questionnaire	√		
			Local financial revenue to GDP	√		
			Intensity of banking services		√	
			Coverage rate of credit reference database		√	

Note: Symbol "↑" in table stands for improving, symbol "↓" stands for worsening.

In 2009, the overall score of the eastern region was 1.5 points higher than the national average, but the advantages of other aspects was not prominent except for financial environment (Figure 16).

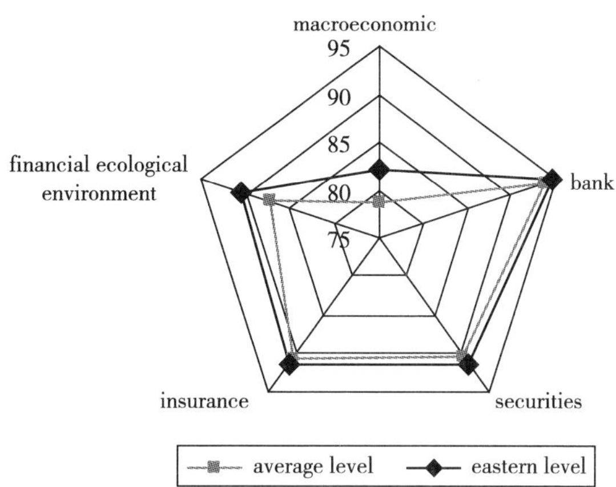

Figure 16 Financial stability of the eastern region compared with average level in 2009

4.2 Central Region

In 2009, the economy of central region gradually rallied from negative influences of crisis with the help of economic stimulus package. The development of macro economy showed positive trends along with stable economic operation, the rally of industrial production, boosting investments and consuming demands, which was beyond expectations comprehensively. Financial sector operated steadily along with rapid business expansion, enhancing profitability and improving asset quality and risk resilience. Supporting function of financial infrastructure was increasingly strengthened along with enhanced operation efficiency. The construction of regional financial ecological environment continued to be implemented. In 2010, the factors such as full implementation of *the Plan of Boosting the Development of Central Region* and accelerating industrial structural adjustment would strongly support the development of central region.

4.2.1 Along with improving economic conditions, regional industrial structure and development pattern would be examined by crisis

Since 2009, central region proactively coped with negative impacts from global financial crisis. In the context of macro economic policies of enlarging domestic demand and ensuring economic growth, central region released a series of significant policies and measures and the whole economy's operating improved. In 2009, aggregate GDP in central region totaled RMB 7.01 trillion yuan, an increase of 11.66% year on year and remained an accelerating pace. In term of economic growth among provinces in central region, Anhui, Hunan and Jiangxi enhanced their aggregate GDP at a more rapid speed than the previous year with Hunan ranking

No. 1 among them. And the aggregate GDP of Henan, Hubei and Shanxi province experienced a lower growth than that of the previous year. Shanxi was a province with high fluctuation in economic output in that its major sectors were easily influenced by other provinces. Therefore, Shanxi was hit heavily by crisis and its economic growth rallied slowly with a decrease of 2. 8 percentage points than the previous year in term of GDP.

Since the publication of RMB 4 trillion yuan stimulus package in China, all the provinces in central region proactively attracted investments at national level, enlarged fiscal expense and boosted infrastructure construction along with aggressively developing emerging sectors, recycling sectors and ecological economy. The investment maintained a rapid growth. In 2009, fixed asset investment in central region rose 36. 18% year on year. The ratio in Hubei, Jiangxi and Shanxi province climbed up 41. 6%, 40. 0% and 38. 5% respectively, all ranked in top 10 of China. Consumption remained booming. With the release of policy package boosting consumption, the consuming demand of urban and rural residents was effectively driven. In 2009, total volume of social retail goods in central region reached RMB 2. 64 trillion yuan, an increase of 19. 14% year on year. Among provinces in central region, total consumption of Hunan rose 19. 3%, ranked No. 5 in China. Chinese government's home appliances going to the countryside program exerted positive influences on the consumption of rural residents and stimulated great consumption potential in rural area. Central region is one of the regions with huge potential consumption which stems from giant demands from industrialization and urbanization, upgrade of industrial and consumption structure, ecological construction and the progress of environmental protection in the region. Negatively impacted by global financial crisis, central region made full use of opportunities brought by crisis, comprehensively improved and upgraded infrastructure and proactively participated in the adjustment process of industrial value chain and distribution. In addition, crisis also highlighted the weakness and problems existing in central region such as immature industrial development pattern, unsolidified infrastructure, and insufficiency of public services in urban and rural area and increasing pressure on resources and environment. First, industrial structure in central region was characterized by heavy industries or homogenized economic structure. Due to the facts of natural resources and other historical heritages, central region was dependent on heavy industries such as mining sector, energy raw material sector and other medium & upper stream industries. Industries relating to energy and resources occupied a material part along with the downgrading inclination of manufacturing sector. Industrial structure of central region was homogenized as well as severe duplication of industrial construction. Among all 39 sectors, 14 of them were listed as key sectors by different provinces. Tobacco, Petro - chemistry, Electrics, Food and Steel were regarded as key sectors by 5 provinces. Non-ferrous metal, Coal Mining and Automobile were regarded as key sector by 3 provinces. Second, industrial economy showed high dependence on resource – rich sector and there was large difficulty in adjusting economic structure. In the industrial and economic structure of central region, 8 traditional sectors including steel, coal, electrics, electric mechanics, non-ferrous metal mining, chemistry, building material, transportation vehicle represented 50% of added value of industrial enterprises above designated size. Third, the adjustment of industrial structure would exert direct influences on asset quality of banks. In 2009, industries with excessive production capacity such as steel, cement, plate glass, coal chemical, silicon and wind equipment still expanded their investment and "energy intensive, high pollution and resource consumption" industries such as coal, steel, cement and chemistry were dominated industries of these provinces. During the process of adjustment of industrial structure, these industries confronted the risks of shutdown or suspension, restructuring and lack of following capital and credit extension flowing into these industries would be directly impacted.

4.2.2 Revenue of major sector grew moderately, but debt burden or fiscal gap soared

Central region now confronted risks from the slowdown of fiscal revenues and enlarging fiscal gaps as well as pressures from the efforts maintaining fiscal balance. In 2009, general budget revenue in central region totaled about RMB 897.75 billion yuan, an increase of 10.91% year on year. General budget revenue belonging to regional government amounted to about RMB 503.67 billion yuan, an increase of 14.37% year on year and dropping 8.27 percentage points than the previous year. However, general budget expenditure at the same period reached about RMB 1 240.72 billion yuan, an increase of 25.80% year on year. Gap between fiscal revenue and fiscal expenditure amounted to 10.51%, rising 2.26 percentage points than the previous year. From provincial figures, the growth of fiscal revenue of Anhui and Shanxi decreased more noticeably and fiscal expenditure of Henan province rose more rapidly. In the future, the sustainable growth of regional fiscal revenue would be still uncertain. Under the background that central government strictly controlled excessive production capacity of the industries such as steel, cement, coal chemistry, electrolytic aluminum and etc., tax sources of local government was hit heavily. The issuance of local treasury bonds increased financial costs of regional government and caused high pressures on their solvency. In 2009, on behalf of local governments in central region, Ministry of Finance issued local treasury bonds and financed RMB 44.3 billion yuan from them. The number of investment and financing platforms of local governments increased remarkably as well as the scale of liabilities of investment and financing platforms guaranteed by local governments. The increase of implicit liabilities led to enlarge gaps between fiscal revenue and expenditure of local governments and the drop of liquidity and solvency of local fiscal departments. With the rising of investments from projects matched by local governments, infrastructure in the process of urbanization and expenditures for people's well - being and social welfare, pressures on cash expense of local government soared. In 2009, expenditure of people's well - being and social welfare in Anhui province reached RMB 86 billion yuan, an increase of 34. 3% year on year and higher than the growth of its fiscal expenditure by 4. 2 percentage points.

Industrial production grew rapidly along with the improving business performance and high pressures on the sustainable rally of industrial production. In 2009, the ratio of current period inventory of industrial enterprises above designated size in central region dropped moderately, but comprehensive performance of industrial economy and the amount of profit increased remarkably. The ratio of current period inventory of industrial enterprises above designated size in central region averaged at 97. 84% , a decrease of 0. 11 percentage point year on year and the amount of profit totaled about RMB 506. 47 billion yuan, increasing 14. 84% year on year. Except Shanxi province, comprehensive performance index of industrial economy in other five provinces rose respectively. Industrial growth was driven by sectors directly relating with the policy of enlarging domestic demands, but they encountered pressures on its sustainable growth. Some key industries such as steel, building material and chemistry or pillar enterprises experienced difficulties in their business operation which can not be improved in the short term. Automobile, home appliance and other industries developed at a slowdown pace along with weakening policy effects and intensive market competition. Electronics & IT, specialized equipment manufacturing, pharmaceutical chemicals, agricultural and sideline food processing and etc. , developed at an accelerated pace, but their small scales exerted limited influence on industrial growth.

The growth of disposable income of rural residents decelerated remarkably rather than urban residents. In 2009, the mean of the growth of net income per capita of rural residents in central region reached 7. 2% , a decrease of 6. 77 percentage points from a year ago or 1. 3 percentage points lower than national average. The mean of the growth of disposable income reached 8. 72% , a decrease of 4. 03 percentage point year on year or 1. 08 percentage points lower than national average. The growth of disposal income per capita of Shanxi, Jiangxi, Hubei, Anhui, Hunan and Henan provinces dropped 6. 7, 5. 7, 5. 3, 4. 8, 3. 3 and 1. 6 percentage points respectively. Urban and rural resident expenditures showed a noticeably differentiated characteristic. Driven by government's "home appliances, auto and motor bicycle going to the countryside" program, consumption expenditure of rural residents increased remarkably. Influenced by soaring housing prices and expectation of future income, the growth of consumption expenditure of urban residents decelerated.

4. 2. 3 Financial innovations and development accelerated and risk management should be further enhanced

In 2009, financial innovations of banking sector in central region were carried out prudentially and product innovations and services quality was enhanced along with steady improvement of capability coping with financial crisis. Aiming at assisting local financial institutions to optimize credit structures and the development of key industries, Jiangxi province issued several guidelines on supporting high - tech innovation and the development of high - tech sector and service outsourcing industry. Hunan province proactively implemented the pilot of 6 innovative financial products such as forestry mortgage lending and universal debt card of rural residents. New lending distributed through innovative products totaled RMB 5. 57 billion yuan. In Anhui province, financial innovation products in rural areas amounted to more than 20 and the outstanding loan reached RMB 13. 57 billion yuan, an increase of RMB 6. 2 billion yuan than the previous year.

Financial organizations such as guarantee company, pawn company and micro - lending company developed rapidly along with more institutions and enlarging business scale of industry, which exerted a significant influence on solving the shortage of financial supply in rural area and providing more accesses of lending to small and medium enterprises. By the end of year, 123 micro - lending companies approved in Anhui province were established along with the outstanding loans totaling about RMB 5. 04 billion yuan. 271 guarantee companies were approved with registered capital totaling about RMB 17. 76 billion yuan. 157 pawn companies were established with total assets and business scale amounting to over RMB 2 billion yuan. 492 new financing guaranee institutions were established in Henan province and pledged more than RMB 36. 47 billion yuan for small and medium enterprises. In Shanxi province, financing guarantee institutions reached 167 with pledged property and obligated balance amounting to RMB 8. 9 billion yuan and about RMB 7. 46 billion yuan respectively by the end of year. Pawn companies totaled 105 with business scale over RMB 1. 6 billion yuan. Micro - lending companies totaled 150 with new loans amounting to about RMB 7. 34 billion yuan in 2009.

Central region maintained financial liability and enhanced social awareness of credit through the measures such as regional credit construction and building up financial safety zone. Financial ecological environment surveillance and assessment system were successfull operated in Hubei province and real time surveillance was carried out on the level of province, city and county. Hunan province built up the publication mechanism of financial ecological assessment through publically releasing financial ecological assessment report on media.

Local financial institutions especially rural credit institutions should strengthen their risk management along with emphasizing innovations of financial products and business. Uncertain factors existing in the process of lending approval in commercial banks increased as well as operational risks. The amount of money involving in financial cases of banking institutions and money at risk in Anhui province increased RMB 382 thousand yuan and RMB 627. 7 thousand yuan year on year respectively. 5 financial cases happened in rural credit cooperatives of Shanxi province. All of them were cases with the amount of money involving beyond RMB 1 million. In term of the amount of cases and value involved, they occupied 38% and 82% respectively of all financial cases. Several problems such as irregular operations, not well - designed regulatory system and poor external environments still existed in the development of quasi - financial institutions such as guarantee company, pawn company and micro - lending company along with lack of sustainable development capability. Corporate governance structure and risk control mechanisms including financial management and risk assessment should be further optimized. External regulatory measures such as strengthening guidance on capital financing and utilization and ratios of reserve accrued should be improved as well as regulations on market entry, retreat and regular operation.

4. 2. 4 Financial supports on the development of agricultural economy were emphasized, but constrained factors in some fields still existed

The construction of rural financial organizations in central region was implemented continuously along with noticeable achievements in innovations of financial products and services, which strongly supported the development of sectors relating with "agriculture, rural area and peasants". By the end of 2009, 28 rural financial institutions of new types were established in central region and primarily exerted positive influences on supporting the development of sectors relating with "agriculture, rural area and peasants", improving financial services in rural area and promoting competition among local banking institutions. Mortgage and assurance mechanism, financial products targeting at clients in specific market had been innovated and the range of collateral property had been expanded. New credit products based on the technology of unsecured credit were introduced. By the end of 2009, the outstanding loan distributed in agriculture, forest, farming and fishing industries of Hubei province had amounted to RMB 51. 04 billion yuan, an increase of 29. 1% year on year or 33. 5 percentage points higher than that at the same period of last year. The outstanding loan relating with forest industry in Jiangxi province amounted to RMB 5. 26 billion yuan, an increase of 43. 19% year on year. The pilot of policy - related agricultural insurance was implemented steadily and made a breakthrough in aspects of policy supporting, the types of pilot insurance, the way of underwriting, the scale of premium and the coverage of insurance. The function of risk resilience of insurance sector was further strengthened as well as supporting effects of insurance on agricultural sector. In 2009, the premium of policy - related agricultural insurance in central region reached about RMB 3.48 billion yuan, increasing by 28.41%, and the amount of loss settlement of agricultural insurance reached about RMB 2.06 billion yuan, an increase of 38.52%.

As one of the most important grain producing areas, central region mainly based its economic structure on traditional farming sector. The adjustment of industrial structure in rural area progressed slowly and the innovation of financial products and services encountered the difficulty with insufficient economic foundation.

Credit system in rural area still stayed at the beginning period and rural financial ecological environment still needed to be strengthened along with lack of sharing mechanism of credit risks in rural area. All of these factors constrained the innovation of financial products and service methods in rural area.

4.2.5 The capability of local financial institutions providing financial services enhanced remarkably, but some financial institutions operated with weak risk resilience and tight liquidity

In 2009, central region continued to increase support for the reform of local financial institutions along with steady implementation of the reforming measures. Local small and medium financial institutions made a breakthrough in establishing branches out of the provinces their headquarters lay in. Hubei Chibi Branch of Wujiang rural commercial bank of Jiangsu province, the first one established out of the province its headquarter lay in and by county level rural commercial bank in China, started to operate. Chongqing branch of Hankou bank was approved. Jiujiang commercial bank of Jiangxi province set up branches in Anhui province and Nanjing branch of Huishang bank of Anhui province expanded rapidly. The reform of rural cooperative financial institutions achieved substantial progress. Rural cooperative financial institutions of Anhui province had successfully completed the exchange of central bank bills and positive stimulating effects of financial supporting policies had been increasingly exerted along with noticeable improvement of asset quality. The amount of non - performing loans and NPL ratio in banking sector of Anhui province dropped by RMB 2.18 billion yuan and 5 percentage points. The provision coverage ratio and capital adequacy ratio increased by 14.59 and 5.08 percentage points respectively. 5 rural commercial banks and 22 rural cooperative banks were established in Anhui province and the number of rural banking institutions ranked No. 3 in China and No. 1 in central and western regions. The pilot of new rural financial institutions was carried out at an accelerated pace along with the number of village bank in Henan, Hunan and Anhui province reaching 5, 5 and 4 respectively.

Although the core capital adequacy ratio and provision coverage ratio of banking institutions in central region enhanced more remarkably than the previous year, the ratios still stayed at a low level and risk resilience of these institutions was weak. Risk control of several financial institutions needed to be enhanced. The core capital adequacy ratios of banking institutions of Anhui, Hubei and Jiangxi province averaged over 8%, but the ratios of banking institutions of Hunan and Henan province were low and the ratios of banking institutions in Shanxi province plunged dramatically. Rural cooperative financial institutions with capital adequacy ratio lower than 8% in Hunan, Shanxi and Henan province occupied a high percentage of its kind. The trends that medium and long term loan was over represented in the whole credit portfolio and credit extension relying on fiscal expenditures and highly concentrating in several sectors was emphasized along with the increasing of liquidity risk. The liquidity ratio of city commercial bank, rural credit institutions, rural cooperative banks and rural commercial banks dropped. Liquidity ratio and liquidity gap ratio of several financial institutions in Hunan province were below the regulatory requirements.

4.2.6 Business scale of direct financing was enlarged and constraint factors of regional capital markets still existed

In 2009, as macro - economy rallied rapidly, market confidence was restored along with noticeable enhancement of business scale, profitability and capital basis of securities institutions and futures companies in central region. Business scale of direct financing enlarged increasingly along with diversified financing patterns. By the end of 2009, listed companies in domestic stock markets reached 275 in central region, an increase of 16 year on year. Market capitalization totaled RMB 2.38 trillion yuan, an increase of 143.07% year on year. Total financing from domestic stock markets reached about RMB 63.57 trillion yuan, accounting for 5.38% of new loan approved by banking institution in the region. In order to encourage enterprises to be listed, all the provinces established a large candidate pool for listing. For example, Shanxi province reserved more than 240 candidate companies to be listed and Jiangxi province established a list with 135 enterprises as main targets of listing in stock market. Although central region had a large number of candidate companies for listing, companies with outstanding business performance and satisfying the criteria of listed company were only a few. Listed companies concentrated in capital of these provinces or cities with advanced economy.

Central region represented 13.48% of securities companies in China as well as 12.99% of futures companies. There was no fund management company whose headquarter lay in central region. At the year - end, the ratio of market capitalization to GDP in the region reached 33.99%, 38.39% lower than national average. Equity financing accounted for 13% of its kind in China as well as 9% in term of direct financing. Some constraint factors still affected the development of regional capital markets. First, the quality of listed companies should be improved. Listed companies with special treatment amounted to 14, which enlarged market risks of capital markets and exerted negative influences on direct financing in the region. The irregular problems such as part – time senior executives, related transaction, awarding credit conformably and non – standard information disclosure in listed companies had existed for a long time. Second, the compliance of securities sector needed to be emphasized. The events such as securities companies operating out of its headquarter without approval, marketing abuses, zero commission of securities trade happened occasionally. Third, with similar services, securities companies were homogenized in their business structures, which caused a problem that securities companies were highly dependent on market conditions and risk resilience of the whole industry was weakened.

4. 2. 7 Structural adjustment of insurance sector took an initial effect and profitability of the whole industry needed to be improved

In 2009, insurance sector in central region maintained a healthy development along with proactive changes in product and business structure, and structural adjustment achieved remarkable results. Benefiting from RMB 4 trillion yuan national stimulus package, insurance premium from engineering projects rose rapidly along with large amount of new projects. The premium of engineering insurance in Anhui and Hunan province increased 150% and 76% respectively than the previous year. Insurances concerning people's livelihood and welfare grew steadily along with premium of agricultural insurance and liability insurance increasing by 28. 4% and 28. 7% respectively. Rural micro – life insurance made a breakthrough in 2009. In term of life insurance, the problem that investment linked insurance and universal insurance were overrepresented had been effectively controlled along with premium from universal insurance dropping 42. 5% than the previous year. Business structure of life insurance had been improved, and premium from new installment insurance increasing by 20%, on the year, among which premium in Henan province and Hubei province grew by over 30%. However, the foundation of structural adjustment was not very solid. In term of property insurance, premium from car insurance accounted for 77. 62%, in 3 percentage points higher than the same period last year. In term of life insurance, participating insurance developed rapidly, an increase of 33. 13% than the previous year or 12 percentage points in totaled premium of life insurance than the previous year. Channel business needed to develop more balancedly along with premium from band and mail distribution channel for insurance products in central region accouting for nearly 50%.

The projects of reducing losses and enhancing efficiency in insurance companies achieved interim progress. In 2009, ratio of premium receivable of property insurance companies dropped than the previous year. The ratio of atonement of property insurance companies decreased in all the provinces in central region except Shanxi and Anhui province. Property insurance companies in Shanxi province made an underwrting margin of RMB 264 million yuan along with loss reduction of property insurance companies in Henan, Jiangxi and Hunan provinces. In case of life insurance companies, surrender ratio in all provinces except Henan dropped than the previous year. In summary, insurance sector of central region still stayed at initial phrase characterized by underdeveloped institutional environment and weak technical capability. Profitability of insurance sector in central region was weak and some insurance companies still made losses due to few products generating profits and high compensation costs.

4.2.8 Quantitative Assessment

According to the results of quantitative assessment, central region scored 82.1 in term of the state of financial stability in 2009, an increase of 2.3 than the previous year, and the score fell into a steady range. Data also indicated that central region effectively coped with negative impacts of the global financial crisis and overall financial stable conditions rallied to some degree. The assessment results for the past four years (Figure 17) indicated that, the overall state of stability of central region mainly stayed in the steady range except that of 2008. In detail, macro economy was the factor most seriously influenced by global financial crisis and economic cycle with its scores dropping for 3 years in a row. The scores of banking sector maintained its ascending trend since 2008 along with annually increasing comprehensive performance. The sharp rally of securities sector helped it remarkably enhance its scores. The scores of insurance sector strongly rallied since it dropped in 2007 and its state of financial stakblity improved moderately than the previous year. Financial ecological environments represented an in-

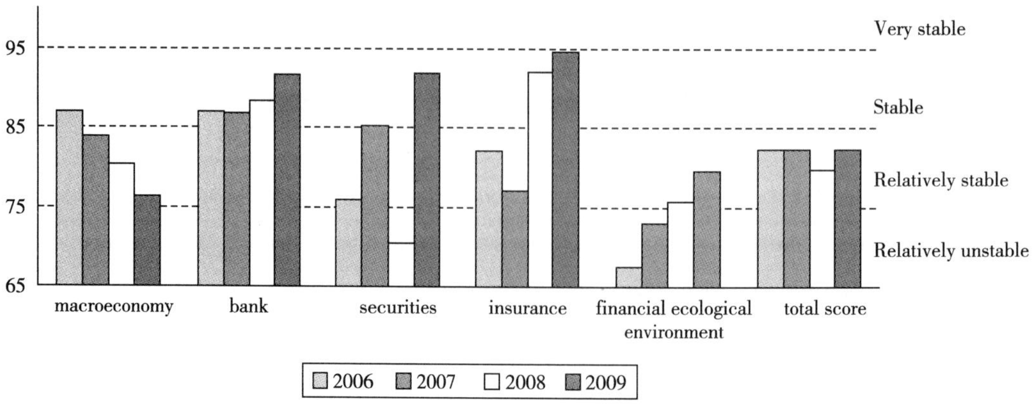

Figure 17 Financial stability of the central region, 2006 - 2009

creasingly improving trend, but its score still stayed at a low level.

In term of the changes of specific indicators (Table 11), 7 indicators of central region including 2 macro economic indicators, 2 banking sector indicators, 1 securities sector indicator, 1 insurance sector indicator and 1 financial ecological environment indicator improved modestly, 7 indicators all belonged to the catalog of macro economic indicators dropped moderately than the previous year, and 11 indicators including 2 macro economic indicators, 2 banking sector indicators, 2 securities indicators, 2 insurance sector indicators and 3 financial ecological environment indicators maintained at the similar levels comparing with the previous year. Specifically, in the context of global financial crisis, the growth rate of tertiary sector, foreign capital actually utilized and disposable income of urban and rural residents in central region slowed down, and registered unemployment rate increased moderately, despite rapid growth of investment and consumption demand and the rally of price index. The increase of banking sector indicators mainly benefited from enhancement of solvency capability of banking institutions, representing by the drop of non – performing loan ratio and the ascendance of capital adequacy ratio. Influenced by remarkable improvement of its profitability, securities sector scored much higher than the previous year. Insurance sector improved moderately in all items and its overall score climbed moderately due to the dropping of surrender ratio and premium receivable ratio of life insurance companies and steady enhancement of premium income. Financial ecological environment improved year by year along with noticeable enhancement of density of banking services.

Table 11 Assessment indicators and changes for central regions in 2009

Catalog of indicators	Change	Assessment Indicator	Change		
			Improved	Stable	Worse
Macro economy	↓	Growth rate of GDP		√	
		Growth rate of Added Value of Tertiary Industry			√
		Growth rate of Total Investment In Fixed Assets			√
		Growth rate of Total Retail Sales of Consumer Goods	√		
		Growth rate of Real Utilization of Foreign Capital			√
		Growth rate of Total Value of Imports and Exports			√
		Growth rate of Disposable Income of Urban Households			√
		Growth rate of Per Capita Net Income of Rural Households			√
		Consumer Price Index	√		
		Registered unemployment rate of Chinese urban areas			√
		Sales price index of real estate in typical cities (%)		√	

Catalog of indicators		Change	Assessment Indicator	Change		
				Improved	Stable	Worse
Financial Institutions	Banking	↑	Core Capital Adequacy Ratio	√		
			Non – Performing Loan Ratio	√		
			Return on Assets		√	
			Liquidity ratio		√	
	Securities	↑	Net capital adequacy ratio		√	
			Net debt – to – equity ratio		√	
			Return of Assets（%）	√		
	Insurance	↑	Surrender rate in life insurance companies		√	
			Premiums receivable ratio		√	
			Growth rate of premium income	√		
Financial Ecological Environment		↑	Comprehensive score of legal environment questionnaire		√	
			Local financial revenue to GDP		√	
			Density of banking services	√		
			Coverage rate of credit reference database		√	

Note: Symbol "↑" in table stands for its improving, symbol "↓" stands for its worsening.

In 2009, comprehensive score of central regional was 3 points lower than nationwide average. It achieved a noticeable enhancement in the indicators of securities and insurance sectors, exceeding the nationwide average and maintaining a good state of stabilty. The score of banking sector approached nationwide average but still lagged behind in terms of macro economy and financial ecological environment, which needed to be improved further (Figure 18).

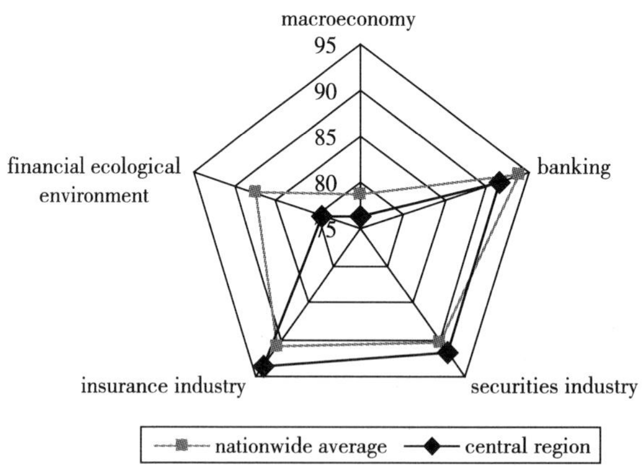

Figure 18 Financial stability of the central region comparing with nationwide average in 2009

4.3 Western Region

In 2009, under the circumstances of positive fiscal policy and moderately easy monetary policy, confronted with austere challenge of international financial crisis, 12 provinces including autonomous regions and municipalities in western region had made great efforts to carry out national policies and measures and to exert local advantages, therefore the national economy stablized and recovered and maintained to grow at a high speed. The adjustment of industrial structure was pushed forward in succession, the governmental revenue as well as resident income (urban and rural) were raised steadily, and the investment grew rapidly. The fast and steady development of economy provided a good opportunity for the development of financial sector, and also a favorable foundation for the stable development of regional financial system. Deposits and loans of banking sector increased rapidly, operating efficienlly was significantly promoted, and asset quality improved in succession. Pilot project of new type of rural financial institutions witnessed a breakthrough, and service capability kept being strengthened. Securities markets ran smoothly and safely, and profits of securities and futures institutions recovered. The lines of business of insurance sector were widened, premium income continued to grow, and the functions of risk compensation and social security were reinforced. The construction of financial infrastructure was quickened, financial services in disaster areas kept being improved, and the stability of financial system was further reinforced.

4.3.1 The economic growth contributed by tertiary industry enlarged but the structural contradiction still existed

Accompanied by stepwise effects from central government's requirements of sustaining economic growth, ensuring people's well – being and maintaining social stability and other policies in regional revitalization layout, economy of western region stopped falling down and stablized and recovered in the second half of the year. In 2009, western region realized a GRDP of RMB 6.69 trillion yuan, an comparative growth – rate of 13.55%, up by 0.78 percentage point than that of 2008, and became the area with fastest development speed. Its GRDP accounted for 18.46% of national total volume, up by 0.64 percentage point. In terms of growth by industry, the growth of value added by the primary industry and the secondary industry slowed down to some degree; but the tertiary industry realized GDP of RMB 2.58 trillion yuan, up by 12.92% year on year, accounting for 38.90% of all, an increase of 2.64 percentage points over the previous year. The contribution ratio of the tertiary industry to GDP increased from previous year's 32.25% to 54.43%, which showed that the tertiary industry had made a greater contribution to economic growth of western region.

Although western economy had maintained a rapid growth, the increase still relied on government investment but not on consumption or private investment. In 2009, the fixed assets investment in western region reached RMB 5.13 trillion yuan, an increase of 40.07% year on year, up by 11.75 percentage points than that of the previous year. The contribution ratio of the investment to GDP reached 166.27%, stimulating GDP up by 22.52 percentage points, the highest level for the recent ten years. The investment structure mainly relying on project investment would certainly intensity the contradictions such as the surplus of production capability and low - level redundant constructions in some traditional pillar industries like steel and cement industries. Particularly in earthquake disaster areas, investments in basic infrastructure industry went up distinctly. Spurred by the tremendous expansion of reconstruction after disaster, a lot of inferior industries had chances to sustain. Some enterprises in building material industry expanded production capability owing to reconstruction after disaster, resulting in the deterioration of over - supply, which was potentially harmful to the credit quality of banking sector. Therefore, it is a primary problem to the sustainable development of western economy how to convert economic development mode efficiently, adjust economic structure, promote consistent development between investment, consumption and net export, and foster the inner drive of economic development.

4.3.2 The management of banking sector sustained improving but the term mismatch of deposits and loans still existed

In 2009, the banking sector in western region endeavored to carry out moderate easy monetary policy, supported regional economic development effectively and deepened reformation continuously. Consequently, its overall strength was promoted steadily. By the end of 2009 the total RMB and foreign currency, assets of banking institutions had reached RMB 12.49 trillion yuan, a rise of 31.18% year on year, up by 2.46 percentage points than that of the previous year. Western region had become the area with the fastest assets growth in China. The deposits and loans in domestic and foreign currencies reached RMB 10.19 trillion yuan and RMB 7.18 trillion yuan, increased by 30.32% and 37.88% year on year, up by 3.13 and 19.01 percentage points than that of the previous year respectively, which made western region become the area with fastest growth of deposits and loans for 4 years in China.

With the positive factors like the arising effect of banking sector's reformation, the administration framework of the regional corporation had been consummated, the operating situation had been improved distinctly and the anti - risk capability had been enhanced continuously. In 2009, banking institutions in western region realized a paper profit of about RMB 138.31 billion yuan, up by 44.45% year on year, a great increase of 28.37 percentages points than that of the previous year. Accompanied by the continuous development of banking innovative financing products and the narrowed net interest margin, the proportion of revenue from intermediary business was moderately increased, which made the profit structure get improved gradually. Meanwhile, except for a slightly increase of non-performing loan amount in Qinghai province, both the non-performing loan amount and ratio in other western provinces witnessed a drop more or less. Asset quality had been ameliorated step-by-step.

Remarkably, the problem of term mismatch still existed and the management of liquidity became more difficult. In 2009, the fast increase of loans in western financial institutions was mostly dependent on medium and long term loans. The annual incremental medium and long term loans reached RMB 1.49 trillion yuan, accounting for 75.26% of all incremental loans, and it was the largest proportion in all four areas, up by 12.86 percentage points than that of the previous year. Meanwhile, the incremental deposits in all provinces witnessed a character that more demand deposits emerged. The term mismatch of deposits and loans resulted in certain challenges to asset and liability management and liquidity management of financial institutions, which must be paid more attention.

4.3.3 Local governmental financing platform grew rapidly and underlying risks needed to be watched

In order to promote the rapid development of local economy, the governments in all regions set up governmental financing platforms in succession, raising money for local construction by means of bank credits, local bonds and city investment bonds issuance, consigning banks and trust companies to sell financial products, etc.. According to incomplete statistics, by the end of 2009, 11 provinces in western regions except for Tibet set up 2 124 governmental financing platforms in total, and financed a total of RMB 1.43 trillion yuan, accounting for 19.93% of all loans, including 650.58 billion incremental loans. Financial institutions granted loans to governmental financing platforms, which promoted economic stable recovery.

At the same time, those governmental financing platforms still had problems such as overlengthy credit term and exorbitant debt ratio which brought the credit with great risks. Credits through governmental financing platform were mainly used in the fields of infrastructure with significantly higher percentage of medium and long term loan, some projects among which had compliant risks and single mode of mortgages. Besides, those repayments were mostly dependent on governmental appropriating funds, land remission revenue, project income in operating period and return of finance and tax, all of which were easily affected by policy and economic cycle and had repayment risks. In some western areas, owing to the low government revenue, the credit's safety of some local governmental financing platforms were not ensured. Taking one western province for example, in 2009, the credit amount through governmental financing platforms in this province reached about 2.8 times that of annual budget revenue. Once added to former local government debts, this amount would be far above the safe level of governmental debts. Therefore, the underlying probability that fiscal risk transferring to financial risk needed to be paid great attention. Moreover, borrower itself had problems, such as low transparency, non-standard operation, single financing channel and low project profit, which had an impact on credit asset quality. Thereby, it is necessary to further intensify the monitor to credits through local financing platforms, strengthen risk prevention and control, increase the independence of financial institutions' management and avoid credit capital risk stemming from heavy governmental debts.

4.3.4 The reforms of rural financial institutions were advanced steadily but the anti-risk capability still needed to be promoted

The effect of reforms of rural financial institutions in western region were consolidated continuously, multi-layer development pattern was formed gradually, and risk management and comprehensive capability were strengthened steadily, all of which supported the development of the "agriculture, countryside, peasant", small enterprise and county economy. The pilot work of the three dimensional rural issues financial department in Agricultural Bank of China was advanced steadily. In 2009, Sichuan, Chongqing, Gansu, Ningxia, Xinjiang and Tibet extensively promoted the three dimensional rural issues financial service, and made efforts to drive the reforms of the three dimensional rural issues financial service sector. As a result, management performances of the sector hit a historical height and the service capability to the three dimensional rural issues and county economy increased significantly. Taking Gansu province for instance, by the end of 2009, the three dimensional rural issues financial service sector had covered 70 counties; the credit amount relating to agriculture had increased by RMB 3.51 billion yuan (excluding the factor of assets peeling off) than that of the previous year, up by 27.8% year on year; and the three dimensional rural issues service management system had been established primarily.

The reforms of rural credit cooperatives in all regions were promoted steadily. Rural credit cooperatives sped up the reforms of property right system, consummated corporation administration structure, and converted management mechanism, consequently, management indicators were improved significantly. By the end of 2009, 174 rural credit associations (at the county level), in Sichuan province had realized deposits and loans ranking third and first in all respectively; the non-performing loan ratio decreased by 11.2 percentages points; the profit before provision reached RMB 5. 88 billion yuan, which hit a historical height. 156 of them realized exclusive bill which reached RMB 9. 64 billion yuan. 84 rural cooperative institutions of all 87 in Gansu province had passed the test for central bank exclusive bill. The historical problem had been settled, asset quality was ameliorated distinctly and the service capability to the *three dimensional rural issues* was intensified significantly. By the end of 2009, Shaanxi province had set up 5 rural cooperative banks and 1 rural commercial bank, which set a good example of the reforms of rural cooperative financial institution in the province.

The growth of rural financial institutions is important to the consummation of rural financial service framework and the broadening of financing channel. However, currently rural financial institutions in all western regions are faced up with the facts such as relatively short operating duration, inefficient supervision and restriction mechanism and weak inner control power, and still have certain operation risks. In 2009, the main operation indicators of small and medium sized financial institutions in some western regions displayed a downward trend. Rural credit co-operatives still encountered the problems such as inextricable non – performing loan, insufficient risk provision and weak core debt stability, and their comprehensive anti – risk capability was still not strong enough. Rural credit cooperatives in earthquake disaster area witnessed the facts such as a rise of the deposit to loan ratio, and a drop of liquidity ratio. Some institutions were faced up with withdrawal, which increased the liquidity pressure. Some new – typed rural financial institutions confronted with situations like the rise of credit concentration, the lack of capital, and the underlying risks increasing gradually.

4. 3. 5 The management status of securities institutions were improved significantly while the trade order needs to be further standardized

In 2009, owing to factors like the recovery of the capital market and the flourish of security deeling, the scale of securities institutions in western region expanded and the management situation ameliorated continuously. By the end of 2009, the western region had 18 securities institutions, 3 funds management companies and 19 futures management companies; the total assets of securities corporations had reached about RMB 151. 23 billion yuan, up by 70. 84% year on year; the annual avenue reached about RMB 18. 14 billion yuan, a great increase of 82. 46% than that of the previous year. Whereas, when compared to the institutions in eastern region, securities institutions in western region were still not mature enough, and had problems such as the homogeneity of operation, the single profit mode, and relatively weak capabilities of persistent operation and anti systematic risks. Under the pressures both from outer competition and inner assessment, some institutions' operation even got out of line, with malign competition and risks from violation, which resulted in certain negative impacts on the development of regional securities market and financial stability. Besides, with relatively weak risk consciousness, some investors in western region invested blindly. In recent years, parts of regions witnessed illegal stock issues and transactions, illegal securities investment consultations occasionally, all of which seriously disturbed the normal trade order of western securities sector and were harmful to social stability. Therefore, it is necessary to strengthen the effective supervision of capital market in western region, increase the power of investigation to illegal cases, enhance social effect of law execution, reinforce the fairness and credit of the market, and keep market's stability.

4. 3. 6 Quasi – financial institutions developed rapidly while the anti – risk capability still needed to be promoted

In recent years, Quasi – financial institutions including small lending companies, guarantee institutions and pawn companies developed rapidly in all western provinces, which played a positive role in the fields of serving local economy, satisfying multiple financing demands and promoting well – beings. Taking Gansu province for instance, by the end of 2009, the province had established 30 formal micro – credit institutions, which had provided loans of RMB 381 million yuan and had realized an annual profit of RMB 3 017.4 thousand yuan; the province had 101 financing guarantee companies, assuring amount reaching totally RMB 3. 03 billion yuan, 4. 43 times as that of the previous year; the province also had 52 pawn companies, registered capital of which reaching RMB 370 million yuan. As a necessary complement to main financial institutions, these financial institutions positively supported to solve the problems such as difficult financing for medium and small sized enterprises.

With fast development, quasi-financial institutions were faced up with problems which were not good to its growth and financial market order. As mainly in the period of initial stage, most of these institutions were short of capital and lack of risk compensation mechanism. Besides, they had problems such as single capital resource, lower level of credit grades and social recognitions, and weak financial persistence and comprehensive anti – risk capability. Moreover, owing to the lack of mature management system and professional experts, these institutions had low level of risk control and substandard business. Under the circumstance of furious market competition, a few of institutions displayed a situation with operating in the fields not allowed and utilizing capital illegally. Some institutions were likely to be involved in situations of disguisedly absorbing deposits or even illegal financing activities. Currently the supervision to quasi-financial institutions are not professional enough and the mechanism of which is relatively outdated. Therefore, close attention should be paid to these institutions' development to prevent its risk from transferring further.

4.3.7 Financial service in disaster area was entirely resumed and financial infrastructure was improved further

The earthquake disaster area in western region displayed a successful reconstruction, financial service was continuously ameliorated, and the stability of financial system got further strengthened. In 2008, affected by May 12th Wenchuan earthquake, Sichuan, Gansu, financial institutions in Shaanxi and Chongqing witnessed a great loss. Financial services system was severely damaged and local corporate banking institutions in some places were faced up with difficult operating situation. Under the instructions of reconstruction programming and the support of policies and measures and by endeavoring to carry out special financial support policy in disaster area, financial institutions in disaster area achieved a good performance in reconstruction, and played an important role in the expansion of inner demand and reconstruction after disaster. Taking Sichuan province which was worst damaged in disaster for instance, by the end of 2009, the number of newly started programs in 39 financial branches in the stricken counties which are concluded in national reconstruction plan totally reached 931, accounting for 56.8% of all; 743 programs had been completed, accounting for 45.3% of all; the accumulative investment amount reached RMB 373 million yuan, accounting for 11.5% of all investments. The banking institutions had set up 12 new institutions in disaster counties the whole year and relocated 2 institutions . Banking institutions in the province accumulatively had issued loans of RMB 307 billion yuan for rescue and reconstruction, which had assisted housing reconstructions for 610 thousands ordinary rural residents, 85 thousands urban residents and 73 thousands destitute rural residents. Insurance repayment work had been completed on the whole. The premiums in Aba, Guangyuan and Mianyang areas all exceeded the average level of the whole province.

4.3.8 Quantitative Assessment

According to the quantitative assessment's results, the total score of financial stability of the western region in 2009 reached 82.5, decreasing by 1.7 points than that of the previous year, and in a relatively stable interval. The results showed the financial system had been affected by the sharp down of economic and financial situation at home and aboard. From the results of the past four years (Figure 19), after three years' rise, the total score of the western region began to edge down while an overall upward trend was not significantly changed. In detail, impacted by international financial crisis, the macroeconomic score dropped down distinctly compared to that of the previous year. The banking score displayed an upward trend year after year, changing from a relatively unstable interval to a stable interval with a great advancement. The securities score had been growing slightly since 2007 until arriving into a stable interval in

2009. The insurance scores decreased from that of the previous year. After a small drop in 2007, the financial ecological environment scores increased remarkably year after year.

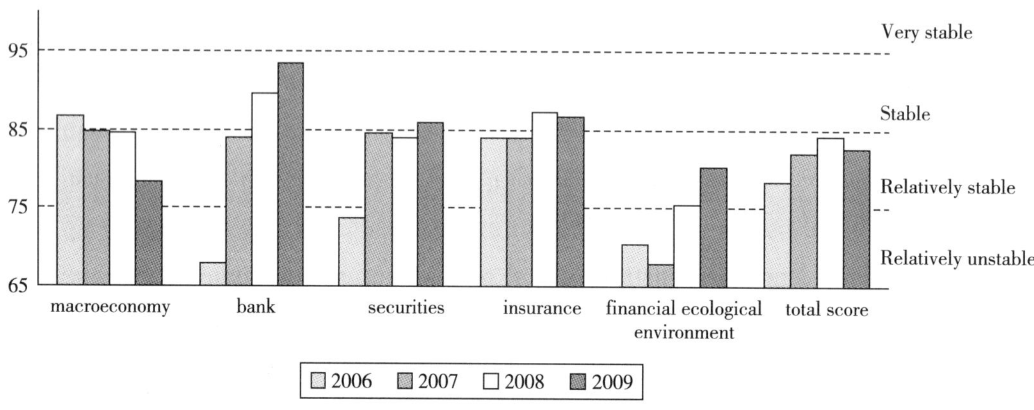

Figure 19 Financial stability of the western region, 2006 - 2009

From the changes of specific indicators (Table 12), compared to those of the previous year, the western region witnessed 7 indicators improved (including 4 macroeconomic indicators, 2 banking indicators and 1 financial ecological environment indicator), 5 indicators worsened (including 3 macroeconomic indicators, 1 banking indicator and 1 insurance indicator) and 13 indicators leveled off (including 4 macroeconomic indicators, 1 banking indicator, 3 securities indicators, 2 insurance indicators and 3 financial ecological environment indicators). Specifically, in spite of the sharp rise in the tertiary industrial growth, the relatively rapid growth in consumption and the descending consumer price index, the excessive growth of investment demand resulted in certain pressures on the adjustment of economic structure, combining with the falling down of import and export, the declining growth of income of urban and rural residents, all of which led to the distinct fall of macroeconomic score. As far as the banking sector was concerned, although the liquidity worsened slightly, the capital adequacy ratio was advanced, the non - performing loan ratio dropped and asset quality was improved significantly, all of which resulted in an increase in the score. As far as securities sector was concerned, except for a slight wane in the asset profit ratio, all other indicators sustained stable states, therefore, the score was not remarkably changed. In the insurance sector, the score tumbled down than that of the previous year owing to the slowing down of premium growth. The remarkable rise of the financial ecological environment score was owing to a significant increase both in the fields of financial service density and coverage ratio of credit reference database.

Table 12　Assessment indicators and changes for western regions in 2009

Sector		Change	Assessment Indicator	Change		
				Improved	Stable	Worse
Macroeconomy		↓	Growth rate of GDP		√	
			Growth rate of tertiary industry added value	√		
			Growth rate of social fixed assets investment			√
			Growth rate of gross retail sales of consumer products	√		
			Growth rate of real utilization of foreign capital	√		
			Growth rate of total amount of export and import		√	
			Growth rate of disposable income of urban households			√
			Growth rate of per capita net income of rural households			√
			Consumer price index	√		
			Registered unemployment rate in urban area		√	
			Sales price index of real estate in typical cities (%)		√	
Financial Institutions	Banking	↑	Core capital adequacy rate	√		
			Non – performing loan rate	√		
			Profit to assets ratio		√	
			Liquidity ratio			√
	Securities	↑	Net capital adequacy rate		√	
			Net capital loan ratio		√	
			Profit to assets ratio (%)		√	
	Insurance	↓	Surrender rate in life insurance companies		√	
			Premiums receivable rate		√	
			Growth rate of premium income			√
Financial Ecological Environment		↑	Comprehensive score of legal environment questionnaire		√	
			Local financial revenue to GDP		√	
			Intensity of banking services	√		
			Coverage rate of credit reference database		√	

Note: Symbol "↑" in table stands for its improving, symbol "↓" stands for its worsening.

In 2009, the overall score of the western region was 2.6 points lower than the national average (Figure 20). Except for the banking score approaching to the national average, all other four scores had some disadvantages more or less.

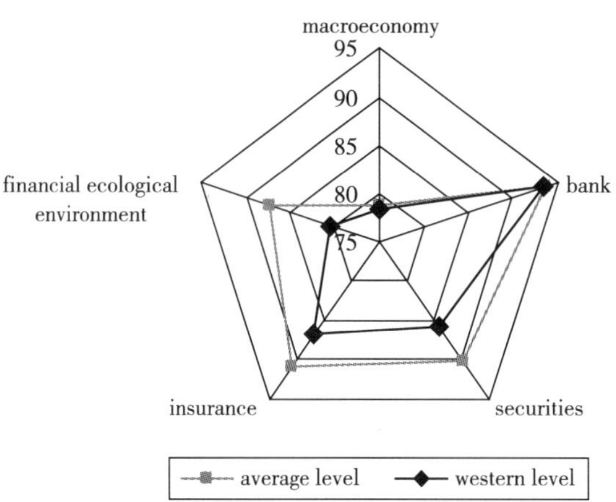

Figure 20 Financial stability of the western region compared with national average in 2009

4.4 Northeastern Region

In 2009, the northeastern region positively implemented the central government's macro - control policies and the planning of "comprehensively reinvigorate northeast China", and formulated a series of development plans of regional economy and industrial structure. Through a series of policies such as increasing the investment, promoting the expense and stabilizing outside need, the influence of the international financial crisis was basically overcame, and the integral economy begun to stablize and recover. Providing a sound foundation for the stable and healthy development of the financial system. The reinvigorating of the old industrial bases sped up. Works on energy - conservation, emission reducing and environment - protection achieved remarkable success. The agricultural production situation was stable and the tertiary industry vigorously developed. The requirement of investment was exuberant, which became the important engine for economic growth. In the meantime, financial institution's credit availability increased in large quantity and the profitability promoted rapidly. In addition, the financial infrastructure ameliorated continuously and the financial service achieved remarkable success.

4.4.1 The economic development maintained a stable growing trend, but the foundation of stablizing and recovering was not reliable enough

In 2009, facing the influence of the international financial crisis and the complex domestic economic environment, the regional economy stablized and recovered due to the national macroeconomic regulation and control policy and the "comprehensively reinvigorate northeast China" strategy. The regional GDP reached RMB 3.06 trillion yuan, increasing 12.56% year on year. The optimization and adjustment pace of economic structure was further accelerated. The industrial structure was adjusted to 11.6:49.9:38.5 compared to last year's 11.7:53.0:35.3. The added value of the three sectors were RMB 354.97 billion yuan, about RMB 1.52 trillion yuan and RMB 1.17 trillion yuan, an increase of 3.71%, 15.07% and 11.67% year on year respectively.

The agricultural production situation was stable. However, the output descended slightly. In 2009, due to the influence of climate, the food output in the northeast region descended slightly. The gross quantities of production reached 84.04 million ton, descended by 5.21 million ton, a descending of 5.8% than that of the last year. Among the three provinces, the food production of Heilongjiang province reached its peak at 43.53 million ton, rising 3.0% than that of last year. Jilin and Heilongjiang provinces developed the green - food industry actively. The gross yield of authenticated green foods, organic foods and pollution - free agricultural products in Jilin province reached 33.4 million ton, achieving an output value of RMB 48.7 billion yuan. The industry drove 2.78 million households to get rich and increased their income of RMB 5.8 billion yuan. In Heilongjiang province, the area of authenticated green food fields reached 56.90 million acre, therefore, Heilongjiang province maintained the biggest base of the green foods producing and processing and one of the largest provinces of the pollution - free agricultural product's production.

The rising tendency of industrial production was obvious, and the power of energy - saving, emission - reduction and environment protecting was strengthened. In 2009, in spite of the adverse impact of international financial crisis and other factors, the integral industrial production grew well. The key industries became the primary power to drive the industrial economy to stablize and recover. In Liaoning province, the added value of equipment manufacturing industry, the metallurgical industry and agricultural foods processing industry increased 18.3%, 23.8% and 21.7% year on year respectively, accounting for 31.5%, 19.3% and 18.9% of the added value of entire province's industrial enterprises above designated size. In Jilin province, the added value of the nine mainstays, superior and characteristic industries reached RMB 226.8 billion yuan, up by 14.3% year on year, and contributing 68.4% to the growth ratio of industrial production. In Heilongjiang province, the four - mainstay industries, including the equipment industry, the petrochemical industry, the energy industry and food industry, started to rebound steadily. The added value reached RMB 261.76 billion yuan, an increase of 11.2% year on year, and accounting for 90.1% of the added value of industrial enterprises above designaged size. At the same time, works on energy - conservation, emission reducing and environment - protection achieved remarkable success. The chemical oxygen demand (COD) and sulfur dioxide emission in Liaoning, Jilin and Heilongjiang provinces descended by 2% and 3.5%, 3.6% and 3.8%, 2% and 1.6% respectively. The water quality of drainage area of Songhua River constantly improved, as well as the adjustment and management of Liaohe River made a significant development.

The development of tertiary industry significantly sped up and its pulling function on economic growth increased. In 2009, regional tertiary industry continued to grow rapidly and its proportion in the industrial structure increased by 2.8 percentage points. Liaoning province gradually introduced policies and measures to encourage the development of service industry, therefore its output value of urban and suburban service industry rose by 20% plus, and that of the overall province increased by 12.1%, which was the highest growth rate for the past 10 years. Heilongjiang province seized the chance of World Winter University Games' success and the bid to Winter Olympic Games, realizing a domestic tourism revenue of RMB 60.6 billion yuan, up by 20.1% year on year.

In 2009, under the shocks from financial crisis, the industrial production in northeastern region still maintained a good developing trend, but the promotion eflect on regional economic growth declined. Regional industrial development was relatively centralized; the economic growth mainly depended on equipment manufacturing, metallurgy, petrochemical, energy industries and so on. The proportion of heavy chemical industry was high, new industry grew slowly, the contribution ratio of science and technology was low and regional economic structure still needed to be further optimized. At the same time, the main driving force of economic recovery in northeastern region was the promotion effect of fixed asset investment. However, the growth of investment would be influenced by many factors such as investment project reserve balance, investment payoff period, the sustainability of credit funds, the growth rate of domestic and foreign market demands'overcapacity status and so on. Once the growth rate of investment slowed down or the growth trend reversed, it may directly affect the regional economic.

4.4.2 The fixed assert investment grew rapidly while foreign trade situation wasn't optimistic

In 2009, driven by a series of national policies in boosting domestic demands, northeastern region continued to implement the "comprehensively reinvigorate northeast China" strategy, regarded enlarging investment scale as the major task, and achieved remarkable results. The total investment in fixed assets of the whole year reached RMB 2.53 trillion yuan, an increase of 31.56% year on year, and accounting for 83.00% of the whole region's GDP, which was 14.57 percentage points higher than that of the last year. The investment in pillar industry rose quickly. Pillar industries in Liaoning province including equipment, metallurgy and petrochemical witnessed a fixed assets investment of RMB 255.84 billion yuan, up by 17.7% year on year. The investment of Jilin province in pillar and advantage industries such as transportation, equipment manufacturing, chemical engineeing, food, building materials and pharmaceuticals reached RMB 154. 88 billion yuan, up by 46. 6% year on year. Four leading industries in Heilongjiang province were equipment, petrochemical, energy and food industry, which accomplished an investment of RMB 151. 5 billion yuan, up by 26. 9% year on year, and accounting for 78. 4% of the urban industrial investment. The investment of non – state economy increased quickly. In 2009, the investment of non – state economy in Liaoning, Jilin and Heilongjiang provinces rose 37. 2% , 25. 8% and 54. 4% , accounting for 75. 9% , 70. 5% and 42. 4% of the urban fixed asset investment respectively. Heilongjiang province hit the highest of recent years. The growth of infrastructural facilities investment was strong, reaching about RMB 97. 19 billion yuan and RMB 303. 57 billion yuan in Jilin and Liaoning provinces. respectively, an increase of 50. 0% and 33. 1% respectively year on year. In the long term, the oversized proportion of infrastructure projects loan would aggravate projects' financial burden. If the capacity couldn't be fully released, loan repayment period would be extended. Moreover, since most infrastructure investment projects obtained bank loans through government financing platforms, and were guaranteed by the government revenue. The rapid growth of current investment would exert certain pressures to local authorities' public finance expenditure in the years to come, and affect the banking asset's safety.

In 2009, affected by the contracted market demand of main trade courtries, import and export volume of northeastern region dropped for the first time and the total import and export volume was about 90. 89 billion U. S. dollars, a decrease of 16. 49% year on year. Among which, the exports dropped significantly, the export volume was about 46. 65 billion U. S. dollars, down by 26. 64% year on year. The import volume was 44. 24 billion U. S. dollars, down by 2. 29% year on year. Foreign capital inflows rebounded. The actual foreign direct investment (FDI) of northeastern region reached 18. 94 billion U. S. dollars, an increase of 20. 9% year on year. Liaoning province repnesented most distinctly: only in June 2009, the foreign capital's contribution of foreign – investment enterprise reached 2. 69 billion U. S. dollars, ranking second in the whole country, up by 118% year on year and link relative increasing 427%.

4. 4. 3 The real estate credit grew quickly and potential risk needed to be paid attention

In 2009, the real estate market in northeastern region presented the trend that price and volume went up, and real estate loan delivered by banking sector increased greatly. Real estate investments ran on the high level. Northeastern region completed a real estate investment of RMB 396. 08 billion yuan. Real estate trade volume rose greatly. Residential properties sales volume of Liaoning, Jilin and Heilongjiang provinces increased by 41% , 36% and 55% year on year respectively, sales area increased by 31. 4% , 15. 1% and 35. 6% year on year respectively. Residential properties sales price grew distinctly. The average price of Jilin and Heilongjiang provinces' residential properties already reached RMB 3 106 yuan per square meters and RMB 3 237 yuan per square meters respectively, an increase of 27. 9% and 14. 3% year on year respectively. Real estate credit presented a swift growing tendency. The real estate development loan of Liaoning, Jilin and Heilongjiang provinces increased by 38. 00% , 92. 27% and 62. 79% compared with that at the beginning of the year, and individual housing loan rose by 48. 00% , 70. 28% and 81. 95% compared with that at the beginning of the year respectively. With real estate control policy tightened, the market psychological climate of "waiting and seeing" was aggravated, and developers' fund re – steaming speed lowered. Once the real estate industry fluctuated, the developers' fund would become tight, which would directly influence the quality of real estate credit. In addition, a great declining of real estate price would lead the default rate of residential property mortgage to increase.

4. 4. 4 Local banking institution system being further ameliorated, the risk management of small and medium financial institutions still needed to be strengthened

In 2009, the banking institution system in northeastern region continued to be perfected, and joint – stock commercial banks set up branches in succession. Changchun Branch of China Merchants Bank, China Minsheng Banking Corp. and China Citic Bank started business in Jilin province officially. Industrial Bank Corp. Changchun Branch was approved to start its business. Hua Xia Bank setting up branches in Jilin province was also carried out in order. Foreign – funded financial institutions accelerated setting up branches in the northeastern area. Shenyang Branch of HSBC Bank and Bank of East Asia set up the sub – branch successively. Hana Bank set up branches in Heilongjiang province, and Standard Chartered Bank set up branches in Dalian. Shenyang Branch of United Overseas Bank, Hana Bank and Industrial Bank of Korea began to run all or part of RMB businesses. Local small and medium banking institutions developed quickly. The first trial of Shengjing Bank of Liaoning province applying for initial public offering of A shares was approved. Longjiang Bank was founded, and the rural commercial bank of Changchun and the Lianshan rural commercial bank of Calabash Island, Liaoning province started business officially. The pace of cross – region operation of city commercial bank accelerated. Harbin Bank set up Chengdu and Shenyang branches, and established three village and town banks in Huining of Gansu province, Huairou of Beijing, and Baoan of Shenzhen. Shengjing Bank set up Dalian and Yingkou branches, and the application for Calabash Island branch was approved. Bank of Jilin Co. , Ltd. set up Dalian branch. Bank of Dalian set up branches in Shenyang, Chengdu and Yingkou. Bank of Yingkou, Shenyang and Bank of Jinzhou, Shenyang started business successively. The construction of new – type rural financial organizations advanced positively. By the end of 2009, 33 village and town banks and 3 rural mutual cooperatives in northeastern region had been approved to operate; among which, 11 village and town banks had already started business officially.

Local financial institutions system continued to be perfected. By the end of 2009, the number of operating nodes of policy banks in northeastern region reached 232, nodes of state - owned commercial banks reached 6 864, nodes of joint - stock banks reached 360, nodes of city commercial banks reached 1 378, nodes of city credit cooperative reached 64, nodes of rural cooperative financial institutions reached 6 081, nodes of Post Savings Bank of China reached 4 164, nodes of foreign banks reached 44, and nodes of new rural financial organizations reached 108.

In the rapid development process of local banking industry, some structural problems and potential risks needed to be paid attention to. At the end of 2009, the outstanding medium and long term foreigh - currency loans in northeastern region reached 1. 51 trillion yuan, an increase of 43. 84% year on year, and its growth rate was significantly higher than that of short - term loans. New medium and long term loans accounted for 67. 57% of total new lending in 2009. The excessive growth of medium and long term loans caused loan concentration tendency to aggravate, and bound the future credit structure to some extent, which would reduce the flexibility of credit policy operation. Some financial organizations inclined to deliver infrastructure loans, which may lead to low - level redundant construction and wasting of resource. Simultaneously, some small and medium financial institutions still represented problems such as low risk control ability, low capital adequacy ratio and big gap of provision gap, difficulty in reducing NPLs, too single business, imperfect corporate governance and so on.

4. 4. 5 The farmer's benefit insurance developed steadily, while the structure of insurance business was still obviously single

In 2009, insurance sector of northeastern region seized the historical opportunity of national macroeconomic policy adjustment and Top Ten Industrial Revitalization Planning, and achieved stable and healthy development. It realized premium income amounting to about RMB 88. 11 billion yuan in the whole year, increasing by 16. 91% year on year. The amplification of three provinces' premium income all achieved 5% plus, and the payment of claims reached about RMB 26. 23 billion yuan, decreasing by 4. 40% year on year.

Agricultural insurance was further advanced, and the pilot reform on rural small life insurance progressed smoothly. In 2009, Northeastern region realized an agricultural insurance premium income of about RMB 2. 92 billion yuan, an increase of 9. 32% year - on - year and accounting for 3. 32% of its total premium income. The agricultural insurance payment of claims was about RMB 2. 23 billion yuan, an increase of 29. 90% year on year and obviously embodying insurance's safeguard function on agricultural drought. Among which, the policy agricultural insurance coverage of Jilin province continued to expand. In 2009, the number of the policy agricultural insurance experimental counties reached 57, 12 more than that of the previous year, hence the insurance basically realized a comprehensive coverage. The premium income of it reached RMB 584 million yuan, the number of the peasant households covered by the insurance reached about 1.83 million, accounting for 58.5% of all the peasant households in Jilin province. The expenditure of policy agricultural insurance claims and payments reached RMB 470 million yuan, and benefited about 1.39 million farm households. The underwriting amount of rural small life insurance in Heilongjiang province reached 398 thousand, realizing a premium income about RMB 11.33 million yuan, an increase of 271.4% year on year. The whole province altogether witnessed 238 administrative villages realizing an overall coverage of insurance.

However, the insurance business scale didn't match with its profit level, and insurance business structure was relatively homogeneous. While the business scale of property insurance companies in northeastern region developed quickly, the underwriting profit ratio decreased, and some provinces' loss rose. The property insurance business' growth mainly depended on the drawing power of auto insurance, with the proportion of auto insurance premium income reached 73.74%, among which the proportion even reached above 90% in some new markets, and the traditional businesses such as enterprise property insurance, freight transport insurance, and liability insurance all dropped with different degrees. Also affected by the agricultural drought, the expenditure of agricultural insurance claims and payments increased more, which was to the disadvantage of property insurance business' freeing themselves from losses fundamentally.

4.4.6 Rural payment environmental construction made substantial progresses, and the regional financial ecological environment needed to be further optimized

Payment and settlement service environment in rural area lagged behind the cities in our country, and the cost of farmers to use non-cash payment instruments was high. The ATMs and self-help financial services nodes provided by various financial institutions in rural areas were less, and merchants and enterprises weren't willing to install POS machines because of the higher fee, which caused farmers' inconvenience to use the bank card. In 2009, northeastern region steadily promoted the rural payment environmental construction, formulated implementing scheme of improving payment service environment in rural areas, and identified several counties (cities) as the model to improve the payment service environment in rural areas. The financial system in northeastern region actively promoted the rapid improvement of the payment environment in rural areas, including innovation of propaganda way, expansion of propaganda domain, building green payment, safe payment and unimpeded payment social atmosphere, strengthening training, improving the business level of banking employees in rural areas, and promoting the steady development of bill business and regular debit business in rural areas, etc..

In 2009, the bank card acceptance and use environment of northeastern rural area was improved greatly, the popularization of peasant workers card characteristic service led the rapid growth of bank card transactions volume in rural areas. Northeastern region had totally placed 12 202 POS machines and 2 665 ATMs, an increase of 95% and 50. 57% year on year respectively. The accumulative volume of various types of bank cards in rural areas of Liaoning and Jilin provinces reached about 21. 74 million, increasing 75. 18% year on year, and they developed 8 454 promissory shops, up by 142. 78% year on year. The a mount of non – cash payment in Heilongjiang and Jilin provinces reached about RMB 891. 64 billion yuan, and card-holding consumption volume in rural areas reached about RMB 131. 38 billion yuan. The operating nodes for corporate business in northeastern rural areas all joined Modernized Payment System. Various financial institutions got accesses to Check Phantom Exchange System in centralized or scattered ways, and rural credit cooperatives in counties got accesses to payment and clearing system by direct or proxy means, consequently the access ratio reached 100%.

In 2009, northeastern region actively launched the pilot reforms of construction of financial eco – city, credit community and peasant household credit evaluation system, strengthened dynamic monitoring and real – time tracking of regional financial ecological environment, and built the good financial ecological environment with joint forces. But the northeastern area's overall financial ecological environment still had certain disparity compared with that of the eastern coastal developed area, the legal environment needed to be further improved, credit data coverage needed to be improved, development of social intermediary organizations such as accounting, auditing, assets evaluation and guarantee was lagging behind, and non – standard professional conduct was quite prominent. It is needed to further strengthen the payment and settlement service network construction, and comprehensively promote the payment service efficiency and quality in rural areas. Meanuhile, it is also necessary to vigorously advance the society credit system construction, and actively explore effective mechanisms for farmers and SMEs' financing guarantee.

4. 4. 7 Quantitative Assessment

According to the quantitative assessment results, the total score of financial stability of the northeastern region in 2009 was 84. 1, basically unchanged from the previous year. This result showed that northeastern region basically resisted the shocks of international financial crisis and changes from domestic and international markets, and financial system maintained the comparatively steady state. From results of the past four years (Figure 21), the financial system of the northeastern region changed from relatively unstable state to stable state gradually after three years' sustaining improvement. In particular, the macroeconomic score maintained at the same level as that of the previous year. After a drop in 2007 and then a surge in 2008, the banking sector score maintained the steady state in 2009. The trend of securities industry was more consistent with the capital market, that is, after a rise in 2007 and a drop in 2008, the score slightly rose in 2009. Besides, both of the insurance sector and financial ecological environment kept upward trends for two years, both scores presented slight drops, with the score of insurance sector still lied in the stable interval, and the score of financial ecological environment lied in the relatively stable interval.

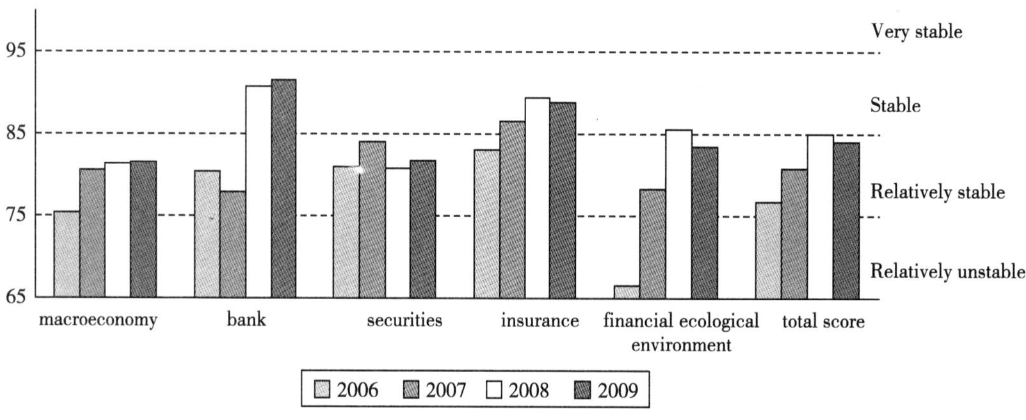

Figure 21 Financial stability of the northeastern region, 2006 - 2009

From the changes of specific indicators (Table 13), there were 9 indicators (including 5 macroeconomic indicators, 2 bank indicators, 1 securities indicator and 1 financial ecological indicators) that were better than those of the previous year, 8 indicators (including 5 macroeconomic indicators, 1 bank indicator, 1 insurance indicator and 1 financial ecological indicator) worse than those of the previous year, and 8 indicators (including 1 macroeconomic indicator, 1 bank indicator, 2 securities indicators, 2 insurance indicators and 2 financial ecological indicators) that maintained unchanged.

Specifically, as far as the macroeconomy factor was concerned, although the export and import dropped, the growth rate of urban and rural residents' income slowed down, consumer price index descended greatly and the urban registered unemployment rate rose, the economy begon to stablize and recover, investment and consumer demand increased quickly, and real utilization of foreign capital maintained a reasonable growth, hence the total score increased slightly. The capital adequacy level of corporate banking institutions enhanced distinctly, and profit grew swiftly, but the rebound pressure of NPLs increased, which brought challenges to banking industry's risk control. The increase of the securities score was owing to the improvement of profit level. As far as insurance sector was concerned, although the rate of receivable insurance premium declined, yet the growth of insurance premiums dropped obviously, therefore the score slightly decreased compared with that of last year. The decrease of the financial ecological environment score was owing to the declining of credit data coverage, although the score of legal environment improved.

Table 13 Assessment indicators and changes for northeastern regions in 2009

Sector		Change	Assessment Indicator	Change		
				Improved	Stable	Worse
Macroeconomy		→	Growth rate of GDP	√		
			Growth rate of tertiary industry added value		√	
			Growth rate of social fixed assets investment	√		
			Growth rate of gross retail sales of consumer products	√		
			Growth rate of real utilization of foreign capital	√		
			Growth rate of total amount of export and import			√
			Growth rate of disposable income of urban households			√
			Growth rate of per capita net income of rural households			√
			Consumer price index			√
			Registered unemployment rate in urban area			√
			Sales price index of real estate in typical cities (%)	√		
Financial Institutions	Banking	→	Core capital adequacy rate	√		
			Non - performing loan ratio	√		
			Profit to assets ratio			√
			Liquidity ratio		√	
	Securities	↑	Net capital adequacy rate		√	
			Net capital loan ratio		√	
			Profit to assets ratio (%)	√		
	Insurance	↓	Surrender rate in life insurance companies		√	
			Premiums receivable rate		√	
			Growth rate of premium income			√
Financial Ecological Environment		↓	Comprehensive score of legal environment questionnaire	√		
			Local financial revenue to GDP		√	
			Intensity of banking services		√	
			Coverage rate of credit reference database			√

Note: Symbol "↑" in table stands for its improving, symbol "↓" stands for its worsening, symbol "→" stands for its stability.

In 2009, the overall score of the northeastern region was 1 point lower than the average level of the whole country. Among which, the score had exceeded the average level in macroeconomic sector, the scores of bank, insurance and financial ecological environmental sectors were slightly lower than the national average level, and weakness still existed in securities sector (Figure 22).

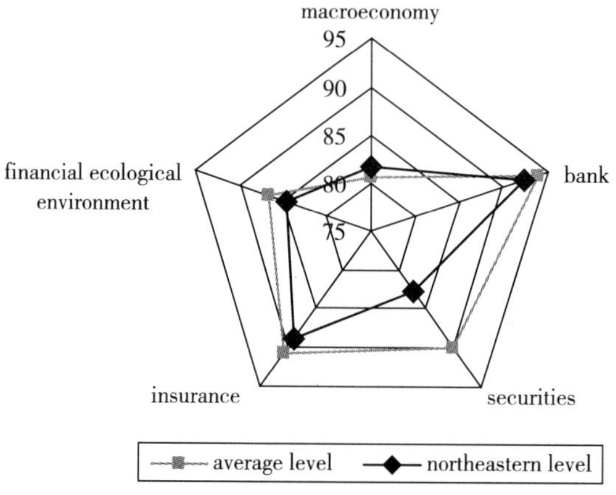

Figure 22 Financial stability of the northeastern region compared with average level in 2009

Chapter 5 Overall Assessment and Policy Suggestions

5.1 Overall Assessment

In 2009, in the context of complex and difficult economic conditions, aiming at the general objective of maintaining economic growth, welfare and social stability, the regions sincerely implemented the strategic planning of the CPC Central Committee and State Council, publishing a series of regional economic stimulation packages and achieving the rally of regional economies. Investment in all the regions soared rapidly along with active consuming markets and obvious positive influence of domestic demand on regional economic growth. Exporting industries acquired higher shares in international market. Agricultural production developed steadily. The adjustment of industrial structure, energy saving and emission reduction were implemented speedily as well as regional development coordination. Local fiscal revenue increased at a comparatively rapid speed as well as disposable income of urban and rural residents. Financial system operated steadily in all the regions and to a large extent supported the steady and rapid economic development. Credit extension of banking institutions continued to increase at an accelerated pace and played an important role in stimulating economic growth. Stock markets rallied along with comprehensive recovery of securities sector and booming securities trading activities, and futures companies developed rapidly with improved market environment. Premium of insurance sector in the regions for the first time reached over RMB 1 trillion yuan and total assets of insurance companies totaled RMB 4 trillion yuan. Operation performance of insurance companies enhanced remarkably along with property insurance companies turning losses into profits and realising remarkable improvement of business quality. Financial infrastructure functioned well and regional financial ecological environment continued to be improved.

However, there were some factors having negative influences on financial stability in economic and financial operation of all the regions. For example, the foundation of economic growth in the regions was not solid, pressures from ascending price index increased to some extent and asset prices rose rapidly. The debt of local governments increased at a comparatively rapid pace. The total volume of outstanding loans remained at a high level along with inappropriate structure of credit assets. Credit risks of banking institutions enhanced along with decelerating growth of profits. The revenue structure of securities companies was homogenized and compliance management of fund management companies needed to be strengthened. The transition of insurance companies from extensive pattern to intensive pattern was quite slow along with a few insurance companies' substandard in capital adequacy and solvency requirements. From regional perspective, eastern region encountered conditions such as weak external demand, decreasing export and asset price's rising fast, as well as rapid development of investment – linked insurance products, which caused challenges of innovating financial instruments and business' risk management. The traditional development pattern of central region relying on their advantages of natural resources encountered great challenges and ascending pressures from the demand of economic transition. Financial sector still encountered lots of constraints in supporting the development of agricultural economy. The economic growth of eastern regions faced the shortage of internal impetus, small and medium rural financial institutions needed to enhance their capability of risk resistance and financial infrastructure after Wenchuan earthquake should be further improved. Securities and insurance markets in central and western regions lagged behind eastern and coastal regions. Northeastern region, an old industrial base in China and with comparatively concentrated industry distribution, was driven by the rally of its economy from fixed asset investments.

According to the outcome of quantitive assessment (Figure 23), gaps among four regions in terms of comprehensive assessment showed a narrowing trend year by year. Due to negative influences of global financial crisis, eastern region lost its remarkable advantages compared with 3 other regions. Northeastern region, western region and central region continued to deepen reforms and narrow their gaps with eastern region through developing their regional advantages.

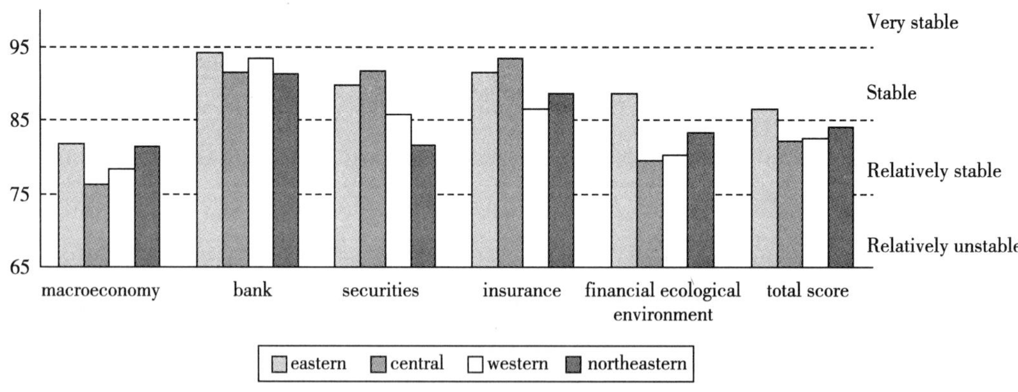

Figure 23 Results of financial stability by regions in 2009

In all items, the scores of macro economy of all regions stayed at steady level with eastern region, northeastern region, western region and central region ranking from top to down. The item of banking sector scored averagely among different regions with eastern region, western region, central region and northeastern region ranking from top to down. The item of securities sector scored distinctively among regions with central region, eastern region, northeastern, western region ranking from top to down. The item of insurance sector scored at a steady level with central region, eastern region, northeastern and western region ranking from top to down. In terms of financial ecological environment, eastern region acquired largest advantages than 3 other regions with eastern region, northeastern, western region and central region ranking from top to down. Except for eastern region, the scores of the other 3 regions needed to be enhanced further.

5.2 Policy Suggestions

In 2010, all the regions will encounter many positive factors and hope to grow at a steady and rapid pace. For one thing, the most severe phrase of global financial crisis has passed and global economy has been recovering. For another, domestic economic vitality and confidence restore increasingly, the impetus of investment expansion in the regions is still powerful. The driving force of urbanization and upgrading of consumption structure on economic growth are enhanced further. However, in post – crisis era the regions will encounter more complex problems in economic development. Many constraints could be encountered in the process of enlarging domestic demand along with decreasing policy effects of domestic consumption and investment stimulation package, weak private investment and lack of internal impetus of economic growth. The conflicts such as inappropriate economic structure and excessive production capability in several industries are shown further and problems of transition of economic development pattern lagging behind along with increasing pressures from resources and environment manifest further.

5.2.1 Continue to implement overall national strategy of regional development

In 2009, China continuously carried out regional development planning, attached attention to accelerate adjustment of economic and industrial structure and primarily formed new geographic distribution of regional economy with well – balanced structure among regions and concentration on coastal area. And China should continue to implement industries' geographic distribution and regional transfer, make detailed industrial development planning and proactively cultivate strategic and emerging sectors. First, government should carry out the layout of key fields in regional development and industrial gradient transfer, cultivate new power of economic growth and solve difficult problems in regional development along with enhancing self – development capability and improving geographic distribution of industries. Second, industrial gradient transfer should be encouraged and supported according to real situation of industrial development in central and western regions. Third, Top 10 industrial revitalization planning should be continuously implemented along with more measures in energy saving and emission reduction and restraining the development of high energy consuming and high polluted sectors. Fourth, according to the guideline of low carbon economy, government should attach more attention to energy sector, cultivate strategic and emerging industries and proactively acquire competitive advantages in the new round of global industrial specialization.

5.2.2 Accelerate the transition of development pattern of regional economy

Global financial crisis highlighted the problems existing in the transition of economic development pattern of the regions in China. It is superficial to say that global financial crisis only hit the speed of domestic economic growth, actually the crisis struck the pattern of economic development. And it is the right time to transfer the pattern of economic development through comprehensively examining global and domestic economic conditions. First, in traditional exporting industries, China will encounter larger pressures from trade protectionism. Many advanced economies and emerging countries such as Argentina, Brazil and Mexico have been initiating anti – dumping and anti – subsidy investigation. Second, soaring government investments will exert crowding out effects on private investments to some extent along with enlarging imbalance between investment and consumption. Third, excessive production capability will deteriorate further. Therefore, the regions need to have a profound understanding of the background and context of current macro economy and financial control, appropriately deal with overall and local interest, accelerate the adjustment of regional economic structural and regard economic structural adjustment as strategic field in the transition of economic development along with enlarging domestic demand and strengthening the rally of key industries. Electronic & IT, light and textile industries should be acceleratedly transfered to central and western regions. Excessive production capacity and outdated production capacity should be reduced and eliminated in order to improve healthy development of industries. Through strengthening counter – cyclical management, government should analyze the impact of fluctuation of macro policies and economies on regional economy and ensure that economy will still run smoothly in spite of the slowdown of credit extension.

5.2.3 Enlarge financial supports on regional economic development

According to the gist of China's central economic work conference at the beginning of this year, China will continue to implement moderately easy monetary policy, maintain the stability and continuity of macro economic policies and emphasize the enhancement of the targeting and flexibility of policies according to new conditions. How to balance the relationships among maintaining stable and quick development of economy, adjustment of economic structure and managing inflation expectations has become the most critical content. The regions need to strengthen liquidity management and guide credit extension to a reasonable growth. According to the demand from real economy, local financial institutions should be guided to grasp a reasonable delivery pace of new loan and maintain a balanced growth in order to avoid undue fluctuations among different quarters and months. Credit structure should be improved and local economic growth and structure should be transited to enhance the quality and performance of economic development. The term structure of loans should be improved along with adjusting the structure of new projects and projects under construction. Loan's destination should be optimized and credit policies supporting job employment, strategic and emerging sector, industrial transfer and weak chains of regional economic society should be emphasized to reduce the financial difficulty encountered by agricultural industry and small and medium enterprises. The loans to "energy intensive, high pollution and resource consumption" industries or industries with excessive production capacity should be strictly controlled.

5.2.4 Strengthen regional financial risk's surveillance and management

After the implementation of economic stimulus package and massive credit extensions in 2009, some potential risk factors widely existed in financial sector such as downgrading credit asset quality, soaring asset prices and uncertainty in future price. The regions should attach much attention to the impact of rapid credit expansion on local banking institutions. Financial regulatory agencies need to closely monitor the quality and destination of new loans of local banking institutions, especially in the industries with excessive production capacity and duplicate construction. Credit risks of financing platforms of local governments should be regarded seriously and be attached much attention in the condition that central government had been increasingly controlling the debt issuance of local financing platforms and implementing macro-control on real estate sector. The changes of liquidity and risk conditions of local small and medium financial institutions should be monitored carefully and surveillance on credit risks and liquidity risks of small and medium commercial banks and rural financial institutions should be emphasized along with initiating stress tests and formulating emergency schedules. Government should pay special attention to regional systemic risk, improve risk warning system on financial institutions with regional systemic importance, and timely adopt measures to conduct the counter-cyclical adjustment and maintain steady operation of regional financial system. Many kinds of financial coordination mechanism should be established and the construction of regional financial ecological environment should be promoted through developing advantages of different government departments.

5.2.5 Determinedly promote financial service and innovative development

Relying on reform and innovation, all the regions should promote development through innovations and proactively develop financial innovations. First, organizational reforms of regional small and medium financial institutions, especially rural credit institutions in areas with significant importance should be carried out further. New type of rural financial institutions should be proactively encouraged to fill rural financial services' blank. Government should encourage the primary development of financial institutions and make them provide services for small enterprises and introduce foreign financial institutions or organizations to meet domestic demands or help to expand consumption, finance for small enterprises and serve "agriculture, countryside and peasants". Foreign banks should be encouraged to establish branches and operate in underdeveloped regions to improve local financial service. Second, informal finance should be regulated and guided to support the development of small and medium enterprises and meet capital demands of private sector. Investing and financing patterns like private equity funds should be proactively guided to attract more private capital to invest in infrastructure projects, post – disaster reconstruction and the restructuring of state – owned companies. Third, financial institutions in the regions should be guided to strengthen financial services and innovations in several critical areas and weak chains. Government should support the development of financing guarantee companies and business innovations of products and services, advocate the development of "welfare banking, technological banking and green banking" and emphasize business innovations of wealth management and non-banking financial services. Comprehensive operation of local financial institutions should be carried out prudentially. Fourth, in the context of deepening the reform of foreign exchange administration regime, government should proactively implement the pilot of RMB cross – border trading settlement business and promote the facilities of trading and investment activities. Fifth, the innovations of products in financial markets should be accelerated. Government should further expand direct financing channels, introduce more financial derivative instruments and encourage innovations of debt financing instruments of non – financial companies. The issuance of short term financing bills of small and medium enterprises and collected medium term commercial notes should be continued to implement as well as asset backed notes issued by non – financial companies.